全国农业高职院校"十二五"规划教材

药品营销技术
Yaopin Yingxiao Jishu

聂振江 主编

中国轻工业出版社

图书在版编目（CIP）数据

药品营销技术/聂振江主编. —北京：中国轻工业出版社，
2019.3
全国农业高职院校"十二五"规划教材
ISBN 978-7-5019-8851-8

Ⅰ.①药… Ⅱ.①聂… Ⅲ.①药品－市场营销学－高等
职业教育－教材 Ⅳ.①F724.73

中国版本图书馆 CIP 数据核字（2012）第 145062 号

责任编辑：江 娟
策划编辑：江 娟　　　　　责任终审：张乃东　　封面设计：锋尚设计
版式设计：锋尚设计　　　　责任校对：晋 洁　　　责任监印：张 可

出版发行：中国轻工业出版社（北京东长安街6号，邮编：100740）
印　　刷：北京君升印刷有限公司
经　　销：各地新华书店
版　　次：2019年3月第1版第2次印刷
开　　本：720×1000　1/16　印张：12.5
字　　数：257千字
书　　号：ISBN 978-7-5019-8851-8　定价：26.00元
邮购电话：010－65241695
发行电话：010－85119835　传真：85113293
网　　址：http://www.chlip.com.cn
Email：club@chlip.com.cn
如发现图书残缺请与我社邮购联系调换
190160J2C103ZBW

全国农业高职院校"十二五"规划教材
制药专业类系列教材编委会

主　任　　徐建成　黑龙江民族职业学院

副主任　　丁岚峰　黑龙江民族职业学院
　　　　　　梁运霞　黑龙江职业技术学院

委　员　（按姓氏拼音首字母排序）
　　　　　　边亚娟　黑龙江生物科技职业学院
　　　　　　关　力　黑龙江农业职业技术学院
　　　　　　金　颖　黑龙江生物科技职业学院
　　　　　　乐　涛　重庆师范大学
　　　　　　李宝龙　黑龙江中医药大学
　　　　　　聂振江　黑龙江农垦科技职业学院
　　　　　　钱　航　黑龙江天戈药业有限责任公司
　　　　　　王　伟　黑龙江生物科技职业学院
　　　　　　王喜艳　黑龙江农垦科技职业学院
　　　　　　杨红梅　梧州学院
　　　　　　张　兴　黑龙江省科学院大庆分院
　　　　　　赵春哲　黑龙江农垦科技职业学院
　　　　　　朱艳华　黑龙江中医药大学

顾　问　　傅兴国　河北科技师范学院

本书编写人员

主　　编　聂振江（黑龙江农垦科技职业学院）
副 主 编　韩　飞（杨凌职业技术学院）
　　　　　侯晓亮（黑龙江民族职业学院）
参　　编　孙海洋（黑龙江农垦科技职业学院）
　　　　　黄翠贤（黑龙江农垦职业学院）
　　　　　聂振汪（大连大学第二附属医院）
　　　　　赫英贤（佳木斯大学附属第一医院）
　　　　　苑海冰（黑龙江华伟医药连锁销售有限公司）

前言
FOREWORD

随着现代经济社会的不断发展，我国的医药卫生管理体制改革不断深化，特别是《中共中央国务院关于深化医药卫生体制改革的意见》［中发（2009）6号］提出了2009—2011年重点抓好五项改革的内容。为了满足高职高专院校生物制药、药品检验等专业药品营销教学及为社会培养合格的药品营销管理人员的需要，我们编写了本教材。

本教材由聂振江主编，并进行全书的统稿，同时负责情境一单元3、情境二单元1、单元2、单元3、情境四及实训内容；韩飞编写情境五单元1，侯晓亮编写情境二单元4、单元5及情境三，孙海洋编写情境一单元1、单元2，黄翠贤编写情境五单元2、单元3。聂振汪、赫英贤和苑海冰结合工作实际对本教材的编写进行了指导。

我们在本教材编写过程中参阅了大量的文献和资料，对文献及资料的提供者表示衷心的感谢。

由于编写时间仓促以及编者水平有限，教材中疏漏和欠妥之处在所难免，诚恳地希望广大读者批评指正，并将本教材使用过程中发现的问题反馈给编者，以便对本教材进行修订。

编者
2012年7月

目录 CONTENTS

情境一 药品市场营销技术综述 1

- 单元1 市场营销基础知识 2
- 单元2 市场营销方法的分类 13
- 单元3 药品市场营销组织及管理 30

【情境实训】

实训1 市场营销观念辨别 42

实训2 以双黄连口服液为例，如何进行营销组织

及销售计划的制定 44

【情境小结】 45

【情境测试】 45

情境二 药品市场调查技术 46

- 单元1 药品市场调查技术概述 47
- 单元2 药品市场营销技术环境分析 57
- 单元3 药品市场调查技术的内容及调研报告的制定方法 65
- 单元4 药品市场调查技术实施及调查材料的整理与分析 74
- 单元5 撰写市场调查报告 81

【情境实训】

实训3 医院进药流程及其内部影响因素调研 85

实训4 我国感冒药市场营销环境调查 87

实训5 医药市场调查方案的拟定 89

【情境小结】 90

【情境测试】 ………………………………………………………… 90

情境三　药品市场开发技术 ………………………………………… 91

- 单元1　SWOT分析法概述 ………………………………………… 92
- 单元2　药品市场需求分析与预测 ………………………………… 97
- 单元3　药品市场细分与市场定位 ………………………………… 109
　　【情境实训】 ……………………………………………………… 122
　　实训6　定性预测方法——德尔菲法 …………………………… 122
　　实训7　医药市场预测的运用 …………………………………… 122
　　实训8　讨论六味地黄丸市场开发的计划及报告 ……………… 123
　　【情境小结】 ……………………………………………………… 124
　　【情境测试】 ……………………………………………………… 125

情境四　药品市场渠道设计策略 …………………………………… 126

- 单元1　药品市场渠道设计概述 …………………………………… 127
- 单元2　药品市场渠道方案设计、制定与管理 …………………… 130
- 单元3　我国的医药分销模式 ……………………………………… 138
- 单元4　现代医药物流 ……………………………………………… 142
　　【情境实训】 ……………………………………………………… 145
　　实训9　选择分销商的方法和渠道成员效率的评估方法 ……… 145
　　实训10　讨论药品招标制度的形式及利与弊 ………………… 147
　　实训11　羚羊感冒胶囊分销渠道设计 ………………………… 147
　　【情境小结】 ……………………………………………………… 148
　　【情境测试】 ……………………………………………………… 149

情境五　药品市场促销策略 ………………………………………… 150

- 单元1　药品促销方案设计 ………………………………………… 151
- 单元2　消费者的营业推广 ………………………………………… 161
- 单元3　药品营销公共关系 ………………………………………… 168
　　【情境实训】 ……………………………………………………… 182
　　实训12　促成交易的技巧 ………………………………………… 182
　　实训13　药品批发和零售企业的销售 …………………………… 183
　　实训14　营销公共关系策划 ……………………………………… 184

【情境小结】……………………………………………………… 185
【情境测试】……………………………………………………… 185

参考文献……………………………………………………………… 187

情境一 药品市场营销技术综述

【学习目标】

了解药品市场营销的概念、类型、内容、药品市场营销组织及管理,认识市场营销在企业发展中的重要性。

【技能目标】

1. 能够利用市场营销原理分析药品市场发展趋势。
2. 根据现实情况选择恰当的市场营销方法。
3. 能结合企业实际建立适合于企业的现代市场营销部门组织形式。
4. 能制定、实施和控制药品市场营销计划。

【案例导入】

荣昌制药研发的肛泰,采用透皮吸引技术,贴肚脐治疗痔疮,避免了栓剂、膏剂肛门直接给药的弊端,一天贴一片,24小时持续有效,不需忍痛回家用药。方便好用,成了荣昌肛泰的最大卖点,简简单单六个字:"贴肚脐,治痔疮",几乎给痔疮药品市场带来革命性的变化。药品成功营销,需要关注三点:感知需求必须准确,满足需求必须快速,保持持续不断的创新能力。肛泰抓住了患者方便、快捷、有效的用药需求,取得了市场成功。

成功的营销在改善着人们的生活,同时使得一个民族富裕和强盛。失败的营销往往在破坏一个国家经济的同时,还耗费着这个国家大量的资源。国家如此,企业如此,个人也是如此。

📖 【课前思考题】
1. 我们日常能见到的营销形式有哪些？
2. 我们为什么要进行市场营销呢？

单元1 ▶ 市场营销基础知识

一、市场及药品市场

（一）市场

市场属于商品经济的范畴，是商品经济的产物。自从社会分工和商品生产、商品交换出现，就有了与之相适应的市场。也就是说，哪里有商品生产和商品交换，哪里就有市场。从不同的研究角度出发，对市场有不同的定义，这是由分析问题、理解问题的角度不同造成的。关于市场的最古老的定义是将市场看作是商品交换的场所——买卖双方购买和出售商品，进行交易活动的地点。

（二）药品市场

1. 药品市场的含义

由于医药商品的特殊性，这里所讲的药品市场按市场营销学的观点，就是医药商品现实购买者和潜在购买者需求的总和。

2. 药品市场的特点

（1）药品市场的客观性　医药市场营销环境不以营销者意志为转移而客观存在着，有着自己的运行规律和发展趋势。医药企业的营销活动必须主动适应和利用客观环境。

（2）药品市场需求的动态性　医药市场营销环境各因素经常处于变化之中。尽管各因素的变化程度不同，但变化是绝对的。由于经济体制改革不断深入，经济建设和科学技术的迅猛发展，医药市场营销环境的变化速度呈加快趋势。

（3）药品市场的相关性　医药市场营销环境不是孤立地受某一个或某几个环境因素的影响，而是受一系列相关因素的相互影响，各因素都对医药企业产生影响，同时又相互影响。这些影响有的可以评估预测，有的则难以做出判断。

（4）药品市场的复杂性　医药企业面临的市场营销环境的复杂性，一方面表现为医药企业的外部环境因素是企业所不能控制的；另一方面表现为各环境因素之间经常存在着矛盾的关系。

（5）药品市场不可控制性和企业的能动性　医药市场营销环境作为一个复杂

多变的整体，单个企业不能控制它，只能适应它。然而，某些企业通过自身能动性的发挥，可以冲破环境的制约或改变某些环境因素，取得成功。

3. 药品市场的现状及发展趋势

随着人口的增长和人口老龄化加剧，药品市场消费需求不断增长，将使药品市场充满活力。当前药品市场呈现以下几点特征。

（1）药品营销规范化　药品生产、经营企业加强了营销队伍的建设，摒弃不正当的竞争手段，政府近年来也采取了一定的措施，使得药品营销更加规范化。

（2）药品价格将大幅度下降　近期几次统一的药品降价政策已彰显初象。随着药品价格的下调，势必会挤压中小医药企业药品销售所依赖的中间环节，从而使产品销量和利润均受到影响。

（3）行业竞争将趋于规范　药品招标采购将会更加集中、统一、透明、公开公正，具有成本价格优势或产品领先优势或品牌优势的企业将会获得较大的竞争优势。

（4）药品零售市场尤其是 OTC 市场发展迅速　随着国家医疗体制改革的逐步到位、各地公费医疗用药报销范围的不断完善，医药零售以其资金周转快、效益好、税收优、无赊销拖欠、经营灵活、可适应不同层次消费需求等特点，进入持续快速发展的辉煌时期。

（5）政策因素　长期以来，医药产业一直是受政策影响较大的产业之一，特别自 2007 年年初开始，针对医药产业的政策措施之多、密度之大、影响之深，是多年来罕见的。主要包括以下政策：2007 年国务院决定开始开展以大病统筹为主的城镇居民基本医疗保险试点；2009 年 4 月 7 日新华社授权公布了《中共中央国务院关于深化医药卫生体制改革的意见》；2009 年 11 月 30 日，人力资源和社会保障部正式颁布了《国家基本医疗保险、工伤保险和生育保险药品目录》，2010 年出台了《全国药品流通行业"十二五"发展规划纲要》。以上政策的出台，在促进民生改善的同时，也促进了药品行业的发展和整合。

（6）供需因素　需求是所有行业的立足之本，没有需求一切都是空白，而药品行业能被誉为永久的朝阳产业，其主要原因正是在于其不断增长的市场需求。这种需求的增长趋势主要得益于以下两个方面：一方面，随着经济的发展和社会的进步，人们的保健意识逐步发展，伴随着人们对自身安全重视程度的提高，药品市场的整体容量也将越来越大；另一方面，人口老龄化的加剧将持续增大药品市场，促使其发展壮大。

（7）垄断与不对等合作将加大　大型医药商业物流企业与大型工业企业的联合正进一步加强加深，对市场的垄断与覆盖将加大。中小企业与大商业的合作更加不对等。当前行业原有的渠道模式、价格利润水平、终端条件等也正发生变化，营销策略与营销模式也将随之变化。

二、市场营销核心概念

（一）需要、欲望与需求

1. 需要（need）

需要是指人们因为某种欠缺没有得到满足而产生的心理状态。它具有三个特点，即抽象性——需要是主观对客观的抽象反应，因此不能用刺激来产生；稳定性——需要是相对稳定的，人们在一定的时期内主要的需要是相对稳定的；层次性——需要是有层次的，只有低层次的需要得到满足，才会要求更高层次需要的满足。马斯洛将其划分为由低到高的五个层次：胜利的、安全的、社交的、尊重的、自我实现的。

2. 欲望（want）

欲望是人们对某种需要迫切要求满足的心理状态。欲望是需要的具体表现，是具体的、可刺激的、多变的、可替代的。

3. 需求（demand）

需求是指针对特定产品与服务的具有购买能力（支付能力）的欲望。

（二）产品

人们的需要和欲望是用产品来满足的，因此，广义的产品可表述为能够用以满足人们需要和欲望的任何东西。从表现形式看，产品分为有形物品和无形物品两大类，人们通常把前者称为产品，把后者称为服务。但从实际上看，无论有形物品还是无形物品，满足人们需要的都是服务，只是向人们传送服务的工具不同。有些服务是通过有形产品传送的，有些服务则是通过人、组织和活动等传送的。人们在考虑有形物品时，目的不仅在于拥有它，更在于用它来满足自己的欲望。因此，生产者在向市场提供产品时，不要只关心产品本身而忽视了顾客购买的目的是为了满足某种需要。否则，将在营销管理中只看自己产品质量好，而看不见市场需要在变化，从而使企业经营陷入困境，甚至被淘汰。

（三）效用、价值和满足

顾客在选择产品之前，会考虑产品的价值与成本，会选择每一元钱所带来价值最大的产品。所谓效用，是指消费者在购买之前，对产品满足其需要的整体能力的评价。顾客选择所需的产品除效用因素外，产品价格高低也是因素之一，如果顾客追求效用最大化，他就不会简单地只看产品表面价格的高低，而会看每一元钱能产生的最大效用，如一部好汽车价格比自行车昂贵，但由于速度快、相对于自行车更安全，其效用可能大，从而更能满足顾客需求。

（四）交换、交易

1. 交换

交换是指通过提供某种东西作为回报，从别人那里取得所需物品的行为。

当人们决定通过交换来满足自己的需要和欲望时,市场营销就开始了。交换是一个过程而不是一个事件,当一个具体的交换事件发生时,就发生了交易行为。

2. 交易

交易是指买卖双方价值的交换,它是以货币为媒介的,而交换不一定以货币为媒介,它可以是物物交换。交易实质满足以下三个方面的内容:①至少有两个有价值的事物;②买卖双方所同意的条件;③协议时间和地点。

(五) 市场与营销人员

市场的概念是不断发展的,东西方经济理论对它有不同的解释,不同的历史条件及社会交换形态下它也曾被赋予了不同的含义。市场是商品供求双方的力量相互作用的总和。在商品的供求关系中,通过商品的供给和需求影响产品的价格,买方市场即供大于求,买方趋于主导产品的价格;卖方市场即供小于求,卖方趋于产品价格的主导,这反映了交易力量的不同状况。市场营销学定义的市场是,人+购买力+购买欲望。在市场营销活动中,从企业角度,围绕着消费者的需求、欲望、购买动机和行为等因素分析,强调在具有一定购买力的前提下,通过营销活动对于购买欲望的吸引,将企业的产品和消费者需求建立联系,开展营销活动。

从西方市场学的解释看,一般将市场看成是由消费群体所构成的,也有学者认为市场是指商品的销路。简言之,买者群体构成企业特定商品的特定市场。市场营销人员,是指在寻求交易时表现较为积极的一方,他们从他人处寻求资源并以有价物品的形式进行交换。当买卖双方在交换过程中表现积极时,可称双方均为市场营销者,他们的交换行为被看成是相互市场营销,以此可以认定,所谓市场营销者并不一定仅是指卖方,有时买方也可被认定为市场营销人员,他们积极销售自己手中的货币商品,以交换对方手中的紧俏商品。所以,市场营销者既是为顾客服务也是为面临竞争压力的公司服务的。

(六) 马斯洛需求层次理论

美国心理学家马斯洛的需要层次理论(图1-1),在1943年其著作《动机论》中提出,认为人的需要可以分为五个层次,它们依次是:生理的需要、安全的需要、归属与爱的需要、尊重的需要和自我实现的需要。后来又加了2条:求知需要和审美需要,处于尊重与自我实现之间。

1. 生理的需要

生理的需要是人类最原始的也是最基本的需要,包括饥、渴、性和其他生理机能的需要,它是推动人们行为的最强大的动力。只有在生理的需要基本满足之后,高一层次需要才会相继产生。

2. 安全的需要

当一个人生理的需要得到满足后,满足安全的需要就会产生。个人寻求生

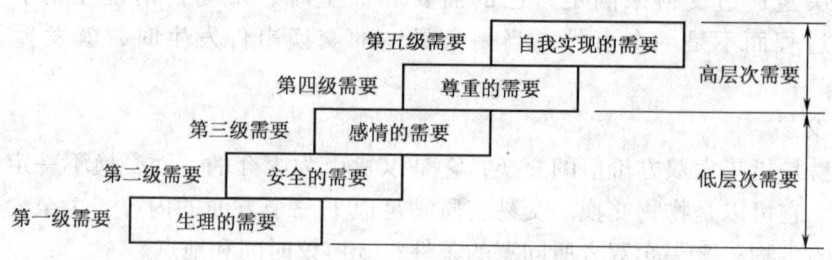

图1-1 马斯洛需求层次理论

命、财产等个人生活方面免于威胁、孤独、侵犯并得到保障的心理就是安全的需要。

3. 归属与爱的需要（社交需要）

归属与爱的需要是一种社会需要，包括同人往来，进行社会交际，获得伙伴之间、朋友之间的关系融洽或保持友谊和忠诚，人人都希望获得别人的爱，给予别人爱；并希望为团体与社会所接纳，成为其中的一员，得到相互支持与关照，而不是简单的男女之爱。

4. 尊重的需要

尊重的需要包括受人尊重与自我尊重两方面：前者是希求别人的重视，获得名誉、地位；后者是希求个人有价值，希望个人的能力、成就得到社会的承认。

5. 自我实现的需要

自我实现的需要是指实现个人理想、抱负，最大限度地发挥个人的能力的需要，即获得精神层面的臻于真、善、美至高人生境界的需要。马斯洛认为：为满足自我实现的需要所采取的途径是因人而异的。有人希望成为一位理想的母亲，有人可以表现在体育上，还有人表现在绘画或发明创造上……简而言之，自我实现的需要是指最大限度地发挥一个人的潜能的需要。

6. 基本观点

五种需要像阶梯一样从低到高，按层次逐级递升，但这一次序不是完全固定的，可以变化，也有种种例外情况。一般来说，某一层次的需要相对满足了，就会向高一层次发展，追求更高一层次的需要就成为驱使行为的动力。相应的，获得基本满足的需要就不再是一股激励力量。五种需要可以分为高低两级，其中生理的需要、安全的需要和感情的需要都属于低一级的需要，这些需要通过外部条件就可以满足；而尊重的需要和自我实现的需要是高级需要，它们是通过内部因素才能满足的，而且一个人对尊重和自我实现的需要是无止境的。同一时期，一个人可能有几种需要，但每一时期总有一种需要占支配地位，对行为起决定作用。任何一种需要都不会因为更高层次需要的发展而消失。各层次的需要相互依赖和重叠，高层次的需要发展后，低层次的需要仍然存在，只是对行为影响的程度大大减小。马斯洛和其他的行为科学家都认为，一个国家多数人的需要层次结构,是同这个国家的经济发展水平、科技发展水平、文化和人民受教育的程度直接相关的。在不发达国家,生理需要和安全需要占主导的人数比例较大,而高级需要占主导的人数比例较小;在发达国家,则刚好相反。在同一国家不同时期,人们的需要层次会随着生产水平的变化而变化,戴维斯(K. Davis)曾就美国的情况做过估计(表1-1)。

表1-1　　　　　需求层次随着生产水平的变化(美国)

需要种类 \ 时间变化	1935年百分比	1995年百分比
生理的需要	35%	5%
安全的需要	45%	15%
感情的需要	10%	24%
尊重的需要	7%	30%
自我实现的需要	3%	26%

三、市场营销观念

(一)营销观念的含义

所谓营销观念是指企业从事市场营销活动的基本指导思想或经营哲学。它是一种意识形态,表明是以什么样的观点、态度和方法去从事营销活动。市场营销观念也称市场营销导向,市场营销观念是否符合客观形势、是否正确,对于企业营销管理能否成功、企业兴衰成败关系极大。

(二)营销观念的种类及区别

市场营销观念随着生产力和科学技术的不断发展、市场供求变化、市场竞争的激烈展开而相应地发展演变。近百年来,市场营销观念大致经历了生产观念、产品观念、推销观念、市场营销观念和社会市场营销观念五个阶段。

1. 生产观念

生产观念是指企业一切活动都是以生产为中心,注重于大量生产产品,并"以产定销"。生产观念是一种传统的经营思想,在供给相对不足、卖方竞争有限的条件下一直支配着企业的生产经营活动。生产观念的核心是以生产者为中心,企业以顾客买得到和买得起产品为假设的出发点,因此,企业的主要任务是扩大生产经营规模,增加供给并努力降低成本和售价。

这种观念产生于20世纪20年代前。企业经营哲学不是从消费者需求出发,而是从企业生产出发,其主要表现是"我生产什么,就卖什么"。例如,美国皮尔斯堡面粉公司，从1869年至20世纪20年代，一直运用生产观念指导企业的经营，当时这家公司提出的口号是"本公司旨在制造面粉"。美国汽车大王亨利·福特曾傲慢地宣称："不管顾客需要什么颜色的汽车，我只有一种黑色的。"也是典型表现。

2. 产品观念

产品观念是指企业的一切活动都是以生产为中心，在提高产品质量的前提下大量生产产品，并"以产定销"。产品观念是把提高质量、降低成本作为一切活动的中心，以此扩大销售、取得利润的一种经营指导思想。

产品观念认为，消费者最喜欢高质量、多功能和具有某种特色的产品，企业应致力于生产高值产品，并不断加以改进。它产生于市场产品供不应求的"卖方市场"形势下。此时，企业最容易导致"市场营销近视"，即不适当地把注意力放在产品上，而不是放在市场需要上，往往造成虽然产品质量优良，但是产品单一，款式老旧，包装和宣传缺乏，在市场营销管理中缺乏远见，只看到自己的产品质量好，看不到市场需求在变化，致使企业经营陷入困境。

3. 推销观念

推销观念是指以推销现有产品为中心的企业经营思想。推销观念认为，消费者通常表现出一种购买惰性或抗拒心理，如果听其自然的话，消费者一般不会足量购买某一企业的产品，因此，企业必须积极推销和大力促销，以刺激消费者大量购买本企业产品。推销观念在现代市场经济条件下被大量用于推销那些非渴求物品，即购买者一般不会主动想到要去购买的产品或服务。这些行业善于使用各种技巧来寻找潜在客户，并采用高压方式说服他们接受其产品。许多企业在产品过剩时，也常常奉行推销观念。它们的短期目标是销售其能生产的产品，而不是生产能出售的新产品。推销观念是在第一次世界大战与第二次世界大战之间普遍流行的观念。其社会经济背景是生产力发展了，产品丰富了，其直接原因是这时的西方发达国家大多处于严重的经济危机时期，尤其是1929—1933年那场深刻的经济危机席卷了整个资本主义世界，这种危机的直接表现就是产品相对过剩，很多企业在经济危机的冲击下倒闭，所以资本主义所面临的直接问题已不再仅仅是扩大生产规模，产品销售已显得同样重要。

4. 市场营销观念

市场营销观念是指企业进行经营决策，组织管理市场营销活动的基本指导思想，也就是企业的经营哲学。它是一种观念，一种态度，或一种企业思维方式。市场营销观念是一种"以消费者需求为中心，以市场为出发点"的经营指导思想。市场营销观念的产生，是市场营销哲学一种质的飞跃和革命，它不仅改变了传统旧观念的逻辑思维方式，而且在经营策略和方法上也有很大突破。它要求企业营销管理贯彻"顾客至上"的原则，将管理重心放在善于发现和了解目标顾客的需要，并千方百计去满足它，从而实现企业目标。执行市场营销观念的企业称为市场导向企业。其具体表现为:"尽我们最大的努力,使顾客的每一美元都能买到十足的价值和满意"。

市场营销观念的特点:

(1) 以消费者需求为中心,实行目标市场营销。
(2) 运用市场营销组合手段,全面满足消费者的需求。
(3) 树立整体产品概念,刺激新产品开发,满足消费者整体需求。
(4) 通过满足消费者需求而实现企业获取利润的目标。
(5) 市场营销部门成为指挥和协调企业整个生产经营活动的中心。

5. 社会市场营销观念

社会市场营销观念是以社会长远利益为中心的市场营销观念,是对市场营销观念的补充和修正。从20世纪70年代起,随着全球环境被破坏、资源短缺、人口爆炸、通货膨胀和忽视社会服务等问题日益严重,要求企业顾及消费者整体利益与长远利益的呼声越来越高。在西方市场营销学界提出了一系列新的理论及观念,如人类观念、理智消费观念、生态准则观念等。其共同点都是认为,企业生产经营不仅要考虑消费者需要,而且要考虑消费者和整个社会的长远利益。这类观念统称为社会营销观念。社会营销观念的基本核心是:以实现消费者满意以及消费者和社会公众的长期福利作为企业的根本目的与责任。理想的营销决策应同时考虑到:消费者的需求与愿望的满足,消费者和社会的长远利益,企业的营销效益。

市场营销观念的发展见图1-2。

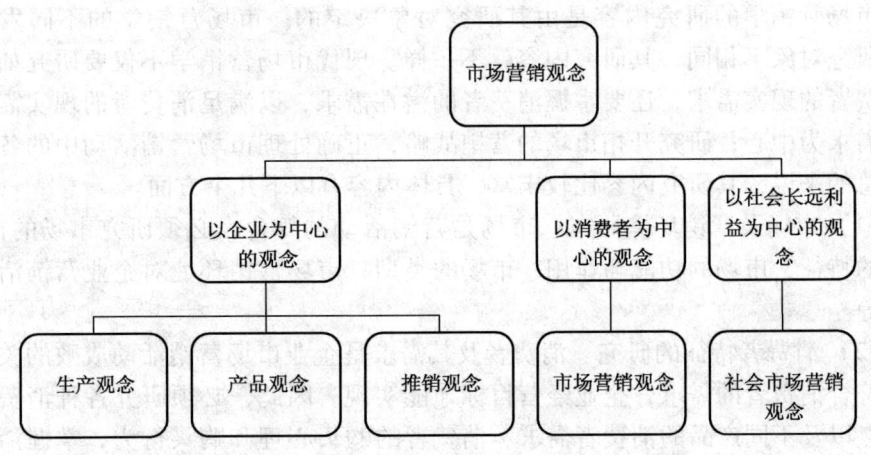

图1-2 市场营销观念发展示意图

以上生产观念、产品观念、推销观念、市场营销观念、社会市场营销观念的区别,主要表现在重点、手段、目标的不同(表1-2)。

表 1-2　　　　　　　　　　营销观念区别

营销观念	重点	手段	目标
生产观念、产品观念	产品	生产作业效率	增加产量、增加利润
推销观念	产品	推销和促销	增加销量、增加利润
市场营销观念	顾客	营销组合	满足需求，获得利润（整体市场营销）
社会市场营销观念	顾客和社会	营销组合	满足需求，兼顾社会福利，获得利润（整体市场营销）

四、市场营销与药品市场营销

(一) 市场营销学

1. 研究的对象

市场营销学的研究对象主要是企业的营销活动及其规律。其中主要是研究企业的产品或劳务如何转移到消费者和用户手中的全过程，探讨在生产领域、流通领域和消费领域内运用一整套开发原理、方法、策略，不断拓展市场的全部营销活动以及相应的科学管理。由于市场营销活动是不断发展变化的，因而市场营销的观念、策略、方法也随之发生变化。近几十年来，市场营销的新观念、新思想、新策略层出不穷。因此，我们要十分重视市场营销研究的新成果，并把它运用到企业的营销活动中去。

2. 研究的内容

市场营销学的研究内容是由其研究对象决定的。市场营销学的不同发展时期，研究对象不相同，其研究内容就不一样。现代市场营销学不仅要研究如何满足消费者的现实需求，还要掌握消费者的潜在需求，以满足消费者的现实需求和潜在需求为中心；研究开拓市场的营销战略，正确处理市场营销活动中的各种关系。总的来说，其研究内容比较丰富，具体内容有以下几个方面。

(1) 市场及营销环境研究　市场是营销活动的舞台，必须研究市场的概念、市场的特征、市场的功能与作用、市场的类型、市场营销环境对企业营销活动的影响等。

(2) 消费者特征的研究　消费者及其需求是企业市场营销活动成败的关键因素，符合消费者的需求，企业经营目标才能实现。因此，必须研究各种消费市场的特点以及不同产品的消费者需求、消费者的购买心理和购买行为，掌握消费行为对企业营销活动的影响。

(3) 企业营销战略与策略研究　营销战略事关未来，是对企业今后较长一段时期的全局性决策。成功的营销战略可使企业经营经久不衰，不当的营销战略则可使企业经营功败垂成。企业产品是否适销对路，对于企业市场营销活动能否顺利进行和社会化生产目的能否最终实现具有决定性意义。因此，必须研究企业的市场营销战略与策略，其具体内容是根据企业的任务与目标，进行市场细分、选择目标市场与市场定位，并实施产品策略、定价策略、分销渠道策略、促销策略等。

（4）市场营销决策的方法研究　企业的战略与策略正确与否是企业经营活动成败的关键，而市场营销效果的好坏，在很大程度上取决于市场营销决策是否正确。谁能及时掌握市场信息，谁就能牢牢掌握市场的主动权，就能制定出正确的战略和策略。为了收集全面、可靠的信息，企业必须对营销决策方法进行研究，即进行市场调查和预测，使策略奠定在科学的基础上。

3. 研究的方法

突出动态研究，重视信息导向。现代市场经营面对的是复杂多变的动态市场，所以要把企业的市场营销活动置于不断运动变化的过程中，突出动态研究，把企业与市场之间的信息沟通视为营销的基本条件，重视信息导向。研究市场营销学的方法是随着市场营销学的发展而变化的。在20世纪50年代前，对市场营销学的研究主要采用传统的研究方法，包括产品研究法、机构研究法、功能研究法。50年代以后，市场营销学从传统市场营销学演变为现代市场营销学，研究方法主要是现代科学方法，包括管理研究方法、系统研究方法及社会研究方法。

（1）传统研究方法

①产品研究法：这是以产品为中心的研究方法。以产品为主体，对某类产品诸如农产品、工业产品、矿产品、消费品及劳务等进行分别研究。主要研究这些产品的设计、包装、厂牌、商标、定价、分销、广告及各类产品的市场开拓。这种研究方法可详细地分析研究各类产品市场营销中遇到的具体问题，但需耗费巨量人力、物力和财力，而且重复性很大。

②机构研究法：又称组织研究法，它是一种以人为中心的研究方法。这种方法以研究市场营销制度为出发点，即研究渠道制度中各个环节及各种类型的市场营销机构，诸如代理商、批发商、零售商等市场营销问题。

③职能研究法：这是从市场营销的各种职能，诸如交换功能（购买与销售），供给功能（运输与储存），便利功能（资金融通、风险承担、市场信息等）以及企业执行各种功能中必定或可能遇到的问题，来研究和认识市场营销问题。

（2）现代市场营销的研究方法

①管理研究法：这是一种从管理决策的角度来分析、研究市场营销问题的方法，它综合了产品研究法、机构研究法和职能研究法。从管理决策的观点看，企业营销受两大因素的影响：一是企业不可控制因素，诸如人口、经济、政治、法律、物质、自然、社会文化等因素；二是企业可控制因素，即产品、价格、分销及促销。企业营销管理的任务在于全面分析外部不可控制因素的作用，针对目标市场需求特点，结合企业目标和资源，制定出最佳的营销组合策略，实现企业盈

利目标。

②系统研究法：是系统理论具体应用的一种研究方法，是从企业内部系统、外部系统，以及内部和外部系统如何协调来研究市场营销学的。企业内部系统主要是研究企业内部各职能部门，诸如生产部门、财务部门、人事部门、销售部门等如何协调，以及企业内部系统同外部系统的关系如何协调。后者主要研究企业同目标顾客外部环境的关系。内部与外部系统又是通过商品流程、货币流程、信息流程联结起来的。只有市场营销系统的各组成部分相互协调，才能产生高的营销效益。

③社会研究法：主要是研究企业营销活动对社会利益的影响。市场营销活动，一方面带来了社会经济繁荣，提高了社会及广大居民的福利；另一方面造成了某些负面效应，诸如污染社会及自然环境，破坏社会生态平衡。因此，有必要通过社会研究方法，寻求使市场营销的负面效应减少到最低限度的途径。

（二）药品营销学

药品市场营销学是指导药品生产经营企业通过市场营销活动产生经济效益、获得利润的重要工具，由于药品的特殊性，药品市场营销学所包括的内容及特点与市场营销学不完全相同，这种不同表现在以下几个方面：

（1）目前，药品市场供求除了个别品种均处于一种普遍的供大于求的状况；这种状况使得患者有一个充分选择药品的余地。如感冒患者在选择抗感冒的药物时，以含对乙酰氨基酚、盐酸伪麻黄碱等解热镇痛药为主，市场上的产品所含成分基本相同，只是生产厂家不同、商品名不同而已，诸如白加黑、百服宁、泰诺等。

（2）为保护患者权益，政府制定了诸多法律法规，规范药品生产、经营等环节的质量管理，确保药品质量，保护患者利益。因此，在这类诉讼中，患者的合法权益能得到充分的重视和保护，企业生产经营中的不慎和违规都可能给企业带来毁灭性的后果。

（3）患者需求是企业生产经营活动的出发点，只有事先了解患者的发病率，现有药品的作用与不良反应等，才能生产经营适销对路的药品。因此，市场调研是起点，制药从医疗需求出发，生产经营的药品绝大多数是适销对路的。有了这个基础，再配以良好的市场策略和销售服务，把药品销售给患者便能从整体上满足患者的需求。药品市场营销是医药企业的一种市场经营活动，即企业从医疗需求出发，综合运用各种科学的市场经营策略，把药品和服务整体地销售给医疗机构与患者，尽可能满足他们的需求，并最终实现企业自身的生存和发展目标。

（4）药品市场营销的特点是由四个互相关联的理念所反映出来的，这四个理念是患者导向、药品目标市场、整体营销、利益远景。

①患者导向是指企业营销活动的出发点是患者需求，所有的营销策划都必须以满足患者需求为目的。药品市场营销的关键是满足医疗机构与患者的真正需

要,并比其他同行做得更为出色。企业要让医疗机构与患者满意,倘若企业的营销不能使顾客满意,企业便面临失败。

②药品目标市场即企业依据市场细分方法,把总体市场区分为多个有不同需求特征的子市场,然后选择其中的一个或几个子市场作为营销目标,为之设计专科药品,开展针对性的营销。药品目标市场的选择必须根据制药企业的特点和优势进行,而且最好是能专攻某一领域或品类,如专门生产抗生素类药物,专门生产五官科用药、儿科用药、妇科用药等。任何制药企业不可能每个市场都经营,也不能满足市场的所有需求,只有选定若干个自己生产、经营能力所及的目标市场,并设计有针对性的营销策略,企业才会做得更好。

③整体营销要求药品市场营销企业在从事市场经营活动时必须利用多方位的综合性策略,营销理论中把这种综合性策略称为市场营销组合,它是整体营销这一理论的具体表现。医药企业不主张利用单一的手段从事市场经营,而认为应在产品设计、包装、商标、定价、销售服务、分销渠道、促销、公关、仓储运输等多方面,均需认真制定相应的策略,即整体营销。药品营销把这些策略和手段归结成四个方面,即产品策略、定价策略、分销渠道和促销策略,并称为四大营销策略。

④利益远景指的是医药企业要追求的不是一时的药品营销利润,而是通过科学、合理的营销手段谋求企业的长期生存,从而获得长远利益。也就是说,企业应以追求利益远景为自己的营销理念。药品市场营销观念认为取得利润是企业经济活动中的基本目标,但是从事市场营销的企业追求利润的手段应建立在满足患者需求的基础上,即在营销药品或服务时,企业不能先考虑利润,然后才考虑患者,而应倒过来,首先看这种药品能满足患者的哪些需求,然后,再考虑盈利。患者需求被满足的程度越大,企业的盈利也可能越多;反之,需求被满足的程度越低,企业的利润也就越少。

单元2 ▶ 市场营销方法的分类

随着社会生产力和科技的不断发展,各种各样的新产品层出不穷,争夺市场、争夺顾客的较量连绵不断,加之消费者的收入不断增加,生活水平日益提高,消费的内容和要求也日益丰富多彩,为了适应营销实践的要求,逐渐孕育出一系列新的营销理念与方法。

一、整合营销

整合营销是一种对各种营销工具和手段的系统化结合,根据环境进行即时性的动态修正，以使交换双方在交互中实现价值增值的营销理念与方法。整合营销就是为了建立、维护和传播品牌，以及加强客户关系，而对品牌进行计划、实施和监督的一系列营销工作。整合就是把各个独立的营销综合成一个整体，以产生协同效应。这些独立的营销工作包括广告、直接营销、销售促进、人员推销、包装、事件、赞助和客户服务等。整合营销以消费者为核心重组企业行为和市场行为，综合协调地使用各种形式的传播方式，以统一的目标和统一的传播形象，传递一致的产品信息，实现与消费者的双向沟通，迅速树立产品品牌在消费者心目中的地位，建立产品品牌与消费者长期密切的关系，更有效地达到广告传播和产品行销的目的。整合营销包含两方面的含义。首先，各种营销职能——推销人员、广告、产品管理、营销调研等必须彼此协调。其次，营销必须使公司其他部门接受思考顾客的观念。营销并非是一个部门的工作，而是整个公司的导向问题。

（一）整合营销的主题

"整合营销"最重要的主题是关于目标市场是否更有针对性的争论。营销不是针对普通消费的大多数人，而是针对定制消费的较少部分的人。"量体裁衣"的做法使得满足消费者需求的目标最大化。但是"量体裁衣"很容易被认为是"给每一位个体消费者一份独特的产品"，从而忽略了产品品牌的其他诉求，影响品牌被其他人群认知和分享。可以说，"量体裁衣"是不完整的，也不是最理想的营销手段。我们应该设定的目标是：对消费者的需求反应最优化，把精力浪费降至最低。在这个意义上才能得到理想的营销哲学：营销需要综合考虑更多的目标消费者的点滴需求。

另外一个有价值的主题是整合营销应该和消费者本身有关，也就是需要全面地观察消费者。一名消费者不仅仅是在某个时间购买产品（如牛仔裤）的一个人，消费者的概念更为复杂。购买牛仔裤的同一位消费者很可能购买其他的衣物来搭配牛仔裤，这是经常发生的事情。因此，多角度地观察消费者将创造更多的机会，使得消费者不是"一次性购买"或重复购买同一商品。我们还可以考虑到系统的"跨行销售"和"上游销售"。这个要素对于消费者行为的各个角度来说都是有效的。营销需要综合考虑各个时间消费者行为的其他角度。

第三个主题是整合营销必须考虑到如何与消费者沟通。消费者和品牌之间有更多的"联络点"或"接触点"，这不是单靠媒介宣传所能达到的。消费者在使用产品时对产品有更深的了解、打开包装见到产品时、拨打销售电话都是一种沟通，消费者之间相互交谈也产生了"病毒传播"般的销售机会。

（二）整合营销的特征

（1）在整合营销传播中，消费者处于核心地位。

（2）对消费者深刻全面的了解，是以建立资料库为基础的。

（3）整合营销传播的核心工作是培养真正的"消费者价值"观，与那些最有价值的消费者保持长期的紧密联系。

（4）以本质上一致的信息为支撑点进行传播。企业不管利用什么媒体，其产品或服务的信息一定得清楚一致。

（5）以各种传播媒介的整合运用作手段进行传播。凡是能够将品牌、产品类别和任何与市场相关的信息传递给消费者或潜在消费者的过程与经验，均被视为可以利用的传播媒介。

（三）整合营销的优点

（1）符合社会经济发展潮流及其对企业市场营销所提出来的新要求。

（2）有利于配置企业资源，优化企业组合，提高企业的经济效益。

（3）有利于企业更好地满足消费者的需求，有利于企业的持续发展。

（4）有利于从观念到行为的整合。

（5）有利于企业上下各层次的整合。

（6）有利于企业各个部门的整合。

（7）有利于营销策略的整合。

（8）有利于企业长远规划与近期活动的整合。

（9）有利于企业开展国际化营销。

（四）整合营销的操作思路

1. 以整合为中心

着重以消费者为中心并把企业所有资源综合利用，实现企业的高度一体化营销。整合既包括企业营销过程、营销方式以及营销管理等方面的整合，也包括企业内外的商流、物流及信息流的整合。

2. 讲求系统化管理

整体配置企业所有资源，企业中各层次、各部门和各岗位，以及总公司、子公司，产品供应商，与经销商及相关合作伙伴协调行动，形成竞争优势。

3. 强调协调与统一

企业营销活动的协调性，不仅仅是企业内部各环节、各部门的协调一致，而且也强调企业与外部环境协调一致，共同努力以实现整合营销。

4. 注重规模化与现代化

整合营销十分注重企业的规模化与现代化经营。规模化能使企业获得规模经济效益，为企业有效地实施整合营销提供了客观基础。整合营销同样也依赖于现代科学技术、现代化的管理手段，现代化可为企业实施整合营销提供效益保障。

（五）整合营销的精髓

（1）不要卖你所能制造的产品，而是卖那些顾客想购买的产品，真正重视消费者的需求。

（2）暂不考虑定价策略，而去了解消费者要满足其需要与欲求所愿付出的成本。

（3）暂不考虑通路策略，应当思考如何给消费者方便以购得商品。

（4）暂不考虑怎样促销，而应当考虑怎样沟通。

（六）整合营销的对策与措施

1. 革新企业的营销观念

要树立大市场营销的观念；要树立科学化、现代化营销观念；要树立系统化、整合化营销的观念。

2. 加强企业自身的现代化建设

企业要建立现代经营体制；要建立现代经营机制，包括企业的利益机制、决策机制、动力机制、约束机制等；经营管理设施现代化；要具有现代化的经营管理人员；加强组织建设，改善管理体系，注意企业的规模化，以及企业其他方面的合理化建设。

3. 整合企业的营销

对企业内外部实行一体化的系统整合；整合企业的营销管理；整合企业的营销过程、营销方式及营销行为，实现一体化；整合企业的商流、物流与信息流，实现三流的一体化。

4. 借鉴国外的先进经验

我国企业要积极学习国外企业先进的经营管理经验，特别是跨国公司的经营管理，跨国公司的整合营销，如，CIMS系统、MRP－Ⅱ系统等，先进的跨国管理、先进技术手段管理等，为我国企业开展整合营销服务。

二、事件营销

事件营销是企业通过策划、组织和利用具有名人效应、新闻价值以及社会影响的人物或事件，吸引媒体、社会团体和消费者的兴趣与关注，以求提高企业或产品的知名度、美誉度，树立良好品牌形象，并最终促成产品或服务的销售目的的手段和方式。事件营销是近年来国内外十分流行的一种公关传播与市场推广手段，集新闻效应、广告效应、公共关系、形象传播、客户关系于一体，并为新产品推介、品牌展示创造机会，建立品牌识别和品牌定位，形成一种快速提升品牌知名度与美誉度的营销手段。其在公关和营销实践中塑造了许多成功案例，事件营销已成为营销传播过程中的一把利器。

（一）事件营销的特性

1. 免费性

事件营销最重要的特性是利用现有的非常完善的新闻机器，来达到传播的目的。由于所有的新闻都是免费的，在所有新闻的制作过程中也是没有利益倾向的，所以制作新闻不需要花钱。事件营销应该归为企业的公关行为而非广告行为。

2. 有明确的目的

事件营销应该有明确的目的,这一点与广告的目的性是完全一致的。事件营销策划的第一步就是要确定自己的目的,然后明确通过何样的新闻可以让新闻的接受者达到自己的目的。新闻事业发展到现在,媒体已经非常精确地细分化了。通常某一领域的新闻只会有特定的媒体感兴趣,并最终进行报道。而这个媒体的读者群也是相对固定的。

3. 事件营销的风险性

事件营销的风险来自于媒体的不可控制和新闻接受者对新闻的理解程度。

(二)事件营销的两种模式

事件营销逐渐受到企业的青睐,组织进行事件营销无外乎两种模式:借力模式和主动模式。

所谓借力模式就是将组织的议题向社会热点话题靠拢,从而实现公众对热点话题的关注向组织议题的关注的转变。要实现好的效果,必须遵循以下原则:相关性、可控性和系统性。相关性就是指社会议题必须与组织的自身发展密切相关,也与组织的目标受众密切相关。可控性是指能够在组织的控制范围内,如果不能够在组织的控制范围内有可能不能达到期望的效果。系统性是指组织借助外部热点话题必须策划和实施一系列与之配套的公共关系策略,整合多种手段,实现一个结合,一个转化:外部议题与组织议题相结合;公众对外部议题的关注向组织议题关注的转化。

主动模式是指组织主动设置一些结合自身发展需要的议题,通过传播,使之成为公众所关注的公共热点。必须遵循以下原则:创新性、公共性及互惠性。创新性就是指组织所设置的话题必须有亮点,只有这样才能获得公众的关注,正所谓狗咬人,不是新闻;人咬狗及人狗互咬才是新闻。公共性是指避免自言自语,设置的话题必须是公众关注的。互惠性是指要想获得人们持续的关注,必须要双赢。

(三)事件营销的特征

事件营销的特征表现在以下三个方面:

1. 对外部事件的依托性

无论是借助已有的事件,还是自行策划的事件,事件营销自始至终围绕着同一个主题运作,敏锐地抓住公众关注的热点并进行创造性的对接,从消费者利益和社会福利的角度出发,从而实现营销的目的。在营销过程中,营销者要通过事件进行有新闻价值的传播活动,把产品、服务和有创意的优秀品质传递给已有和潜在的顾客,从而建立品牌美誉度和企业良好的形象。

2. 第三方公正性

第三方公正性比广告更具隐蔽性和持久性。事件营销的砝码在于能够抓住亮点、热点和记忆点，从而带动卖点。一个品牌的推广带有极强的功利性，其目的在于吸引消费者的眼球，刺激购买欲望。但这种"眼球经济"的泛滥导致的信息失真，扰乱了消费者的视线，企业只有借助第三方公正组织或权威个人，将其理念、产品与服务质量传播给目标市场，而事件营销正具有这一优势。

3. 双重目的性

事件营销的目的表现在产品或服务销售和形象塑造两个方面，借助一个事件进行有针对性的营销传播，能够避开媒体多元化而形成的噪音干扰，从而提升企业品牌的关注率；同时，以新闻事件的方式进行的宣传和销售促进，能够避开媒体的高收费，从而获得较高的利润；关注率的上升和成本的下降，必然更有利于拓宽利润空间，产品或服务销售的上升应当是理所当然的。

三、关系营销

所谓关系营销，是把营销活动看成是一个企业与消费者、供应商、分销商、竞争者、政府机构及其他公众发生互动作用的过程，其核心是建立和发展与这些公众的良好关系。1985 年，巴巴拉·本德·杰克逊提出了关系营销的概念，使人们对市场营销理论的研究又迈上了一个新的台阶。关系营销理论一经提出，迅速风靡全球，杰克逊也因此成了美国营销界备受瞩目的人物。

（一）**本质特征**

关系营销的本质特征可以概括为以下几个方面：

1. 双向沟通

在关系营销中，沟通应该是双向而非单向的。只有广泛的信息交流和信息共享，才可能使企业赢得各个利益相关者的支持与合作。

2. 合作

一般而言，关系有两种基本状态，即对立和合作。只有通过合作才能实现协同，因此合作是"双赢"的基础。

3. 双赢

即关系营销旨在通过合作增加关系各方的利益，而不是通过损害其中一方或多方的利益来增加其他各方的利益。

4. 亲密

关系能否得到稳定和发展，情感因素也起着重要作用。因此关系营销不只是要实现物质利益的互惠，还必须让参与各方能从关系中获得情感的需求满足。

5. 控制

关系营销要求建立专门的部门，用以跟踪顾客、分销商、供应商及营销系统中其他参与者的态度，由此了解关系的动态变化，及时采取措施消除关系中的不稳定因素和不利于关系各方利益共同增长的因素。

此外，通过有效的信息反馈，也有利于企业及时改进产品和服务，更好地满足市场的需求。

（二）实施步骤

1. 筛选合作伙伴

企业首先从所有的客户中筛选出值得和必须建立关系的合作伙伴，并进一步确认要建立关系营销的重要客户。选择重要客户的原则不仅仅是目前的盈利能力，而且包括未来的发展前景。企业可以首先选择5个或10个最大的客户进行关系营销，如果其他客户的业务有意外增长也可入选。

2. 指派关系经理

对筛选出的合作伙伴指派关系经理专人负责，这是建立关系营销的关键。企业要为每个重要客户选派干练的关系经理，每个关系经理一般只管理一家或少数几家客户，并派一名总经理管理关系经理。关系经理对客户负责，是有关客户所有信息的汇集点，是公司为客户服务的动员者，对服务客户的销售人员应当进行关系营销的训练。总经理负责制定关系经理的工作职责、评价标准、资源支持，以提高关系经理的工作质量和工作效率。

3. 制订工作计划

为了能够经常地与关系对象进行联络和沟通，企业必须分别制订长期的和年度的工作计划。计划中要确定关系经理职责，明确他们的报告关系、目标、责任和评价标准。每个关系经理也必须制订长期和年度的客户关系管理计划，年度计划要确定目标、策略、具体行动方案和所需要的资源。

4. 了解关系变化

企业要通过建立专门的部门，用以跟踪顾客、分销商、供应商及营销系统中其他参与者的态度，由此了解关系的动态变化。同时，企业通过客户关系的信息反馈和追踪，测定他们的长期需求，密切关注合作伙伴的变化，了解他们的兴趣。企业在此基础上，一方面要调整和改善关系营销策略，进一步巩固相互依赖的伙伴关系；另一方面要及时采取措施，消除关系中的不稳定因素和不利于关系各方利益共同增长的因素。此外，通过有效的信息反馈，企业将会改进产品和服务，更好地满足市场的需要。

（三）关系营销的具体措施

1. 关系营销的组织设计

为了对内协调部门之间、员工之间的关系，对外向公众发布消息、处理意见等，通过有效的关系营销活动，使得企业目标能顺利实现，企业必须根据正规性原则、适应性原则、针对性原则、整体性原则、协调性原则和效益性原则建立企业关系管理机构。该机构除协调内外部关系外，还将担负着收集信息资料、参与企业的决策预谋的责任。

2. 关系营销的资源配置

面对顾客、变革和外部竞争，企业的全体人员必须通过有效的资源配置和利用，同心协力地实现企业的经营目标。企业资源配置主要包括人力资源和信息资源。人力资源配置主要是通过部门间的人员转化、内部提升和跨业务单元的论坛和会议等进行。信息资源共享方式主要是：利用电脑网络、制定政策或提供帮助削减信息超载，建立"知识库"或"回复网络"以及组建"虚拟小组"。

3. 关系营销的效率提升

与外部企业建立合作关系，必然会与之分享某些利益，增强对手的实力，另一方面，企业各部门之间也存在着不同利益，这两方面形成了关系协调的障碍。具体的原因包括：利益不对称、担心失去自主权和控制权、片面的激励体系、担心损害分权。

关系各方环境的差异会影响关系的建立以及双方的交流。跨文化间的人们在交流时，必须克服文化所带来的障碍。对于具有不同企业文化的企业来说，文化的整合，对于双方能否真正协调运作有重要的影响。关系营销是在传统营销的基础上，融合多个社会学科的思想而发展起来的。吸收了系统论、协同学、传播学等思想。关系营销学认为，对于一个现代企业来说，除了要处理好企业内部关系，还要有可能与其他企业结成联盟，企业营销过程的核心是建立并发展与消费者、供应商、分销商、竞争者、政府机构及其他公众的良好关系。无论在哪一个市场上，关系具有很重要的作用，甚至成为企业市场营销活动成败的关键。所以，关系营销日益受到企业的关注和重视。

（四）关系营销与交易营销的区别

交易营销的主要内容是"4PS"，而关系营销则突破了"4PS"的框架，把企业的营销活动扩展到一个更广、更深的领域。两者的区别主要表现在：

（1）交易营销的核心是交易，企业通过诱使对方发生交易活动从中获利；而关系营销的核心是关系，企业通过建立双方良好的合作关系从中获利。

（2）交易营销把其视野局限于目标市场上，即各种顾客群；而关系营销所涉及的范围则广得多，包括顾客、供应商、分销商、竞争对手、银行、政府及内部员工等。

（3）交易营销围绕着如何获得顾客；而关系营销更为强调保持顾客。

（4）交易营销不太强调顾客服务；而关系营销高度强调顾客服务。

（5）交易营销是有限的顾客参与和适度的顾客联系；而关系营销却强调高度的顾客参与和紧密的顾客联系。

四、绿色营销

所谓绿色营销是指企业在生产经营过程中，将企业自身利益、消费者利益和环境保护利益三者统一起来，以此为中心，对产品和服务进行构思、设计、销售和制造。它要求企业在经营中贯彻自身利益、消费者利益和环境利益相结合的原则。社会和企业在充分意识到消费者日益提高的环保意识和由此产生的对清洁型无公害产品需要的基础上，发现、创造并选择市场机会，通过一系列理性化的营销手段来满足消费者以及社会生态环境发展的需要，实现可持续发展的过程。绿色营销的核心是按照环保与生态原则来选择和确定营销组合的策略，是建立在绿色技术、绿色市场和绿色经济基础上的、对人类的生态关注给予回应的一种经营方式。绿色营销不是一种诱导顾客消费的手段，也不是企业塑造公众形象的"美容法"，它是一个导向持续发展、永续经营的过程，其最终目的是在化解环境危机的过程中获得商业机会，在实现企业利润和消费者满意的同时，达成人与自然的和谐相处，共存共荣。

绿色营销管理包括以下五个方面的内容：

1. 树立绿色营销观念

绿色营销观念是在绿色营销环境条件下企业生产经营的指导思想。传统营销观念认为，企业在市场经济条件下生产经营，应当时刻关注与研究的中心问题是消费者需求、企业自身条件和竞争者状况三个方面，并且认为满足消费需求、改善企业条件、创造比竞争者更有利的优势，便能取得市场营销的成效。而绿色营销观念却在传统营销观念的基础上增添了新的思想内容。企业生产经营研究的首要问题不是在传统营销因素条件下，通过协调三方面关系使自身取得利益，而是与绿色营销环境的关系。企业营销决策的制定必须首先建立在有利于节约能源、资源和保护自然环境的基点上，促使企业市场营销的立足点发生新的转移。

对市场消费者需求的研究，是在传统需求理论的基础上，着眼于绿色需求的研究，并且认为这种绿色需求不仅要考虑现实需求，更要放眼于潜在需求。企业与同行竞争的焦点，不在于传统营销要素的较量，争夺传统目标市场的份额，而在于最佳保护生态环境的营销措施，并且认为这些措施的不断建立和完善，是企业实现长远经营目标的需要，它能形成和创造新的目标市场，是竞争制胜的法宝。与传统的社会营销观念相比，绿色营销观念注重的社会利益更明确定位于节能与环保，立足于可持续发展，放眼于社会经济的长远利益与全球利益。

2. 设计绿色产品

产品策略是市场营销的首要策略，企业实施绿色营销必须以绿色产品为载体，为社会和消费者提供满足绿色需求的绿色产品。所谓绿色产品是指对社会、对环境改善有利的产品，或称为无公害产品。这种绿色产品与传统同类产品相比，至少具有下列特征：

（1）产品的核心功能既要能满足消费者的传统需要，符合相应的技术和质量标准，更要满足对社会、自然环境和人类身心健康有利的绿色需求，符合有关环保和安全卫生的标准。

（2）产品的实体部分应减少资源的消耗，尽可能利用再生资源。产品实体中不应添加有害环境和人体健康的原料、辅料。在产品制造过程中应消除或减少"三废"对环境的污染。

（3）产品的包装应减少对资源的消耗，包装的废弃物和产品报废后的残物应尽可能成为新的资源。

（4）产品生产和销售的着眼点，不在于引导消费者大量消费而大量生产，而是指导消费者正确消费而适量生产，建立全新的生产美学观念。

3. 制定绿色产品的价格

价格是市场的敏感因素，定价是市场营销的重要策略，实施绿色营销不能不研究绿色产品价格的制定。一般来说，绿色产品在市场的投入期，生产成本会高于同类传统产品，因为绿色产品成本中应计入产品环保的成本，主要包括以下几方面：

（1）在产品开发中，因增加或改善环保功能而支付的研制经费。

（2）在产品制造中，因研制对环境和人体无污染、无伤害而增加的工艺成本。

（3）使用新的绿色原料、辅料而可能增加的资源成本。

（4）由于实施绿色营销而可能增加的管理成本、销售费用。

但是，产品价格的上升是暂时的，随着科学技术的发展和各种环保措施的完善，绿色产品的制造成本会逐步下降，趋向稳定。企业制定绿色产品价格，一方面当然应考虑上述因素，另一方面应注意到，随着人们环保意识的增强，消费者经济收入的增加，消费者对商品可接受的价格观念会逐步与消费观念相协调。所以，企业营销绿色产品不仅能使企业盈利，更能在同行竞争中取得优势。

4. 绿色营销的渠道策略

绿色营销渠道是绿色产品从生产者转移到消费者所经过的通道。企业实施绿色营销必须建立稳定的绿色营销渠道，策略上可从以下几方面努力：

（1）启发和引导中间商的绿色意识，建立与中间商恰当的利益关系，不断发现和选择热心的营销伙伴，逐步建立稳定的营销网络。

（2）注重营销渠道有关环节的工作。为了真正实施绿色营销，从绿色交通工具的选择、绿色仓库的建立，到绿色装卸、运输、贮存、管理办法的制定与实施，认真做好绿色营销渠道的一系列基础工作。

（3）尽可能建立短渠道、宽渠道，减少渠道资源消耗，降低渠道费用。

5. 搞好绿色营销的促销活动

绿色促销是通过绿色促销媒体，传递绿色信息，指导绿色消费，启发引导消费者的绿色需求，最终促成购买行为。绿色促销的主要手段有以下几方面：

（1）绿色广告 通过广告对产品的绿色功能定位，引导消费者理解并接受广告诉求。在绿色产品的市场投入期和成长期，通过量大、面广的绿色广告，营造市场营销的绿色氛围，激发消费者的购买欲望。

（2）绿色推广　通过绿色营销人员的绿色推销和营业推广，从销售现场到推销实地，直接向消费者宣传、推广产品绿色信息，讲解、示范产品的绿色功能，回答消费者绿色咨询，宣讲绿色营销的各种环境现状和发展趋势，激励消费者的消费欲望。同时，通过试用、馈赠、竞赛、优惠等策略，引导消费兴趣，促成购买行为。

（3）绿色公关　通过企业的公关人员参与一系列公关活动，诸如发表文章、演讲、影视资料的播放、社交联谊、环保公益活动的参与、赞助等，广泛与社会公众进行接触，增强公众的绿色意识，树立企业的绿色形象，为绿色营销建立广泛的社会基础，促进绿色营销业的发展。

五、网络营销

网络营销（On-Line Marketing 或 E-Marketing）就是以国际互联网络为基础，利用数字化的信息和网络媒体的交互性来辅助营销目标实现的一种新型的市场营销方式。网络营销是企业整体营销战略的一个组成部分，是为实现企业总体经营目标所进行的，以互联网为基本手段营造网上经营环境的各种活动。笼统地说，网络营销就是以互联网为主要手段开展的营销活动。网络营销是以互联网为载体，以符合网络传播的方式、方法和理念实施营销活动，以实现组织目标或社会价值。网络营销产生于20世纪90年代，发展于20世纪末至今。网络营销产生和发展的背景主要有三个方面，即网络信息技术发展、消费者价值观改变、激烈的商业竞争。网络营销概念的同义词包括：网上营销、互联网营销、在线营销、网路行销、口碑营销、视频营销、网络事件营销、社会化媒体营销、微博营销、博客营销等。网络营销具有鲜明的理论性、市场的全球性、资源的整合性、明显的经济性、市场的冲击性等特征。

（一）网络营销环境

1. 企业内部环境

企业内部环境包括企业内部各部门的关系及协调合作，协调营销部门与其他各部门的关系，以保证企业营销活动的顺利开展。

2. 供应者

供应者是指向企业及其竞争者提供生产经营所需的公司或个人。供应者对企业的营销业务有实质性的影响。

3. 营销中介

协调企业促销和分销其产品给最终购买者的公司。

4. 顾客或用户

顾客或用户是企业产品销售的市场，是企业直接或最终的营销对象。网络技术的发展极大地消除了企业与顾客之间地理位置的限制，创造了一个让双方更容易接近和交流信息的机制。顾客可以通过网络，得到更多的需求信息，使他的购买行为更加理性化。

5. 竞争者

竞争是商品经济活动的必然规律，网络营销也不例外。

（二）网络营销的优势与弊端

1. 优势

（1）网络媒介具有传播范围广、速度快、无时间地域限制、无时间版面约束、内容详尽、多媒体传送、形象生动、双向交流、反馈迅速等特点，有利于提高企业营销信息传播的效率，增强企业营销信息传播的效果，降低企业营销信息传播的成本。

（2）网络营销无店面租金成本，且有实现产品直销功能，能帮助企业减轻库存压力，降低经营成本等优点。

（3）国际互联网覆盖全球市场，通过它，企业可方便快捷地进入任何一国市场。尤其是世贸组织第二次部长会议决定在下次部长会议之前不对网络贸易征收关税，网络营销更为企业架起了一座通向国际市场的绿色通道。

（4）服务个性化。

（5）容易实现5C策略［顾客（Customer）、成本（Cost）、便利（Convenience）、沟通（Communication）、环境（Circumstance）］。

（6）方便地获取商机和决策信息。

（7）多媒体展示。

（8）丰富的促销手段。

（9）具有扩展性。

（10）信息透明化。

（11）长尾效应显著。

2. 弊端

（1）缺乏信任感。

（2）缺乏生趣。

（3）技术与安全性问题。

（4）价格问题。

（5）广告效果不佳。

（6）被动性。

（三）网络营销分类

1. 以服务的对象不同分类

（1）个人网络营销　个人可以通过网络的方式进行营销，目前这种方式已经广泛地被广大网民使用，典型的应用如广大的"淘宝卖家"、"Anzone""芙蓉姐姐"、"凤姐"之类通过网络的方式出名的网络炒家。

(2) 企业网络营销　网络的商用价值应该成为互联网营销的主流，目前大量的企业通过网络营销的方式拓展自己的业务，这一点非速传媒非常认可。

2. 以应用范围划分

(1) 广义的网络营销　笼统地说，网络营销就是以互联网为主要手段（包括 Internet 企业内部网、EDI 行业系统专线网及 Internet 国际互联网）开展的营销活动。

(2) 狭义的网络营销　狭义的网络营销是指组织或个人基于开放便捷的互联网络，对产品、服务所做的一系列经营活动，从而达到满足组织或个人需求的全过程。

(3) 整合网络营销　2002 年资深网络营销实践者敖春华提出整合网络营销概念：网络营销是企业整体营销战略的一个组成部分，是为实现企业总体经营目标所进行的，以互联网为基本手段营造网上经营环境的各种活动。这个定义的核心是经营网上环境，这个环境可以理解为整合营销所提出的一个创造品牌价值的过程，整合各种有效的网络营销手段制造更好的营销环境。

(4) 颠覆式网络营销　2010 年爆发了"颠覆式网络营销"模式。创始人郑俊雅认为，企业应跳出普通层面，以高端的商业策划为指导，突破常规网络营销方法，创造出独特、新颖、创意、吸引、持久的颠覆式网络营销方法，才能实现网络营销效果。

(5) 社会化媒体营销　社会化媒体营销就是利用社会化网络、在线社区、博客、百科或者其他互联网协作平台媒体来进行营销、销售、公共关系和客户服务维护开拓的一种方式。在此非速传媒做得比较不错。一般社会化媒体营销工具包括论坛、微博、博客、SNS、Flickr 和 Video 等。

(6) 非对称网络营销　非对称竞争是传统企业新起的一种理念，2010 年在网络营销爆发的时代，万成卫将其引入网络营销，并把非对称竞争理念成功转换成可运用的网络营销模式。企业应该以自身定位为主，通过精装、放大、唯一、记忆、侧面品牌、差异化优势的网络营销方法，狭路相逢双赢的网络营销效果。

(7) 量贩式网络营销　也称量贩式网络推广，2011 年由星之传媒总经理，著名网络营销策划师王天星提出。由于网络营销市场在国内刚刚起步，服务水平参差不齐，急需一种量贩化、快餐化的网络营销方式来规范行业发展，让企业能真正地自主选择。

3. 以具体推广方式分类

口碑营销、网络广告、媒体营销、事件营销、搜索引擎营销（SEM）、Email 营销、数据库营销、短信营销、电子杂志营销、病毒式营销、问答营销、QQ 群营销、博客营销、微博营销、论坛营销、社会化媒体营销、针对 B2B 商务网站的产品信息发布以及平台营销等。

（四）网络营销的特点

随着互联网技术发展的成熟以及联网成本的低廉，互联网好比是一种"万能胶"，将企业、团体、组织以及个人跨时空联结在一起，使得他们之间信息的交换变得"唾手可得"。市场营销中最重要也最本质的是组织和个人之间进行信息传播和交换。如果没有信息交换，那么交易也就是无本之源。正因为如此，互联网具有营销所要求的某些特性，使得网络营销呈现出一些特点。网络营销特点主要表现为以下几个方面：

1. 时域性

营销的最终目的是占有市场份额，由于互联网能够超越时间约束和空间限制进行信息交换，使得营销脱离时空限制进行交易变成可能，企业有了更多的时间和更大的空间进行营销，可每周 7 天，每天 24 小时随时随地提供全球性营销服务。

2. 富媒体

互联网被设计成可以传输多种媒体的信息，如文字、声音、图像等，使得为达成交易进行的信息交换能以多种形式存在和交换，可以充分发挥营销人员的创造性和能动性。

3. 交互式

互联网通过展示商品图像，商品信息资料库提供有关的查询，来实现供需互动与双向沟通。还可以进行产品测试与消费者满意调查等活动。互联网为产品联合设计、商品信息发布以及各项技术服务提供最佳工具。

4. 个性化

互联网上的促销是一对一的、理性的、消费者主导的、非强迫性的、循序渐进式的，而且是一种低成本与人性化的促销，避免推销员强势推销的干扰，并通过信息提供与交互式交谈，与消费者建立长期良好的关系。

5. 成长性

互联网使用者数量快速成长并遍及全球，使用者多属年轻、中产阶级、高教育水准，由于这部分群体购买力强而且具有很强的市场影响力，因此是一项极具开发潜力的市场渠道。

6. 整合性

互联网上的营销可由商品信息至收款、售后服务一气呵成，因此也是一种全程的营销渠道。另一方面，禹含网络建议企业可以借助互联网将不同的传播营销活动进行统一设计规划和协调实施，以统一的传播咨讯向消费者传达信息，避免不同传播中不一致性产生的消极影响。

7. 超前性

互联网是一种功能强大的营销工具，它同时兼具渠道、促销、电子交易、互动顾客服务以及市场信息分析与提供的多种功能。它所具备的一对一营销能力，正是符合定制营销与直复营销的未来趋势。

8. 高效性

计算机可储存大量的信息，代消费者查询，可传送的信息数量与精确度远超过其他媒体，并能应市场需求，及时更新产品或调整价格，因此能及时有效了解并满足顾客的需求。

9. 经济性

通过互联网进行信息交换，代替以前的实物交换，一方面可以减少印刷与邮递成本，可以无店面销售，免交租金，节约水电与人工成本，另一方面可以减少由于迂回多次交换带来的损耗。

10. 技术性

网络营销大部分是通过网上工作者的一系列宣传、推广，这其中的技术含量相对较低，对于客户来说是小成本大产出的经营活动。网络营销是建立在高技术作为支撑的互联网络的基础上的，企业实施网络营销必须有一定的技术投入和技术支持，改变传统的组织形态，提升信息管理部门的功能，引进懂营销与电脑技术的复合型人才，这样才能具备市场竞争优势。

六、DTC 与 DFC 营销

（一）DTC 与 DFC 营销模式

DTC（Direct-To-Consumer）是指直接面对消费者的营销模式，它包括任何以终端消费者为目标而进行的传播活动。对医药市场而言，终端消费者可能是患者本人、患者的朋友或亲属，也可能是医疗服务人员或公众。在我国，在 DTC 营销模式中，DTC 广告是影响 OTC（非处方药）市场销量的重要因素之一，而处方药自 2002 年 12 月起禁止在大众媒体上宣传。OTC 药品可直接面对消费者进行广告，可以进行品牌宣传，培育品牌忠诚度，从而极大地刺激消费者对 OTC 药品的购买量。此外，消费者教育活动的普及增强了人们自我保健意识，提高了消费者对轻微病症进行自我诊治的能力。同时，消费者对药品及其价格的高度关注必将引发 OTC 药品市场的价格竞争。

DFC（Direct-From-Consumer）是与 DTC 相对应的市场研究方式，是指企业直接向药品的最终用户收集信息的营销模式，企业通过 DFC 的方式，了解患者偏好、需求、反应等心理和生理信息，及时得到患者的反馈和建议，利于企业更好地进行市场定位，与患者建立更长久的关系。

（二）国外 DTC 与 DFC 营销产生与发展现状

美国的药品 DTC 营销应该是目前全球发展得最为成熟的。1983 年，美国出现第一个 DTC 处方药广告，1985 年，FDA 取消了禁止直接面向消费者做处方药广告的禁令。1997 年 8 月，FDA 宣布放松对药品广告促销的限制，颁布了《工业指南：直接面对消费者的广播电视广告（草案）》，规定媒体广告应包括有关药品有效性、副作用、禁忌证等的简要说明，或者提供可获得这些信息的途径。进入21世纪后，DTC营销更是得到长足的发展。如今在美国，几乎所有的品牌药，无论销售额大小，直接面向消费者的广告已成为其成功上市或品牌管理中不可或缺的战略性策略之一，并且对DTC营销也加大了投入。其他欧洲和亚洲的药品消费市场，对药品营销的限制比美国更严格。由于近年来消费者自主意识的提高和政府医疗支出不断上涨等压力，欧洲各国对DTC营销的态度也正在逐渐发生转变。在日本，目前其DTC营销也在循序渐进地得到发展。在新西兰，直接面向消费者的处方药广告是被允许的。加拿大现在仍然禁止处方药的DTC广告，但由于其毗邻美国，通过电视、广播、杂志以及其他英文媒介，美国的DTC广告已跨越国界来到加拿大。目前，加拿大的一些政府官员也逐渐开始支持允许处方药做DTC广告。

（三）DTC与DFC营销模式产生的必然性

（1）互联网的广泛应用　全球互联网的大规模普及为消费者提供了前所未有的获得大量医疗保健及药品信息的途径，为DTC营销提供了更加有效的发展载体。

（2）消费者对医疗保健信息的需要　随着自我医疗保健意识和有效治疗意识的提高，患者对疾病病理及治疗方法都有强烈的学习欲望，使得消费者参与自我健康决策的要求大大增强，消费者已经由过去有病才会去看病买药的"被动型"转变为无病也要确保健康的"保健型"，DTC营销成为了针对他们的一个重要的咨询服务工具，了解新药基本信息的途径；还可以自由选择各类医生及各种药品并主动参与自身的保健和治疗。另外，消费者已经开始关注药品的零售价格，DTC营销正好可以满足消费者的需求。

（3）制药企业提高市场竞争能力　制药企业纷纷增加DTC药品广告的投入并把DTC药品广告作为抢滩医疗保健市场和扩大知名度的手段，确保产品现有生产份额，扩大本企业在市场和消费者心目中的知名度。

（4）各国政府态度的转变　医疗保健费用的持续攀升，对于各国政府来说正成为其沉重的负担。DTC广告为"买方"的购买决策提供信息；治疗药品的数量繁多，DTC营销竞争会给患者带来实惠，提供给消费者更多的信息选择和参与平台是必要的。正是在这种情况下，各国政府对DTC营销的态度逐渐有所松动。

（四）DTC与DFC营销模式在药品营销中的应用

1. 通过DTC广告让消费者提高对该产品的认知度和忠诚度

DTC广告是直接面向消费者的广告，其形式包括电视、广播、印刷品、电话、邮寄广告等。但广告的作用是教育，而DTC广告的关键是在广告中将产品的名称、生产企业、用途、用药风险等消费者所关注的信息反映出来，使消费者对该药品及生产企业产生一定认识，达到一定的认知度，努力与消费者建立感情联系。DTC 广告一定要抓住消费者心理，突出产品的特点，制药公司增加药品的 DTC 广告投放，可以让消费者熟悉产品并且对该产品有个认知，树立企业形象，从而提高消费者对该产品的忠诚度。

2. 通过 DTC 网站与消费者建立良好的沟通

医药企业可以利用互联网直接面对消费者，为消费者提供产品信息及其经销动态，为群众提供医药咨询服务，同时了解消费者需求，以及医师和患者的反馈意见等。我国医药企业应当充分借鉴外企的经验，充分利用网络资源，搞好 DTC 网站建设。许多制药公司在网站上为消费者制作了高度互动、朋友式的网页，网页的内容包括常见病的全套教育材料、医疗服务人员的信息、自我诊断的方法等。患者在网上搜索到该网站，了解疾病治疗研究的新进展。Internet 为制药公司提供了直接面对消费者的营销机会，一些 DTC 网站还具有广告的功能。此外，DTC 营销组合还包括消费者教育、口碑营销等传播模式。

3. 现场销售是终端促销的主要推广方式

现场销售是 OTC 药品在前期市场启动阶段的主要推广方式，OTC 药品的销售大部分是在零售药店，对于消费者来说，药店不仅是药品的购买场所，更是获得用药咨询的地方。所以，可以在药店进行现场咨询，通过宣传诱导，促进销售，为消费者提供相关的药品信息，使终端销售走向专业化、多元化。同时可利用海报、POP 售点广告、挂旗等在药店内进行宣传和教育，并加强对药店店员的教育和药品的陈列理货工作。

4. 知识营销提高市民的科学健康理念，促进市场需求

知识营销是指针对医药商品目标消费者的需要以及潜在消费者的需要，通过互动形式进行医药商品知识的传播，达到由品牌宣传和商品知识传播来促进销售的目的。企业可以通过开展科普活动，举办社区居民设立健康课堂、科普讲座、建立健康卡、赠送科学书籍，与媒体合作举办科普知识竞赛，虽然这些活动不夹杂产品的促销，也不要求参加者购买产品，但通过提高市民的科学健康理念，拉动了市场需求。

5. 运用 DFC 模式进行患者信息收集

DFC 营销模式，弥补了传统医患关系下信息收集不足的缺陷，它可以同时满足患者、医生和企业的需求，从而实现医药市场"三方共赢"的局面。按照 DFC 模式，企业可通过各种方式直接收集患者的症状缓解情况，将患者的治疗效果反馈给医生，这些直接来自患者的数据为医生提供了便捷、及时和有效的帮助，同时提高了患者的治疗效果，减少治疗费用，也减轻了疾病痛苦；另外，企业通过 DFC 模式，可以更好地掌握患者偏好、需求、反应等心理和生理信息，就能更好地进行市场细分、选择与定位，与患者建立更长久的关系。

单元 3　药品市场营销组织及管理

一、药品市场营销组织

（一）药品市场营销组织的概念及其发展历程

药品市场营销组织是指医药企业为了实现其营销目标，具体制定和实施市场营销计划的职能部门。其组织形式主要受宏观市场营销环境、企业市场管理哲学以及企业自身所处的发展阶段、经营范围、业务特点等因素的影响。

根据市场营销组织承担的职能划分，西方发达国家市场营销组织经历了以下5个发展历程。

1. 单纯的销售部门

出现在20世纪30年代以前，单纯的销售部门是指销售部门仅仅负责产品销售工作，通常由一位销售主管领导几位销售人员从事单纯的产品推销工作，促使他们卖出更多的产品。主要是由于产品生产和库存管理等完全由生产部门决定。

2. 兼有附属职能的销售部门

兼有附属职能的销售部门是指销售部门除了负责产品推销工作之外，还兼做市场调查、广告宣传以及顾客服务等方面的工作。出现在20世纪30年代市场大萧条以后，市场竞争激烈，对市场要进行经常性的市场营销研究、广告宣传等其他推广活动，这些工作逐渐变为专门的职能，需要聘请有经验的主管来承担这些新职能，于是企业便专门设立了一名市场营销主管负责这方面的工作。

3. 独立的市场营销部门

独立的市场营销部门是指市场营销部门与销售部门并行，专业从事市场营销研究、新产品开发、广告宣传和为顾客服务等方面的工作，销售经理容易偏向推销职能，把更多的时间和精力放在销售队伍上，对市场营销的其他职能关注不够。营销经理和销售经理一起，由总经理负责，在具体工作上要相互合作、密切配合。

4. 现在市场营销部门

现在的市场营销部门是指市场营销部门全面负责产品推销和其他市场营销职能。在独立的市场营销部门中，虽然销售经理与营销经理的工作要求上要保持步调一致，但在实际工作中，他们之间的关系常常带有互相竞争和互不信任的色彩。销售经理趋向于短期行为，侧重于短期内的销售量；市场营销经理多着眼于长期效果，侧重于制造适当的产品计划和市场营销战略，以满足市场长远需要。所以在发展中就存在着相互之间的矛盾，在解决两个部门之间的矛盾和冲突的过程中，形成了现在市场营销部门的基础，即由市场营销副总经理领导下的营销职能部门和销售部门。

5. 现代市场营销公司

现代市场营销公司是独立和专门从事市场营销工作的机构。一家医药企业即使设置了现代市场营销公司，并不等于它就是以市场营销原理指导运行的公司。市场营销公司不应只是名称的改变，更重要的是经营观念的改变，只有公司的全体员工都意识到他们的工作是选择该公司产品的顾客给予的，树立"以顾客要求为中心"的观念，该公司才能成为有效的现代市场营销公司。

(二) 现代市场营销部门的组织类型

现代市场营销部门有多种多样的组织方法和组织类型，为了实现企业的目标，市场营销经理必须选择合适的市场营销组织。现代市场营销部门组织类型主要有以下几种。

1. 职能型组织

职能型组织是指在药品市场营销部门内部分设不同的职能部门，如销售部、市场调研部等，不同职能部门分担不同的工作，市场营销副总经理负责协调各专业部门的工作。职能型组织是最常见的营销部门组织形式，这种组织形式的主要优点是简便易行，分工明确。缺点是没有一个职能部门对某一种具体产品或市场负责，并且各职能部门都为获得更多的预算和更加有利的地位而竞争，致使营销经理经常陷入难以调和的纠纷之中。一般来说，职能型组织比较宜于企业只有一种或少数几种产品，或者企业所有产品的市场营销方式大体相同的情况。随着企业产品品种的增多和市场的扩大，这种组织形式会逐渐暴露出其弱点。

2. 地区型组织

地区型组织是指在市场营销部门内部分设不同的地区经理，地区经理不仅负责药品推销，而且负责地区的市场调研、广告方案和营销计划制定等，市场营销副总经理负责协调各地区经理的工作。一个销售范围遍及国内或国际很多地区的制药公司，通常都按照地理区域安排其销售队伍。优点是考核方便，易于密切销售经理与当地业界的关系；缺点是易于造成销售经理过于追求短期利益而影响企业整体计划的执行，并且所需药品销售人员过多，从而使得开支过大。一般来说，地区型组织比较适宜于市场地区比较分散和市场范围比较广泛的医药企业。

3. 产品型组织

产品型组织是指在市场营销部门内部分设不同的产品经理，产品经理负责某一种或某一类具体药品的全部市场营销工作，营销副总经理负责协调各产品经理之间的工作。产品型组织形式的优点是产品经理负责某种药品的全部营销工作，有助于协调各市场营销职能，并对市场变化做出积极反应；由于有专门的产品经理，从而能够保证小品牌产品不被忽视；产品经理也是培养年轻经理获得全面工作经验的好位置。但缺点是各个产品经理相互独立，他们会为保持各自产品的利益而发生摩擦；产品经理往往不能够获得足够的权威以保证他们有效地履行职责；权责划分不清楚，下级可能会得到多方面的指令。一般来说，产品型组织形式比较适宜于产品种类较多的企业，如食品、洗涤品、化妆品和化学药品等类型企业。

4. 市场型组织

市场型组织是由一个总市场经理管辖若干细分市场经理，各市场经理负责自己所管市场发展年度计划和长期计划。其中心内容是在以市场为中心的营销观念指导下，通过开展药品市场研究、用户研究，建立目标市场及市场目标，并由市场经理进行管理。这种组织结构的最大优点是：企业可针对不同的细分市场及不同顾客群的需要，开展营销活动。这种组织形式中市场经理与产品经理的职责相类似，这种组织制度有着与产品型组织相同的优缺点。目前在西方国家，越来越多的企业营销活动都是按照市场管理型结构建立。

5. 产品——市场型组织

这是一种既有产品经理，又有市场经理的两维矩阵组织。当企业面对纷繁复杂的市场，生产经营多种不同的医药产品时，产品经理难以把握市场的特点及其变化规律，而市场经理也不可能对所有的药品都十分了解。解决这个难题的办法是将产品型组织和市场型组织有机地结合在一起，以适应市场竞争和企业规模扩大的需要。产品-市场型组织对那些多品种、多市场的医药企业来说是适用的。但这种类型的组织管理费用太高，而且容易产生矛盾与冲突。由于现代医药流通领域的开放，医药物流行业发展迅速，医药生产企业、医药流通企业、医院和消费者之间的联系形式更广泛，医药企业的营销组织形式也更具有多样性。

（三）影响医药企业市场营销组织的因素

医药企业适宜采取哪种组织形式，一般受以下几方面因素的制约。

1. 企业规模

一般来说，企业规模越大，市场营销组织越复杂；企业规模越小，市场营销组织也就相对简单。

2. 市场状况

一般来说，市场的地理位置是决定市场营销人员分工和负责区域的依据。如果市场由几个较大的细分市场组成，企业需要为每个细分市场任命一位市场经理；销量较大的市场一般需要较大的市场营销组织，而且组织越大，需要的各种专职人员和部门也就越多，组织也越复杂。从药品市场定位来看，各个年龄、各个病症、各个阶层都有适合用的药品，也不可能一种药品对所有的病症都适用，所以大型医药企业的组织也越来越复杂。

3. 产品特点

产品特点包括企业经营的产品种类、产品特色、产品项目的关联性以及产品在技术服务方面的要求等。对于经营产品种类多、特点突出、技术服务要求高的企业，一般应建立以产品型模式为主的营销组织机构。也就是说对于药品市场而言，营销的组织形式也可以针对不同性质的药品销售有所区别。

二、药品市场营销管理

（一）药品市场营销管理概念和具体的实施步骤

美国市场营销协会1985年对市场营销管理的定义是：计划和执行关于产品服务和创意的观念、定价、促销和分销，以创造能符合个人和组织目标交换的一种过程。它的覆盖范围包括产品、服务和创意；它建立在交换的基础上，其目的是对有关各方需求的满足。也就是说市场营销管理是指企业对已经确定的市场营销战略和市场营销策略组织实施的过程，企业对全部营销过程进行分析、规划、执行和控制，从而实现企业与组织的目标。

市场营销管理具体实施步骤包括分析市场机会、研究和选择目标市场、决定市场营销组合和计划的执行和控制。

1. 分析市场机会

市场机会是指市场上未满足的需要，也就是企业有利可图的机会，只有通过分析，才能识别、发现和利用有利的市场机会，使企业得到迅速发展。

2. 研究和选择目标市场

经过分析评估，选定符合企业目标和资源的营销机会以后，还要对这一行业的市场容量和市场结构做进一步的分析，以便缩小选择范围，选出本企业准备为之服务的目标市场。

3. 决定市场营销组合

选择目标市场后，根据企业的实力、财务状况和目标市场特点，进一步决定以何种营销组合实现经营目标。营销组合的制定要从以下几个方面进行考虑：①必须考虑是以什么样的产品形式进入市场；在国际市场是销售与国内市场相同的产品，还是做部分修改以适应国际市场的需要，还是制造出一种全新的产品推向国际市场；②必须考虑国际目标市场的产品定价及计价货币类型的选择；③必须根据目标市场的营销环境，选择不同的分销渠道；④必须根据目标市场的营销环境、企业自身情况和产品特点，制定相应的促销策略。

4. 计划的执行和控制

制定详细的行动方案，建立健全奖惩责任制度，严格执行计划。同时通过对计划执行情况的分析，发现计划执行中的偏差和薄弱环节，并修正执行中的偏差，以保证营销目标的顺利实现。

（二）市场营销管理的任务

市场营销管理是一个过程，包括分析、规划、执行和控制。其管理的对象包含理念、产品和服务。市场营销管理的基础是交换，目的是满足各方需要。市场营销管理的主要任务是刺激消费者对产品的需求，但不能局限于此。它还帮助公司在实现其营销目标的过程中，影响需求水平、需求时间和需求构成。因此，市场营销管理的任务是刺激、创造、适应及影响消费者的需求。从这个意义上来说，市场营销管理的本质是需求管理。任何市场均可能存在不同的需求状况，市场营销管理的任务是通过不同的市场营销策略来解决不同的需求状况。

1. 负需求

负需求是指市场上众多顾客不喜欢某种产品或服务。市场营销管理的任务是分析人们为什么不喜欢这些产品，并针对目标顾客的需求重新设计产品、定价，做更积极的促销，或改变顾客对某些产品或服务的信念。把负需求变为正需求，称为改变市场营销。

2. 无需求

无需求是指目标市场顾客对某种产品从来不感兴趣或漠不关心。市场营销者的任务是创造需求，通过有效的促销手段，把产品利益同人们的自然需求及兴趣结合起来。

3. 潜在需求

潜在需求是指现有的产品或服务不能满足许多消费者的强烈需求。企业市场营销的任务是准确衡量潜在市场需求，开发有效的产品和服务，即开发市场营销。

4. 下降需求

下降需求是指目标市场顾客对某些产品或服务的需求出现了下降趋势。市场营销者要了解顾客需求下降的原因，或通过改变产品的特色，采用更有效的沟通方法再刺激需求，即创造性地再营销，或通过寻求新的目标市场，以扭转需求下降的格局。

5. 不规则需求

许多企业常面临因季节、月份、周、日、时对产品或服务需求的变化，而造成生产能力和商品的闲置或过度使用。市场营销的任务是通过灵活的定价、促销及其他激励因素来改变需求时间模式，称为同步营销。

6. 充分需求

充分需求是指某种产品或服务目前的需求水平和时间等于期望的需求，但消费者需求会不断变化，竞争日益加剧。因此，企业营销的任务是改进产品质量及不断估计消费者的满足程度，维持现时需求，称为维持营销。

7. 过度需求

过度需求是指市场上顾客对某些产品的需求超过了企业供应能力，产品供不应求。比如，由于人口过多或物资短缺，引起交通、能源及住房等产品供不应求。企业营销管理的任务是减缓营销，可以通过提高价格、减少促销和服务等方式使需求减少。企业最好选择那些利润较少、要求提供服务不多的目标顾客作为减缓营销的对象。减缓营销的目的不是破坏需求,而只是暂缓需求水平。

8. 有害需求

有害需求是指对消费者身心健康有害的产品或服务,诸如烟、酒、毒品、黄色书刊等。企业营销管理的任务是通过提价、传播危害及减少可购买的机会或通过立法禁止销售,称之为反市场营销。反市场营销的目的是采取相应措施来消灭某些有害的需求。

三、药品营销计划

(一) 市场营销计划的概念

市场营销计划是指在对企业市场营销环境进行调研分析的基础上,制订企业及各业务单位的营销目标以及为实现这一目标所应采取的策略、措施和步骤的明确规定和详细说明。

(二) 市场营销计划的类型

市场营销计划的类型按照不同的分类标准可以分为不同类型。

1. 按计划时期的长短划分

按计划时期的长短划分,可分为长期计划、中期计划和短期计划。

(1) 长期计划的期限一般在 5 年以上,主要是确定未来发展方向和奋斗目标的纲领性计划。

(2) 中期计划的期限为 1~5 年。

(3) 短期计划的期限通常为 1 年,如年度计划。

2. 按计划涉及的范围划分

按计划涉及的范围划分,可分为总体营销计划和专项营销计划。

(1) 总体营销计划是企业营销活动的全面、综合性计划。

(2) 专项营销计划是针对某一产品或特殊问题而制订的计划,如品牌计划、渠道计划、促销计划、定价计划等。

3. 按计划的程度划分

按计划的程度划分,可分为战略计划、策略计划和作业计划。

(1) 战略计划是对企业将在未来市场占有的地位及采取的措施所做的策划。

(2) 策略计划是对营销活动某一方面所做的策划。

(3) 作业计划是各项营销活动的具体执行性计划,如一项促销活动,需要对活动的目的、时间、地点、活动方式、费用预算等做策划。

(三) 市场营销计划主要内容

市场营销计划一般由下列八个部分内容构成。

1. 内容提要

营销计划首先要有一个内容提要,即对主要营销目标和措施的简明概括的说明。例如，某零售商店年度营销计划的内容概要是："本年度计划销售额为5000万元，利润目标为500万元，比上年增加10%。这个目标经过改进服务、灵活定价、加强广告和促销努力，是能够实现的。为达到这个目标，今年的营销预算要达到100万元，占计划销售额的2%，比上年提高12%"。

2. 当前营销状况

在内容提要之后，营销计划的第一个主要内容是提供该产品当前营销状况的简要而明确的分析，主要包括：①市场情况。市场的范围有多大，包括哪些细分市场，市场及各细分市场近几年营业额的多少，顾客需求状况及影响顾客行为的各种环境因素等；②产品情况。产品组合中每个品种的价格、销售额、利润率等；③竞争情况。主要竞争者都是谁，各个竞争者在产品质量、定价、分销等方面都采取了哪些策略，他们的市场份额有多大以及变化趋势等；④分销渠道情况。各主要分销渠道的近期销售额及发展趋势等；⑤宏观环境状况。主要对宏观环境的状况及其主要发展趋势做出简要的介绍，包括人口环境、经济环境、技术环境、政治法律环境、社会文化环境，从中判断某种产品的命运。

3. 威胁与机会

营销计划中第二个主要内容是对市场营销中所面临的主要威胁和机会的分析。威胁是指营销环境中存在着的对企业营销的不利因素；机会是指营销环境中对企业营销的有利因素，即企业可取得竞争优势和差别利益的市场机会。营销管理人员应对威胁和机会进行评估。

4. 营销目标

营销目标是营销计划的核心部分，是在分析营销现状并预测未来的威胁和机会的基础上制订的。企业确定营销目标，必须符合以下要求：一是目标必须明确、具体、集中；二是目标必须符合企业内外的实际情况。营销目标也就是在本计划期内要达到的目标，主要是市场占有率、销售额、利润率、投资收益率等。如某年度某企业的感冒药市场份额要增长3%或感冒药要进入农村市场，都可能作为目标。

5. 策略营销

策略是指达到上述营销目标的途径或手段，包括目标市场的选择和市场定位策略、营销组合策略、营销费用策略等。

(1) 目标市场　营销策略中应首先明确企业的目标市场，即企业准备服务于哪个或哪几个分市场以及市场定位。了解并掌握市场环境，结合企业自身的资源条件，正确选择目标市场使企业获得比竞争对手更有利的营销时机。

(2) 营销组合　营销组合包含了企业针对特定目标市场所设计的全部的具体营销手段与措施。主要有产品策略、价格策略、渠道策略以及促销策略。这些具体的策略构成营销组合，也即所谓的4P。

(3) 营销费用　根据上述营销策略确定营销费用水平。

6. 活动程序

营销策略还要转化成具体的活动程序，内容包括：①要做些什么？②何时开始，何时完成？③由谁负责？④需要多少成本？按上述问题把每项活动都列出详细的程序表，以便于执行和检查。

7. 预算

营销计划中还要编制各项收支的预算，在收入一方要说明预计销售量及平均单价，在支出一方要说明生产成本、实体分配成本及营销费用，收支的差额为预计的利润（或亏损）。上层管理者负责审批预算，预算一经批准，便成为购买原材料、安排生产、人事及营销活动的依据。

8. 控制

营销计划的最后一部分，是对计划执行过程的控制。实施之前，一般需对执行时可能发生的问题进行估计，采取预防措施，保证决策的实施和目标的实现。决策付诸实施以后，必须通过信息反馈，随时控制决策执行情况。如发现问题，必须及时查明原因，修正决策，保证决策目标的最终实现。

四、药品市场营销的实施

药品市场营销的实施是指医药企业为确保营销目标的实现，将药品营销战略和计划转化为具体的营销活动的过程。药品营销战略和计划是解决医药企业"应该做什么"和"为什么这样做"的问题，而药品营销的实施则是要解决"什么人在什么地方、什么时候、怎么做"的问题。

（一）药品市场营销的实施过程

市场营销的实施过程，包括5个相互制约的步骤。

1. 制订行动方案

制订行动方案即计划实施的具体安排，包括人员配备、目标分解、资源分配、时间要求等。必须制订详细的行动方案。这个方案应尽可能详细，明确营销战略实施的关键性决策和任务，并将执行这些决策和任务的责任落实到人。

2. 建立组织机构

营销组织机构在营销战略的实施过程中起决定性的作用。组织将战略实施的任务分配给具体的部门和人员，明确规定职权界限和信息沟通渠道。组织机构必须同企业战略相配合，必须同企业本身的特点和营销环境相适应。组织机构具有两大功能，首先是提供明确的分工，将全部工作分解成便于管理的几个部分，再将它们分配给各有关部门和人员；其次是发挥协调作用，通过正式的组织联系和信息沟通网络，协调各部门和人员的安排。

3. 设计评估和报酬制度

为了实施市场营销战略和计划，必须设计相应的评估和报酬制度，这些制度直接关系到营销战略实施的成败。

4. 开发人力资源

药品市场营销最终是由医药企业内部的工作人员来执行的，因此人力资源开发至关重要，这涉及人员的考核、选拔、安置、培训和激励等问题。在考核管理人员时，要考虑从企业内部选拔还是从外部招聘；在安置人员时要注意将适当的工作分配给合适的人，做到人尽其才；为了鼓励员工的积极性，必须建立完善的工资、福利和奖惩制度，企业应决定各层次人员的比例，以减少管理费用，提高工作效率。

5. 建设企业文化和管理风格

企业文化是指一个企业内部全体人员共同持有和遵循的价值标准、基本信念和行为准则。它是企业的精神支柱，对企业经营作风和领导风格，对职工的工作态度和作风，均起着决定性的作用。要让全体员工树立市场营销观念，实施全员营销。与企业文化相连的是企业管理风格。企业文化和管理风格一旦形成，就具有相对稳定性和连续性，不易改变。因此企业战略通常是适应企业文化和管理风格的要求来制订的，而不宜轻易改变企业原有的文化和风格。

（二）影响市场营销计划有效实施的原因

尽管药品市场营销计划极为重要，但在现实生活中往往不能够被很好地贯彻，以致于计划流于形式。这主要有以下几个方面的原因。

1. 战略计划脱离实际

如果市场营销计划脱离企业实际，则市场营销计划就难以执行。由于市场营销计划通常是由上层专业人员制订的，专业人员有时由于不了解计划执行过程中的具体问题，往往导致市场营销计划与企业实际不相符，致使计划难以落实。

2. 缺乏具体执行方案

专业人员制订市场营销计划，往往只考虑总体战略而忽略执行中的细节，致使计划过于笼统而难以执行，缺乏以实战为基础进而确立鲜明的、差异化的战术计划和执行方案。

3. 营销人员追求短期利益

药品市场营销战略和计划通常着眼于企业长期目标，涉及今后3~5年的经营活动。而对药品市场营销战略和计划的执行者即市场营销人员的考核和评估标准则主要依据短期工作绩效，因此，市场营销人员往往选择短期行为。

4. 组织机构之间配合不够

对于制药企业来说，计划的制订相对比较容易，执行过程通常难以把握。这是因为在执行过程中缺少必要的协调管理和一致的目标导向。要想将制订的市场营销活动计划贯彻执行并达到预期的目标，企业组织机构的配合与企业市场营销的流程是关键。要建立完善合理的企业市场营销体系，要制订一套规范的、标准的市场营销流程。

5. 企业因循守旧的惰性

企业新的战略如果不符合企业传统和习惯，往往就会遭到抵制。新旧战略差异越大，执行新战略遇到的阻力就越大。因此，要想执行与旧战略截然不同的新战略，常常要打破企业传统的组织机构、营销模式和供销关系。市场营销执行与市场营销计划同等重要，只有良好的执行才能产生完美的结果，否则，再好的计划也只能是纸上谈兵。因此，企业应把市场营销计划和市场营销实施都努力做好。

五、药品市场营销控制

营销控制是指衡量和评估营销策略与计划的成果，以及采取纠正措施以确定营销目标的完成，尽可能地把握与推动营销活动状态，以维持市场营销资源与目标的平衡。

（一）市场营销控制的方法

市场营销控制的方法主要有：年度计划控制、盈利能力控制、营销效率控制和营销战略控制。

1. 年度计划控制

年度计划控制是指营销人员随时检查营业绩效与年度计划的差异，同时在必要时采取修正行动。年度计划控制是为了确保计划中所确定的销售、利润和其他目标的实现。年度计划控制的核心是目标管理。主要目的有以下几个：①促使年度计划产生连续不断的推动力；②控制的结果可以作为年终绩效评价的依据；③发现企业潜在的问题并给予解决；④控制工作是企业高层管理人员监督部门工作的有效手段。年度计划控制的方法如下。

（1）销售量控制 销售量控制分析就是衡量和评估实际销售额与计划销售额之间的差距，具体的方法有两种：①总量差额分析，即分析造成实际销售总量与计划销售总量之间差额的原因。例如，假定某医药企业年度计划第一季度完成药品销售额 12 万元，但实际只完成了 10 万元，比计划少了，是什么原因造成的呢？经过分析，发现其原因有两个：销售量不足和销售售价下降，通过总量差额分析得知：1/2 差额是由于商品降价出售造成的，另外 1/2 差额是由于没有达到预期销售量造成的。②个别销售分析，即分析造成具体产品或地区实际销售量与计划销售量差额的原因。这种方法也被菲利普·科特勒称为微观销售分析。

（2）市场份额控制 市场份额控制通常是通过市场占有率来进行分析控制的。市场占有率分析就是衡量和评估实际市场占有率与计划市场占有率之间的差距。具体方法有以下 3 种：①总体市场占有率分析：总体市场占有率是指本企业销售额占整个行业销售额的百分比。分析总体市场占有率有两个方面的决策：一是要确定分析销售量还是分析销售金额；二是要确定行业界限。如一家生产抗生素的企业如果将自己所属行业范围扩大到所有药品，则其市场占有率自然很低。

②有限地区市场占有率分析：有限地区市场占有率是指企业在某一有限区域内的销售额占全行业在该地区市场销售额的百分比。如某中成药生产厂家某药品销售额占北京市场的90%，但其总体市场占有率却可能很低。

③相对市场占有率分析：相对市场占有率是指本企业销售额占行业内最领先竞争对手销售额的百分比。相对市场占有率大于1，表示本公司是行业的领先者；等于1，表示本公司与最大竞争对手平分秋色；小于1，表示本公司在行业内不处于领先地位。

（3）销售费用控制　销售费用也是衡量计划执行工作好坏的一个重要指标。销售费用控制常用销售额与市场营销费用比率作为控制指标。销售费用分析就是分析年销售额与年销售费用的变化情况，要确保企业为达到销售额指标而不支付过多费用，关键就是要对销售额与市场营销费用比率进行分析。营销费用控制对象包括策划费用、广告费用、人员推销费用和营销调研费用等。

（4）顾客态度追踪　企业通过设置顾客抱怨和建议系统，建立固定的顾客样本或者通过顾客调查等方式，了解顾客对本企业及其产品的态度变化情况，进行衡量并评估。

2. 盈利能力控制

盈利能力控制就是指企业衡量各种产品、地区、顾客群、分销渠道和订单规模等方面的获利能力，以帮助管理者决定哪些产品或者营销活动应该扩大、收缩或取消。盈利能力控制一般由企业内部负责监控营销支出和活动的营销会计人员负责，旨在测定企业不同产品、不同销售地区、不同顾客群、不同销售渠道以及不同规模订单的盈利情况的控制活动。它包括各营销渠道的营销成本控制、各营销渠道的营销净损益和营销活动贡献毛收益（销售收入－变动性费用）的分析，以及反映企业盈利水平的指标考察等内容。

3. 营销效率控制

营销效率控制是指企业使用一系列指标对营销各方面的工作进行日常监督和检查。一般来说，医药企业应从以下几个方面对营销效率进行控制。

（1）推销员工作效率控制评价　推销员工作效率的具体指标有：每位推销员每天平均访问顾客的次数；每次推销访问的平均收益；每次推销访问的平均成本；每百次推销访问获得订单数量；每期的新增客户数和失去的客户数。对上述资料的分析，可使企业发现一些有意义的问题：如每次访问的成本是否过高？每百次推销访问的成功率是否太低？如果访问成功率太低，应考虑是推销人员推销不力，还是选择的推销对象不当，或许应减少访问对象，增加对购买潜力大的目标顾客的访问次数。

（2）广告效率控制评价　广告效率的具体指标有：各种广告媒体接触每位目标顾客的相对成本；注意、收看或阅读广告受众占全部受众的百分比；目标顾客在收看广告前后态度的变化；目标顾客对广告内容与形式的看法；消费者受广告刺激增加对产品询问的次数。能使公众对产品的知晓度上升10%~20%的广告投入是值得的，因为这样有可能在今后的6个月内使产品销售额上升3%~5%。公众对产品的知晓度上升不足10%的，广告投入是不值得的。

（3）促销效率控制评价　促销效率的具体指标有：按优惠办法售出的产品占销售量的百分比；赠券收回的百分比；每单位销售额的商品陈列成本；现场展示或表演引起顾客询问的次数；促销费用占营业成本的比例等。

（4）分销效率控制评价　分销效率的具体指标有：存货周转率；特定时间内的平均脱销次数；接到订单后的平均交货时间；分销费用占营销成本的比例等。

4. 营销战略控制

营销审计是对一个企业或一个业务单位的营销环境、目标、战略和活动所做的全面的、系统的、独立的和定期的检查，其目的在于决定问题的范围和机会，提出行动计划，以提高企业的营销业绩。营销审计可由企业内部人员来做，也可聘请外部专家进行。营销审计是营销战略控制的主要工具。营销审计起源于20世纪50年代初的美国公司，具有全面性、系统性、定期性和独立性的特点。营销审计的基本步骤如下：

（1）确定审计的目标、范围　首先是审计人员与被审计企业共同讨论，就某次审计的目的、范围、深度、数据来源、报告形式以及审计的时间安排等问题达成协议。

（2）收集数据　审计中的数据收集工作一般从对被审计公司文件的收集和研究开始。信息收集中还有一个重要的工作是识别组织中哪一个人能提供有价值的信息，审计人员可以根据组织结构图去寻找并编制一个人员清单，其中不仅要包括市场营销部门的人员，而且还要包括如财务、生产、人事等其他职能部门的员工。

（3）提出改进意见报告　当数据收集阶段结束后，审计人员就要分析数据并为公司的管理者提供书面的审计报告，它包括重新陈述审计目标，说明主要的发现及提出主要的建议。审计人员提出的建议应该按照实施的成本、重要性及难易程度排列顺序，以便于公司管理人员使用。审计报告一般要经过一次或若干次讨论才能最后定稿。这种在审计人员与公司管理人员之间进行的讨论很可能会产生一些新的更有价值的建议，这一点也是营销审计非常有价值的地方之一。

营销审计的内容包括以下几个方面：

（1）营销环境审计　营销环境审计包括宏观环境审计和微观环境审计。宏观环境审计是对宏观环境的状况及其对医药企业市场营销的影响进行审计，主要包括对人口统计环境、经济环境、生态环境、技术环境、政治和文化环境等因素的审计；微观环境审计是对各微观环境构成要素及其对医药企业市场营销的影响进行审计，包括对市场、顾客、竞争者、分销和经销商、供应商、辅助机构和营销中介、公众等因素的审计。

（2）营销战略审计　主要从以下几方面进行审核：①企业使命；②市场营销目标和目的；③战略，包括战略的内容和表述是否恰当，营销资源的配置是否合理等。

（3）营销组织审计　营销组织审计包括对组织结构、职能效率、部门间联系效率等方面的审核。

（4）营销制度审计　营销制度审计包括对市场营销信息系统、市场营销控制系统、新产品开发系统等的工作状态和绩效的审核。

（5）营销生产率审计　营销生产率审计主要有盈利率分析和成本效益分析。

（6）营销功能审计　主要是对产品、价格、分销、促销等营销功能的战略与执行情况、存在的问题等进行的审核。

（二）药品市场营销控制的基本程序

有效的药品市场营销控制包括以下3个部分。

1. 仔细确定控制的目标及要遵循的标准

控制范围广和内容多，可获得较多信息，但会增加控制费用。因此，在确定控制范围、内容和额度时，管理者应当注意使控制成本小于控制活动所能够带来的效益或可避免的损失。企业最常见的控制目标是销售收入、销售成本和销售利润，但对市场调查、推销工作、新产品开发、广告等营销活动也应通过控制加以评价。

2. 找出偏差并分析原因

找出偏差首先要解决的问题是何为偏差。计划执行后的实际情况与预期一般不可能完全吻合，一定程度的差异是可以接受的，因此在执行的过程中必须确定一个衡量偏差的界限，当差异超出这一界限时，企业就应当采取措施。找出了偏差后就必须分析造成偏差的真正原因。有时原因比较明显，但很多情况下原因并不是显而易见的，需要进一步的深入分析才能得出。

3. 纠正措施

设立控制系统的主要目的就是纠正偏差。纠正措施可以从两个不同的方面入手：要么在发现现实与标准之间的偏差时修改标准；要么与之相反，维持原来的标准而改变实现目标的手段。一般情况下营销经理更倾向于后者，因为标准一经设定，如果没有充足的理由，则不应被任意修改。

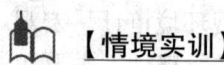【情境实训】

实训1　市场营销观念辨别

一、实训目的

由于市场经济环境下，观念决定成功，思路决定出路，因而学生必须掌握市场营销观念及其演变的知识,并在此基础上去辨别企业或销售人员的行为。要求学生全面、正确地理解"营销管理"的概念和基本内容,联系企业营销成败实例,提高对营销实践中正确运用营销策略、实现科学营销管理重要性的认识,完成一篇约1500字的认识体会。通过"营销管理重要性认识"的实训,更好地理解学习市场营销管理的内容、程序,掌握论文写作的基本技巧。

二、实训要求

(1) 从理论上掌握五个营销观念的概念及其优缺点。对学习市场营销管理的实践应用价值有充分的认识。

(2) 将学生分成若干组,每组7~10人。

(3) 写出完整的有说服力的理由,完成分析报告。收集企业营销成败的实例材料,从理论联系实际的角度,完成"营销管理重要性"的认识体会。

三、实训内容

(一) 市场营销观念辨别

营销学上"把梳子卖给和尚"的经典故事就很好地说明了市场营销观念的演变。一般看来,把梳子卖给和尚简直是天方夜谭,大部分销售员望而却步,干不了这行。

故事中只有三位销售员凭着一股坚持不懈的韧性和对营销环境的科学分析,仔细观察营销细节,继而采取了一系列的营销措施,完成了各自的销售目标,而且一个比一个出色,令人拍案叫绝。

第一个营销员空手而回,说到了庙里,和尚说没头发不需要梳子,所以一把都没有销掉。

第二个营销员回来了,销了十多把,他介绍经验说,我告诉和尚,头要经常梳梳,能止痒,头不痒也要梳,以活络血脉,有益健康。

第三个营销员销了百十把。他说,我到庙里去,跟老和尚说,您看这些香客多虔诚呀,在那里烧香磕头,磕了几个头起来头发就乱了,您在每个庙堂的前堂放一些梳子,他们磕完头可以梳梳头,会感到这个庙关心香客,下次还会再来。这一来就销掉百十把。

第四个营销员说销掉了好几千把,而且还有订货。他说我到庙里跟老和尚说,庙里经常接受人家的捐赠,得有回报给人家,买梳子送给他们是最适合全家人的礼品。您在梳子上写上庙的名字,再写上三个字"积善梳",说可以保佑对方,这样可以作为礼品储备在那里,谁来了就送,保证庙里香火更旺。这一下就销掉了好几千把。

请分析这四个人营销观念的区别。若你是营销人员,你将如何推销梳子?

(二) 营销管理重要性的认识

1. 只有实施科学营销管理,企业才能真正实现营销目标

科学营销管理是制订正确的营销策略、实现企业营销目标的保障。科学营销

管理要求在对企业营销机会分析的基础上，正确选择目标市场，制订战略性市场营销规划；对营销规划有效管理，即制订营销计划，为实施营销计划进行有效组织与控制。联系企业营销成败的实例，说明科学的营销管理对制订正确的营销策略、实现企业营销目标至关重要。只有实施科学的营销管理，才能真正实现企业的营销目标。

2. 营销管理重要性认识体会写作要求

一般来说，认识体会文章分为三部分：开头、正文、结尾。开头：应该提出问题，说明体会文章要解决的是什么问题，论述的观点是什么，即判断，如提出"树立科学营销管理观念是实现企业营销目标的主要保证"。正文：应该分析提出的问题，说明为什么要确立文章的这样一个论点，即推理。结尾：应该提出解决问题的结论。可以从正文论述中进行归纳和综合得出结论或联系现实存在的客观问题，提出自己的观点、见解与建议。

四、实训评估标准

（一）市场营销观念的辨别

（1）能否按时完成书面作业内容，是否完整、正确。

（2）观点正确性、条理性、认识的高度。

（二）营销管理重要性的认识

（1）营销管理理论的正确运用。

（2）自我认识程度及与企业实践联系。

实训2　以双黄连口服液为例，如何进行营销组织及销售计划的制定

一、实训目的

（1）依据双黄连口服液产品和业务特点将销售人员分成若干个战略业务单位。

（2）按照长期计划、中期计划和短期计划制订双黄连口服液的销售计划。

二、实训要求

1. 分成的单位应该进行经营效益和增长机会的分析、评价，以便决定单位的发展形势。

2. 销售计划包括销售量、销售额、市场占有率、市场增长率等指标。

三、实训内容

依托国内外最权威的官方数据与独家一手调研资料，运用科学严谨的产业研究方法，经过多方审核验证最终形成计划。

调查双黄连口服液市场，访谈业内专家，重点研究中国双黄连口服液行业产品、企业、市场、产业链等四大方面的详细情况。销售计划具体研究领域涵盖产品价格行情、技术特点、原材料供应、消费群体、消费结构、市场容量、地区格局、品牌竞争、企业竞争、产业政策、发展前景等各个方面。

情境 一 药品市场营销技术综述

　　本计划以企业访谈记录、产品用户问卷结果、国家统计局数据、海关进出口数据、行业协会数据为基础，采用多渠道对比校正和抽样统计分析的方法保证数据的准确性与合理性。

　　计划撰写以定量分析为主，定量与定性分析相结合，在深入挖掘数据蕴含的内在规律和潜在信息的同时，采用统计图表、分析图示等多种形式将结果清晰、直观地展现出来，以方便读者解读分析。

　　报告为生产企业及投资机构充分了解产品市场、原材料供应、销售方式、有效客户和潜在客户提供了翔实信息，为研究竞争对手的市场定位、产品特征、产品定价、营销模式、销售网络和企业发展提供了决策依据。

　　四、实训评价标准

　　能够合理、准确地进行组织营销并制订双黄连口服液的销售计划。

【情境小结】

　　这一个情境主要是初步了解认识市场营销，使我们认识了市场营销的本质是什么，并不单纯的是为了卖药，随着经济的发展，营销观念也在不断地发生着本质上的转变，从开始的以产品、生产为中心转化为当今的以消费者需求为中心；从简单的推销模式转变为现在的社会市场营销模式；营销组织机构的设立和管理也发生了很大的变化。药品营销和市场营销之间的区别；企业要想很好得发展应如何去设计自己的产品、应怎么样去掌握消费者的需求变化等；掌握传统的营销观念和现代的营销观念的主要区别。

【情境测试】

1. 什么是市场？
2. 什么是药品市场？
3. 需要、欲望和需求的区别是什么？
4. 营销观念都包括什么？
5. 传统的营销观念和现代的营销观念主要区别是什么？

情境二
药品市场调查技术

>>>>

📖 【学习目标】

通过学习，了解药品市场调查的概念、作用和类型，熟悉药品市场调查前的准备工作，能按要求设计市场调查问卷，为将来从事药品市场调查工作打下基础；有效地利用药品营销环境，进行药品营销活动；熟悉药品市场调查报告制定的步骤和方法，能按要求撰写市场调查报告，为市场调研分析提供可靠的保证。

📖 【技能目标】

能够合理安排市场调查前的准备工作；学会搜集市场调查信息；学会设计调查问卷；具备分析药品市场营销环境的能力；学会分析营销环境给企业带来的机会与威胁，学会撰写市场调查报告。

📖 【案例导入】

深圳太太药业股份有限公司，一直以来高度重视科研投入，每年投入科研的费用超过公司收入的5%，公司形成了一整套的产品开发思路，在PPA事件后，感冒药市场一方面有所缩水，另一方面很多新的制药企业也在不断发展壮大，而康泰克在改进配方后又卷土重来。在这个时候太太药业推出了"正源丹"，为什么在这个时候推出新产品呢？

因为太太药业做过充分的市场调研后，发现市场的部分消费者不再愿意吃西药感冒药，而且原来市场上没有一个真正纯中药的全国性感冒药品牌，也没有一个真正针对老人、儿童及妇女等特殊人群的全国性感冒药品牌。太太药业判断正源丹存在很大生存空间，及时推入市场，取得很好的效果。

在充分市场调研基础上，研发适合大众需求的产品，才能取得市场销售的成功。

【课前思考题】

结合案例，说说市场调查在市场营销过程中的重要作用。

单元1 ▶ 药品市场调查技术概述

一、药品市场调查的概念

市场调查的英文是 Marketing Research，也被称为市场调研、营销调研、市场研究等。由于研究的切入点和认识上的不同，导致人们对市场调查的定义给出不同的表述。药品市场调查是指在市场营销观念的指导下，以满足医药消费者需求为中心，运用科学的方法，搜集、记录、整理、分析和研究有关药品市场各种基本状况及其影响因素的信息资料，并提出解决特定的药品市场营销问题建议的过程。这个定义有以下几个方面的含义：

（1）药品市场调查是一个系统过程，不仅仅是简单地搜集、记录、整理、分析和研究有关药品市场信息资料，而是一个经过周密组织和策划的、由一系列环节和步骤组成的工作过程。

（2）药品市场调查是为解决特定的药品市场营销问题而进行的，是一个有明确目的的活动。药品市场调查本身不是目的，它服务于药品市场营销活动，其最终目的是为医药企业制定正确的市场营销决策提供依据。

（3）药品市场调查必须采用科学的方法和技术，包括信息收集的方法与技术、数据资料处理的方法与技术，以及统计分析方法与技术等。只有采用科学的方法和技术，才能保证调查结果的客观性和准确性。

（4）从本质上讲，药品市场调查是一项市场信息工作，它依据科学的方法和技术，按照一定的工作程序，收集、整理、分析和研究药品市场信息。信息管理的全部职能在药品市场调查过程中都能得到体现，特殊之处就在于其研究对象为药品市场信息，并为药品市场营销决策服务。

二、药品市场调查的作用

药品市场调查实质上就是取得和整理、分析药品市场营销信息的过程。掌握及时、准确、可靠的药品市场信息是医药企业经营管理机构的一项重要任务，有助于企业了解市场动态，掌握市场供求变化关系，更好地满足消费者的需求，也为管理者正确决策提供了有力的支持。

（一）有助于企业了解市场供求关系，推广适销对路的药品

通过市场调查，对药品销售市场购买能力、消费水平、消费结构、消费趋势等的调查，了解市场药品需求总量及需求结构；通过对药品生产企业、药品库存、进口药品需求和货源的调查，了解药品市场的供应总量，从而有利于了解药品市场的供求情况和变化规律等。

（二）有助于企业发现市场机会，发挥潜在的竞争优势

药品的特殊性决定了药品市场不同于其他商品市场。企业通过搜集消费者信息，能更好地了解消费者的需求变化和消费者对自己产品的看法，从而帮助企业重新认识市场，把握新的市场机会开发新药，特别是在现代社会，人们对生命健康有了新的认识和新的理念，这样能使企业在市场竞争中处于不败之地。

（三）有助于管理者正确决策，从而扩大销售

药品市场调查通过为管理者提供及时、准确、灵活、有效的市场信息，使管理者进一步分析研究产品适销对路的情况，对自身的经营资源和经营能力以及市场需求和营销环境都有了更清晰的认识，进一步确定哪些药品能在激烈的市场竞争中站稳脚跟，从而能够理智地做出各种决策，确定经营品种和经营策略，使产品得以推广。

（四）改善医药企业经营管理水平，提高经济效益

药品市场调查是医药企业改善经营管理水平、增强企业活力、提高经济效益的基础。通过市场调查，可以发现企业自身存在的问题，分析研究产品的生命周期，确定开发新产品、整顿或淘汰老产品的计划，制定产品阶段性的市场营销策略。综合运用各种营销手段，尽量减少不必要的中间环节，缩短运输路线，降低储运费用和销售成本，以最低的费用成本将药品转移到消费者手中，获得更好的经济效益。

三、药品市场调查的原则

（一）客观性原则

在药品市场调查过程中，严格遵守真实的、客观的、实事求是的、可以让信息资料使用者相信的工作原则。所以，收集和提供真实的信息资料，是进行市场

调查活动的首要原则。能够从现实情况中寻找到实际存在的客观规律，可以了解事物之间客观存在的内部联系，就应该从客观存在的事实出发，通过科学的手段，详细地占有信息资料，保持信息资料的真实性。

（二）系统性原则

各种不同的事物存在相互联系、相互影响、相互制约而形成一个有机整体。严格执行药品市场调查的系统性原则，就要求深入、全面地对系统内部的有关事物以及它们之间的关系进行翔实调查，不能顾此失彼。要注意调查系统内部的主要矛盾和次要矛盾的两个方面。系统性原则既是正确认识市场的条件，又是进行市场预测的需要。

（三）反馈性原则

市场调查的最终成果为企业管理决策层采用并付诸行动时，市场调查人员仍应继续追踪调查市场有关新的信息并随时提供相应的对策，同时不断地反馈调查成果的使用情况，总结调查成果的经验教训，这样才能透彻掌握市场活动的内在联系，提高市场调查信息的效用。

（四）经济性原则

市场调查要求尽量使用最小的成本并且在最短的时间内提供可靠的、有用的信息资料，必须要考虑到经济效益。在市场调查情况基本稳定的条件下，采取不同的药品市场调查形式和方法，会形成不同的市场调查费用。

（五）特殊性原则

在医药市场中，药品与其他产品相比具有特殊性，在很大程度上，消费者购买决策权掌握在专业人员手中，实际上，消费者与相关专业人员之间形成了一种特殊的"委托－代理"关系，其特殊之处在于这种"委托"是不自觉的或不自愿的。

（六）时效性原则

由于药品市场中的各种因素处于不断的变化和发展过程中，药品市场调查正是在这种不断变化的环境中进行的市场分析及现象研究。必须做到及时准确地收集资料，及时整理和分析资料，及时反馈市场调查情况。

四、药品市场调查的类型

企业调研人员要进行一些初步的调查，收集有关资料，确定问题的性质，掌握调查问题的实质，制定调研方案。不同的调研项目要求采用不同类型的调研。具体的类型有以下几种：

（一）根据市场调查的目的不同划分

1. 探索性调查

探索性调查用于探询医药企业所要研究问题的一般性质。调查组织者在研究之初对所欲研究的问题或范围还不很清楚，不能确定到底要研究些什么问题。这时就需要应用探索性研究去发现问题，形成假设。例如，某医药企业近年来销售量持续下降，但公司不清楚是什么原因，要明确问题原因就可以采用探索性调查的方式。

2. 描述性调查

描述性调查的主要目标是对市场调查问题所涉及的各种变量的特征或功能等做尽可能全面和准确的描述，并不涉及问题的本质及影响市场发展变化趋势的内在原因。例如，在销售研究中，收集不同时期销售量、广告支出、广告效果等事实资料，经统计说明广告支出什么时候增加几个百分点、销售量有了多少个百分点的变化等。

3. 因果性调查

因果性调查主要是用于弄清问题的原因与结果之间的关系，判断各因素的主从关系，找出哪些因素是因变量，哪些因素是自变量。例如，销售研究中，收集不同时期说明销售水平的销售量（额）、市场占有率、利润等资料。

4. 预测性调查

预测性调查是企业为了推断和测量医药市场的未来变化趋势而进行的研究。在取得过去和现在的各种信息资料的基础上，经过分析研究，运用科学的方法和手段估计潜在需求，把握销售机会，以便制定切实可靠、适合市场情况的营销计划，实现企业的目标。

（二）根据被调查对象的范围大小划分

1. 普查

普查是一种全面调查，是以整个药品市场为调查对象，对药品市场上某些产品的生产、供应、销售、储存和运输情况在一定时点上的专门调查。如中药材资源普查；企业为了解新药投放市场的效果而进行的普查；库存药品的普查等。

2. 重点调查

重点调查是指在调查对象总体中，选择一部分重点因素进行的调查。例如疫情调查就是一种重点调查，为了有效地控制某种疫情，应对影响疫情的有关因素进行分析，对控制疫情的有关药物进行调查等。

3. 典型调查

典型调查是一种专门调查和一种非全面调查。药品市场的典型调查是对药品市场的某些典型现象、典型内容、典型单位进行的调查。

4. 抽样调查

抽样调查即根据随机原则，从调查对象总体中按一定规则抽取部分而进行的调查。这种方法既能排除人们的主观选择，又简便易行，是广泛使用的重要方法。

此外,医药市场调查还有其他分类方法,比如,按市场调查主体的不同,可分为企业的医药市场调查、政府部门的医药市场调查、社会组织的医药市场调查和个人的医药市场调查;按市场调查区域范围的不同,可分为地方性医药市场调查、地区性医药市场调查、全国性医药市场调查和国际性医药市场调查;按市场调查主题范围的不同,可分为专题性医药市场调查和综合性医药市场调查等。

五、药品市场调查前的准备

(一)调查问卷

在市场调查中,问卷是调查前准备的重要工作内容,也是最常用的一种调查工具,是收集市场信息资料、进行数据处理和分析的重要手段。

1. 调查问卷和调查问卷设计的含义

(1)问卷的含义 调查问卷又称调查表、问卷表,它是一种以书面的形式了解被调查对象的反应和看法,并以此获得资料和信息的载体。问卷既是一种收集数据的结构化技术,又是实施各种市场调查方法的必备工具。

(2)问卷设计 调查问卷设计是依据调查与预测的目的,开列所要了解的项目,并以一定的格式,将其有序地排列组合成调查表(问卷)的活动过程。调查问卷设计应包含了解问卷设计的目的、明确问卷在何种访问方式下使用、选择问卷的形式、设计问句、设计问句的结构、问句总体的组合、容易使调查者和被调查者所接受、符合调查要求、能有效获得所需信息资料的调查表。

2. 调查问卷的种类

常用的调查问卷模式有一览表式和单一表式。

模式一:一览表式

一览表式是指将若干个被调查对象和相应的调查项目依次填写在一张表内的问卷。例如,

非处方药广告媒体方式的选择

药品名称	电视	电台	报纸	杂志	路牌

模式二：单一表式

单一表式是将一个被调查对象和相应的调查项目依次填写在一张表内登记填写的问卷。单一表式又有问卷式和表格式两种。

问卷式。例如，

防治心脑血管疾病类药品调查问卷

姓名：_____   地址：_____

尊敬的朋友：

很抱歉打扰您，期望您用几分钟时间认真填写问卷，您将会获得一份精美的礼品。谢谢！

1. 贵药店柜台上有_____种与防治心脑血管疾病相关的药品或保健品？
2. 防治心脑血管疾病的产品中铺货量最大的前三位产品依次是：
_____、_____、_____
3. 目前在贵药店销量排前三位的防治心脑血管疾病产品是：
_____、_____、_____
4. 您认为顾客在购买防治心脑血管疾病产品时，最关注的功能是：
□防治偏瘫 □手脚麻木 □偏头痛 □记忆力下降 □经常性头痛 □语言障碍
5. 您认为防治心脑血管疾病产品给顾客带来好处的几个重要因素是：
□价格适中 □快速见效果 □不复发 □无毒副作用，快速缓解症状 □其他
6. 您个人认为防治心脑血管疾病的产品每个疗程的价格应在：
□200元以下   □200~400元   □400~600元   □600元以上

表格式。例如，

防治心脑血管疾病类药品调查问卷

姓名：_____   地址：_____

尊敬的朋友：

很抱歉打扰您，期望您用几分钟时间认真填写问卷，您将会获得一份精美的礼品。谢谢！

问题	回答
1. 贵药店柜台上有____种与防治心脑血管疾病相关的药品或保健品？	
2. 防治心脑血管疾病的产品中铺货量最大的前三位依次是：	
3. 目前在贵药店销量排前三位的防治心脑血管疾病的产品是：	
4. 您认为顾客在购买防治心脑血管疾病的产品时，最关注的功能是：	□防治偏瘫 □手脚麻木 □偏头痛 □记忆力下降 □经常性头痛 □语言障碍

续表

问题	回答
5. 您认为防治心脑血管疾病产品给顾客带来好处的几个重要因素是：	□价格适中　　□快速见效果　　□不复发 □无毒副作用，快速缓解症状　　□其他
6. 您个人认为防治心脑血管病的产品每个疗程的价格应在：	□200元以下　　□200~400元 □400~600元　　□600元以上

3. 调查问卷的基本结构及设计

（1）调查问卷的基本结构　　无论调查课题的大小，要设计一份科学合理的问卷都是一项复杂的系统工程。它体现了设计人员对调查项目的总体思路。一份问卷通常从结构上可细分为问卷标题、问卷说明、被调查者基本情况（背景资料）调查主题内容、编码、必要的注明等六部分。

第一部分　问卷标题

问卷的标题是对调查主题的高度概括，一般位于问卷表的上端居中，使被调查者对所要回答什么方面的问题有一个大致的了解。不要简单采用"问卷调查"这样的标题，它容易引起回答者因不必要的怀疑而拒绝回答。标题要简明扼要，引起消费者的兴趣。

第二部分　问卷说明

问卷说明又称为开场白/介绍，它一般是以信函的形式对调查的目的、意义及有关事项进行的说明。一般包括问候语、调查主题、调查组织、访问者身份、调查用途、访问请求以及其他信息（如承诺对调查的保密性）。问卷说明最后表明谢意。

第三部分　被调查者基本情况

该部分主要是说明被调查者的一些主要特征，包括被调查者的性别、民族、职业、收入、文化程度、婚姻状况、家庭人口等。有的问卷还要求写出被调查者的姓名、地址和联系电话等。如果被调查者是单位，还需填写出厂名、店名、地址、负责人、主管部门、职工人数和固定资产原值等情况。这些项，哪些应该列入，应根据调查目的和要求而定。一般简明扼要地列出被调查对象的主要特征即可。

第四部分　调查主题内容

调查主题内容是由若干问题与答案来表达调查者所要了解的基本内容，是调查问卷中最重要的部分，也是调查目的的集中体现，这部分内容设计的好坏直接影响整个调查的价值。

调查主题内容主要包括：①对人们的行为进行调查。包括对被调查者本人行为进行了解或通过被调查者了解他人的行为；②对人们的行为后果进行调查；③对人们的态度、意见、感觉、偏好等进行调查。

例1. 当您发现买到药品的质量有问题时，您的第一想法是（　　）。
①认倒霉扔掉　②立即找药店理论　③找药品生产厂赔偿　④到消协投诉
例2. 如果您患感冒了，您经常使用哪种感冒药（　　）？
①白加黑　②感康　③仁和可立克　④康必得
例3. 医生新药信息的来源渠道是（　　）。
①专业杂志　②新产品发布会　③药品宣传单

第五部分　编码

编码即编号，是调查问卷中的一个组成部分。编码是将问卷中的调查项目变成数字的工作过程，它是指对问卷中的问题（题目）与答案用数字所表示的代码。通常就是问题和答案的编号，放在问句和答案的前边，以便分类整理，易于进行计算机处理、统计分析以及有利于项目管理。

第六部分　作业证明的记载

作业证明记载的内容通常包括调查人员的姓名、访问日期、访问时间等，以明确调查人员完成任务的性质。如有必要，还可写上被调查者的姓名、单位或家庭住址、电话等，以便于审核和进一步追踪调查。但对于一些涉及被调查者隐私的问卷，上述内容则不宜列入。

结束语：问卷结束语"再次感谢您参与答卷！"；拦截访问问卷的结束语"访问到此结束，谢谢您！"

（2）调查问卷的设计　调查问卷的设计是市场调查的一个重要环节。调查问卷要从所要了解的情况出发，明确反映调查的目的，问卷要能正确记录和反映被调查者回答的问题，提供正确的信息；问卷的设计还要有利于资料的整理加工等。

①设计调查问卷的基本要求：重点突出；讲究提问方式。

②调查问卷设计的程序：

第一　确定调查目的

根据需要确定调查主题的范围、列出调查项目，要分析调查对象的各种特征，即分析了解被调查对象的社会阶层、行为规范、社会环境等社会特征；文化程度、知识水平、理解能力等文化特征；需求动机、行为等心理特征，以此作为拟定问卷的基础。

第二　确定数据收集方法

获得询问数据可以有多种方法，主要有人员访问、电话调查、邮寄调查与自我管理访问等。

第三　确定问题回答形式

问题回答形式有三种：开放式问题、封闭式问题、量表应答式问题。

开放式问题是一种应答者可以自由地用自己的语言来回答和解释有关想法的问题类型。也就是说，调查人员没有对应答者的选择进行任何限制。封闭式问题是一种需要应答者从一系列应答项中做出选择的问题。量表应答式问题是以量表形式设置的问题。

第四　问题的评估

问题的评估包括以下两点：

问题的措辞：措辞就是要把问题的内容和结构转化成清晰易懂的语句。

评价问卷和编排：一旦问卷草稿设计好后，问卷设计人员应再回过来做一些批评性评估。如果每一个问题都是深思熟虑的结果，这一阶段似乎是多余的。但是，考虑到问卷所起的关键作用，这一步还是必不可少的。问卷不能任意编排，问卷每一部分的位置安排都具有一定的逻辑性。有经验的市场研究人员很清楚问卷制作是获得访谈双方联系的关键。联系越紧密，访问者越可能得到完整彻底的访谈记录。同时，应答者的答案可能思考得越仔细，回答得越仔细。

第五　获得各方面的认可

问卷设计进行到这一步，问卷的草稿已经完成。草稿的复印件应当分发到直接有权管理这一项目的各部门。实际上，营销经理在设计过程中可能会多次加进新的信息、要求或关注。不管经理什么时候提出新要求，经常的修改是必需的。即使经理在问卷设计过程中已经多次加入，草稿获得各方面的认可仍然是重要的。

第六　问卷的测试

问卷的初稿设计工作完毕、获得管理层的最终认可之后，不要急于投入使用，特别是对于一些大规模的问卷调查，一定要先组织问卷的预先测试。预先测试通常选择 20~100 人。通过访问寻找问卷中存在的错误解释、不连贯的地方、不正确的跳跃模型，为封闭式问题寻找额外的选项以及应答者的一般反应。预先测试也应当以最终访问的相同形式进行。如果访问是入户调查，预先测试应当采取入户的方式。在预先测试完成后，任何需要改变的地方应当切实修改。在进行实地调查前应当再一次获得各方的认同，如果预先测试导致问卷产生较大的改动，应进行第二次测试。

第七　问卷的排版和布局

问卷的排版和布局总的要求是整齐、美观，便于阅读、作答和统计。

第八　问卷定稿和印刷

精确的打印指导、空间、数字、预先编码必须安排好，监督并校对，问卷可能进行特殊的折叠和装订。

（二）市场调查人员组建及培训

1. 调查人员挑选的必要性

医药市场调查是一项知识密集型的工作，从资料的收集、整理到最终的调查结果统计分析，并得出相应的结论、提出相应的建议，其技术性和复杂性都很高。调查人员的综合素质决定市场调查活动的成败。

2. 优秀调查员的条件

市场调查人员的综合素质包括两个方面：一是市场调查人员的基本素质；二是市场调查人员的业务水平和知识结构。

（1）市场调查人员的基本素质

①认真严谨的工作态度和作风：市场调查是一项以事实数据为基础的信息工作，实事求是是保证其工作质量的前提。在数据的收集、记录、整理和分析过程中，调查人员应具有强烈的事业心、责任感和吃苦耐劳的精神，以严肃认真的工作态度和作风完成各个环节的工作，才能保证信息的真实性、可靠性、精确性和全面性。

②高度的应变能力：在市场调查阶段，调查人员的工作对象各式各样，工作环境常常复杂多变，随时可能遇到各种意外问题，而市场信息又具有很强的时效性，这就要求调查人员应具有高度的应变能力。

③较强的语言表达能力和语言沟通能力：市场资料的收集过程就是调查人员与被调查者进行沟通的过程，语言表达和语言沟通能力是对调查人员的基本要求，调查人员必须具有简明扼要、清晰流利的语言表达能力，向被调查者准确地传递所要收集市场信息的内容。同时，调查人员要善于运用语言艺术与被调查者进行积极沟通，有利于调查工作的顺利进行。

④要有较高的概括和综合分析能力：调查人员应具有较高的概括和综合分析能力，能够对"静止"的、孤立的市场信息资料进行鉴别、分析和综合概括，寻找市场变化的本质，发现市场变化的规律，进而预测和判断市场未来的发展趋势。

（2）市场调查的知识结构　医药市场的特殊性，要求医药市场调查人员不但要具备经济学、统计学、管理学、营销学、社会学、心理学、市场调查等一般市场调查人员应具备的专业理论知识，还要掌握医药各相关学科的理论知识，了解和熟悉相关的医药领域的法律法规。

3. 市场调查员的培训

在整个市场调查过程中，不同的工作环节有不同的工作职能，对访问人员进行培训的根本目的在于，提高访问人员的基本素质，强化其市场调查的基本知识和技术。具体的培训方式有三种：书面培训、口头培训和实践性培训。

（1）有针对性的书面培训　通过书面培训使访问人员了解市场调查项目的重要意义与目的，熟悉调查过程中各项业务具体内容和要求。

（2）口头培训　口头培训的目的在于提高访问人员的现场访问技巧。

（3）实践性培训　在实地调查前，模拟各种调查情景，进行模拟训练，提高调查人员的访问技巧。新加入市场调查队伍的访问人员参与由经验丰富的访问人员进行的市场调查活动，进行市场调查实战训练。

单元2 ▶ 药品市场营销技术环境分析

一、药品市场营销环境的概念、类型及方法

（一）药品市场营销环境的概念

美国著名市场学家菲利普·科特勒对市场营销环境的解释：市场营销环境是指影响企业的市场和营销活动不可控制的参与者和营销力。具体地说就是："影响企业的市场营销管理能力，使其能否卓有成效地发展和维持与其目标顾客交易及关系的外在参与者和影响力。"企业营销活动、经营管理活动都必须根据自身实际能力，适应内外部环境的变化，谋求和保持企业的外部环境、内部条件和企业目标三者之间的动态平衡。通过分析和研究市场及其环境对企业营销活动的影响程度，制订市场营销计划、决策和调整营销策略，在满足消费者需求和欲望的前提下，实现企业的发展战略、经营目标和营销目标。

（二）药品市场营销环境的类型

1. 宏观营销环境

宏观营销环境是指所有与企业的市场营销活动有联系的环境因素，包括人口、经济、自然、科学技术、社会文化、政治和法律环境等方面的因素，这些因素涉及广泛的领域，主要在宏观层面对企业营销活动产生影响。这类因素在某种程度上又可派生出若干次级因素，且之间既相互制约，又相互影响，形成极其复杂的因果关系。

2. 微观营销环境

微观营销环境是指与企业营销活动紧密相关的环境因素，直接影响其营销能力的各种组织与行为者的力量和因素，包括企业的供应商、营销中介、竞争者、顾客，以及企业内部影响营销管理决策的各个部门。微观市场营销环境体现了宏观市场营销环境因素在某一领域里的综合作用，对于企业现在和未来的经营管理活动产生直接影响。

总之，宏观市场环境以间接方式影响和制约企业的市场营销活动，而微观市场营销环境则直接影响和约束企业的市场营销活动，两者之间并非并列关系，而是主从关系，即直接营销环境受制于间接营销环境。

（三）药品市场营销环境分析的方法

常用的分析方法包括机会-威胁对比分析法、专家分析法、任务环境分析法及组织内部环境分析法。

1. 机会-威胁对比分析法

常见的机会-威胁对比分析法是由企业内部经过训练的市场营销研究人员完成,再传递给决策部门作为决策的依据。研究人员经过广泛的市场调查之后,对收集的数据进行统计分析,依次将通过调查获得的各种市场影响因素的结果,按照一定的规则予以评分,然后编制机会-威胁程度分析表和绘制机会-威胁坐标图。

2. 专家分析法

专家分析法依靠市场营销专家的知识和经验,采用专家咨询、座谈会等方法进行。开展专家分析的前提是对营销专家的选择,以及专家对所需要研究的环境是否有全面和深入的了解,是否具有对市场变化的敏感性和完整的市场信息。常见的具体方法有个别专家访谈法、专家会议或论坛法、类推法和德尔菲法等。

3. 任务环境分析法

任务环境分析法采用迈克尔·波特（Michael Porter）教授在《竞争战略》一书中提出的行业结构分析模型——"五力"模型,作为企业环境分析的判断与决策依据。

"五力"是指行业现有的竞争状况、替代产品或服务的威胁、新进入者的威胁、供应商的议价能力、客户的议价能力。

4. 组织内部环境分析法

组织内部环境分析法主要是分析企业各种组织内资源的拥有状况和利用能力,包括组织资源分析、组织能力分析、组织文化分析。

二、宏观市场营销环境分析

（一）人口环境

人口是构成市场的第一位因素。因为市场是由那些想购买商品同时又具有购买力的人构成的,人口的多少直接决定市场的容量。人口的年龄结构、地理分布、婚姻状况、出生率、死亡率、人口密度、人口流动性及其文化教育等特征,对市场格局产生一定的影响,直接影响企业的市场营销活动和企业的经营管理。

1. 人口总量

（1）世界人口总量　从全世界的角度来看,世界人口正呈现出爆炸性的增长趋势。到2050年,世界人口将超过90亿,人口过亿的国家将增至17个,印度将取代中国成为世界人口第一大国。报告显示,到2050年世界人口将增至91.5亿,比目前增加22.41亿。其中非洲地区人口将从现在的10.33亿增至19.85亿,增幅最大；亚洲地区的人口也将有较大幅度的增长,将从目前的41.67亿增至52.32亿；而欧洲人口将从目前的7.33亿减至6.91亿,将是唯一人口减少的大洲。截止2010年底,全世界共有11个国家人口过亿。其中中国人口最多,达到13.54亿,其次为人口12.15亿的印度。其他人口过亿的国家依次为美国、印度尼西亚、巴西、巴基斯坦、孟加拉国、尼日利亚、俄罗斯、日本和墨西哥。

（2）我国人口总量　我国人口已由再生产类型转为"低生育、低死亡、低增长"的发展阶段，进入了世界低生育水平国家行列。2011年年末，我国大陆总人口（包括31个省、自治区、直辖市和中国人民解放军现役军人，不包括香港、澳门特别行政区和台湾省以及海外华侨人数）为134735万人，比上年末增加644万人。全年出生人口1604万人，人口出生率为11.93‰，比上年增加0.03个千分点；死亡人口960万人，人口死亡率为7.14‰，比上年增加0.03个千分点。2011年末全国60岁及以上人口达到18499万人，占总人口的13.7%，比上年末增加0.47个百分点；65岁及以上人口达到12288万人，占总人口的9.1%，增加0.25个百分点。由于生育持续保持较低水平和老龄化速度加快，15~64岁劳动年龄人口的比重自2002年以来首次出现下降，2011年为74.4%，比上年微降0.10个百分点。2011年我国出生人口性别比为117.78，比上年下降0.16，出生人口性别比自2008年以来连续三年出现下降，表明出生人口性别比治理显现成效；总人口性别比为105.18，受出生人口和死亡人口的影响，总人口性别比自2005年来一直呈现下降态势。

2. 人口结构

人口结构包括人口的年龄结构、教育结构、家庭结构、收入结构、职业结构、性别结构、阶层结构和民族结构等多种因素。其中，人口的年龄结构直接关系到各类商品的市场需求量，以及企业目标市场的选择。

据专家分析预测，我国人口年龄结构的变化将呈现如下特征：

（1）接受基础教育年龄人口比重将会缩小。

（2）劳动年龄人口比重略有增大。

（3）人口老龄化进程迅速，老年人口比重不断上升。

3. 人口分布

自然地理条件以及经济发展程度等多方面因素决定了人口分布是不均匀的。我国人口主要集中在东南沿海一带，约占总人口的94%；而占国土面积近70%的大西北，人口仅占6%左右。东部人口密度是西部的8.8倍，而且人口密度逐渐由东南向西北递减。

（二）经济环境

1. 经济发展与消费的特征

（1）经济发展的阶段性　经济发展对企业市场营销活动将产生最重要的影响。美国经济学家华尔特·惠特曼·罗斯托（W. W. Rostow）1960年在其著名的《经济成长阶段》一书中，提出了经济增长阶段理论，首次将各国经济增长过程概括为五个阶段，即传统社会阶段、起飞创造前提条件的阶段、起飞阶段、走向成熟阶段、大量消费阶段。罗斯托的经济增长阶段理论，告诉人们处于不同经济增长阶段的国家，生产及消费需求差异性也较大。

（2）经济增长与消费的特征　经济学者的研究成果表明，各国经济增长的不同阶段，消费、储蓄、投资与经济增长的关系是不同的。

2. 收入与支出因素

（1）收入因素　市场消费需求体现消费者支付能力的需求。消费者仅有消费欲望，并不能实现需求。因此，既有消费欲望，又有购买能力，才能创造市场消费需求。

（2）支出因素　消费者支出通常包括消费支出模式和消费结构。在研究一个国家或地区的总体消费模式时，往往利用"恩格尔系数"来评价。

3. 储蓄与信贷

反映储蓄状况的三个指标：储蓄额、储蓄率和储蓄增长率。通过这三个指标，可以分析一定时期消费与储蓄、消费者收入与支出的变化趋势。市场营销策划者应了解影响消费者储蓄的多种因素，以便分析、判断消费者需求、支出和消费水平的变化。消费者个人信贷是指消费者凭信用先取得大额商品的使用权，然后按期归还贷款，即消费者预先支出未来的收入，提前消费。可见，消费者信贷能够直接创造新的购买力。

（三）自然环境

自然环境是指影响企业市场营销的自然因素，它包括自然资源因素、地形因素、气候因素、地理位置因素等内容。企业在开展营销活动时，不可能凭借自身的力量去左右自然环境，只能主动地去适应，针对不同自然条件调整营销计划。

1. 自然资源

自然资源状况是企业选址、采购原材料（如原材料的取得是否方便）等决策的重要条件。特别是中药制药企业，中药资源的获取对企业来说至关重要。由于中药资源保护相关法规建设滞后，近年来对药材的盲目采挖以及对野生药材资源的过度开采，造成野生资源日益减少，常用野生动植物药材资源严重短缺，导致部分品种已到濒危的程度。另外，中药材的种植和生产方式也较落后。生产种植过程中缺乏必要的市场信息引导，致使中药材的开发利用处于无序状态。部分药材盲目种植，导致大量积压，造成巨大的资源浪费。

2. 地形

企业所在区域的地形会影响企业的产品适应性、销售量、运输情况等方面。在产品适应性方面，例如我国四川、湖南、湖北等地区属于盆地地形，气流难以散开，常年闷热潮湿，空气湿度大，常年生活在山区的人易患关节炎等疾病，治疗这类疾病的药品销量较好。针对这种疾病的药品及医疗服务就有了较大的营销机会。在产品销售量方面，地形的不同会使人口的集中和流动情况也不同。高原地区的人口稀少，产品销售难度相对高。在运输情况方面，运输是否便利以及成本是否低廉直接受企业所在区域的地形影响。偏远地区或山区的运输条件、基础设施相对薄弱，企业运输产品不便利，其运输成本相应也会增加。以上这些因素要求企业权衡利弊，做出最利于企业的决策。

3. 气候

气候条件作为自然环境的重要组成部分，直接受地形因素的影响较大，并且也常常影响产品在市场上的供求状况。不同纬度人的体型、体态不同，在空气新鲜的环境中，空气中的氧气充足，能改善血液循环，促进新陈代谢；就药品来说，自然环境和健康状况有着密切的联系。在开拓市场时，需要及时调整产品的设计和制作工艺，使产品与当地气候的特征相适应，创造一个有利的营销环境。另外，在药品市场营销中，季节的变换也是不可忽视的一个影响因素。在一年四季中，不同的季节有各自的疾病流行规律，给企业提供了不同品种药品的营销机会。

4. 地理位置

地理位置的优劣直接影响着当地经济发展水平。例如，企业所在地或企业的目标市场是否是该国家、地区的经济、政治、文化中心。我国东部地区拥有全国1/2的人口、1/3的耕地，其企业创造的工业产值占全国的70%，而中西部不少省市地区财源稀少，有的甚至要依靠中央补贴过日子。造成我国东西部经济明显差别的原因很多，其中一个最直接的原因就是地理位置的差异。我国沿海沿江的东部地区由于交通便利，信息灵通，其经济发展水平往往高于中西部地区。

（四）技术环境

科学技术环境是指影响企业市场营销活动的科学技术因素所构成的环境。它包括科学技术水平、科学技术状态、科学技术成就、科学技术的发展动态等方面。改变人类命运最戏剧化的因素之一是技术，如青霉素、避孕药品。科学技术是影响人类前途和命运的最大力量，是最强大的生产力。

科学技术是一把"双刃剑"，在给人类创造奇迹的同时，也像西方人说的会带来"创造性的毁灭力量"。技术是影响企业市场营销的重要因素，给企业带来十分深远的冲击和影响。新技术的发明、创造，对整个社会的经济发展起着推动作用，创造了新的市场需求，为企业提供新的市场机会。而新技术的进步和推行，会不断淘汰老产品、传统行业，给企业带来市场威胁。

（五）政治法律环境

企业总是在一定的政治法律环境下运行的，政治与法律环境对企业营销活动的约束具有强制性。有时，法律可以为企业创造新的机会。例如，强制性的回收利用再循环法给再循环行业回收材料生产新产品带来了巨大的机遇。

由于国家对医药行业的宏观调控力度不断加大，一定程度上改变了医药企业的发展方向，整个医药行业迅速降温，处于低迷的状态。短时间内，系列政策的相继出台虽然规范了医药市场，但却增加了产品市场操作的难度。政策对医药行业的影响具有两面性，有不利的一面，也有促进企业发展的一面。例如，自2000年1月开始执行的药品分类管理制度，规定非处方药不必凭医生的处方，消费者就可自行购药，加之处方药禁止在大众传媒刊播广告等政策，为 OTC 企业提供了市场发展机遇。

1. 政治环境

政治环境主要是指国家的政体、政局、政策等方面，是由政党、政府的方针、政策以及政体、政治局势等所构成的环境。政府所制定的方针、政策、指令，既给企业带来市场机会，也对少数企业带来市场威胁。

"看病难，买药贵"的社会话题成为人们热点讨论的问题，而"看病难"的核心又集中在药品价格居高不下。2005—2007 年，整个医药行业经历了来自政府、媒体、消费者的不断质疑。国家对医药行业宏观调控的力度也不断加大，主要表现在新招标采购规则、医改新政、新药品注册流程、药品 OEM 政策、新农合政策、药品市场的第三终端推广、城市医保政策、药品降价等政策相继出台。这些政策对打击医药商业贿赂、限制处方药销售、降低药品价格等方面起到重要作用。

2. 法律环境

法律环境是指对市场营销有关的法律、条例、标准、惯例和法令。法律环境与政治环境有着密切的联系，法律通常是政治决策的产物，为政治服务。

目前，我国医药行业的法规主要有：《中华人民共和国药品管理法》、《中华人民共和国药典》、《药品经营质量管理规范》、《进口药品管理办法》、《新药保护和技术转让办法》、《仿制药品审批办法》、《新药审批办法》、《药品临床试验管理规范（GCP）》、《药物非临床研究质量管理规范》、《药物临床研究质量管理规范》、《反兴奋剂条例》、《药品经营许可证管理办法》、《药品生产监督管理办法》、《直接接触药品的包装材料和容器管理办法》、《药品注册管理办法》、《保健食品广告审查暂行规定》、《麻醉药品和精神药品管理条例》、《互联网药品交易服务审批暂行规定》、《药品生产质量管理规范认证管理办法》、《药品说明书和标签管理规定》等。

（六）社会文化环境

社会文化包括一个国家或地区的社会性质、人们共享的价值观、风俗习惯、审美观、宗教信仰等各个方面，它是企业环境的重要组成部分。

（1）价值观念　指人们在长期社会生活中形成的对世上事物的普遍态度和看法，如生活准则、处世态度等。价值观念是社会文化环境的核心，价值观念不同的消费者的生活态度、购买动机和购买行为等都有很大差异。

（2）风俗习惯　人们在一定社会物质条件下，长期形成的风尚、礼节、习俗、惯例和行为规范等的总和，它主要表现在人们的饮食、服饰、居住、婚丧、节日、行为方式和生活习惯等方面。目标市场的风俗习惯深刻地影响着企业的营销策略。

（3）审美观　人们对某种事物好坏、美丑、善恶等的评价。不同国家、民族、种族、宗教、阶层，往往有不同的审美标准、审美意识和审美习惯。

（4）宗教信仰　世界各国聚居着各种宗教信仰者，宗教信仰也是影响人们消费行为的重要因素，有时甚至影响力更大。

三、微观市场营销环境分析

（一）企业内部环境

药品企业市场营销部门、企业其他职能部门和最高管理层，这些是影响企业市场营销的内部因素，它包括企业内部各部门的设置及其协调、员工的综合素质、管理者的管理能力、企业经营理念与企业文化等。药品企业为实现其目标，必须进行制造、采购、研发与开发、质检、财务、市场营销等业务活动。一个企业日常的生产经营活动不是由一个部门、一名工作人员完成的，而是由多个部门、多名工作人员密切配合、相互协调共同完成的。

（二）供应商

供应商是企业重要的合作伙伴，对企业的市场营销活动有着实质性影响。其所提供的资源直接影响企业产品的质量和价格。从供应商提供资源的价格角度来看，如果药品供应商提供的原材料价格上涨，会使药品企业的生产成本增加；从供应商提供资源的可能性看，如果药品企业只选择一家供应商为其提供相应的所需资源，对药品企业来说是很不利的，一旦药品供应商经营出现问题或擅自涨价就会影响药品企业的正常生产。所以药品企业为保证原材料供应，要选择三家左右的供应商使它们之间产生竞争，即采取以一家供应商为主，多家供应商协助的供应策略，从而可以保证药品企业日常生产所需的资源不会因为供应商原因受到无谓的干扰。

（三）营销中介

药品营销中介是指协助药品企业促销、分销其产品给最终购买者的机构，包括中间商、营销中间机构和财务中间机构等。这些机构是药品企业市场营销不可缺少的中间环节。企业要认真对待，争取与其长期合作。只有在它们的协助下，才能使营销活动顺利进行，这对保证药品企业的市场营销活动达到预期目标，有着十分重要的意义。

1. 中间商

中间商可以作为生产商与终端消费者间的桥梁，完成产品从生产领域向消费领域的转移；中间商可以垫付部分资金帮助生产商完成物流等职能，从而降低生产商的成本；中间商可以代替生产企业完成部分营销职能，如促销、售后服务等，为企业节省人力、物力、财力；中间商能够接触到终端市场，是企业市场信息的主要来源；中间商可以利用自身的分销网络，帮助市场企业进入新市场；中间商的销售队伍可以帮助生产企业进行新产品的市场销售和推广。中间商包括商人中间商和代理中间商。商人中间商又称经销商,是指从事商品购销活动,拥有所经营的商品所有权,通过购进和出售产品的差价来获取利润的中间商,它包括批发商和零售商。代理中间商又称代理商,是指专门介绍客户或协助双方商订合同,不拥有商品所有权的中间商。主要通过促成商品的交易来获取佣金收入。它包括企业代理商、销售代理商、寄售商、经纪商和采购代理商。

2. 营销中介机构

(1) 营销服务机构　营销服务机构主要包括市场调研机构、营销咨询机构、广告公司、公关机构等。例如,企业在市场营销过程中,在进入新的细分市场之前,发生销售业绩下滑时需要进行市场调研。由于缺乏对当地文化、经济、消费习惯等因素的充分了解,需要聘请本地的市场调研机构提供准确的市场信息。当然,企业也可以自设营销服务机构,在完成相应营销职能时可以更好地与企业营销策略对接。

(2) 物流公司　又称实体分配,具有协助生产商储存货物并将其运送至目的地的职能。主要包括包装、仓储、运输、装卸、搬运、库存控制和订单处理等要素。我国物流在医药流通领域发展的滞后性决定了医药物流建设的重要性和必要性。

(四) 顾客

顾客,即药品的购买者和使用者,也就是目标市场。顾客的范围十分广泛,按购买目的的不同,医药企业的营销人员应根据不同顾客的需要,提供不同的药品,并分析和掌握顾客的变化趋势,确定不同的营销策略。

(五) 竞争对手

科特勒认为忽略了竞争者的公司往往成为绩效差的公司;效仿竞争者的公司往往是一般的公司;获胜的公司往往在引导着它们的竞争者。现今社会,激烈的市场竞争不容忽视。市场竞争是市场经济的基本特征,只要存在商品生产和商品交换,就存在竞争。药品企业需要比竞争对手更迅速、更有效地传递商品,满足消费者的用药需求,才能在变幻莫测的市场竞争中立于不败之地。因此,21世纪的企业不仅要重视对消费者需求的分析、研究,也要重视企业间市场竞争的重要性。总之,市场竞争开阔了企业的视野,使其看到还存在着更多的潜在的和现实的竞争者。

(六) 公众

公众常常是对企业市场营销活动构成实际或潜在影响的组织和个人。企业都要采取积极措施,保持与公众之间的良好关系,树立良好的企业形象。公众主要包括政府、媒介公众、地方利益公众、群众组织公众、内部公众等。

单元3 ▶ 药品市场调查技术的内容及调研报告的制定方法

一、药品市场调查的内容

（一）药品市场环境调查

药品市场环境是指影响医药企业生产经营管理活动的内、外部各环境因素的综合。医药企业的生存和发展总是在一定的市场环境下进行的。在市场经济条件下，医药企业生产和经营的自主权将得到更充分的保障。药品市场的基本宏观环境调查包括政治环境、法律环境、经济环境、社会文化环境和科技环境以及地理气候环境等的调查。

1. 政治法律环境调查

政治法律环境调查主要是了解影响和制约药品市场的国内外政治形势以及国家管理药品市场的有关方针政策、法制体系、各种法律法规等。政治环境主要包括与医药企业经营活动有关的国内和国际政治环境。国内的政治环境包括政治制度、政党和政党制度、国家的方针政策、政治气氛等。国际政治环境包括世界局势、各国关系和世界和平等。

就企业而言，最重要和最直接的政治环境因素就是政府的方针政策和有关规定，它直接关系到社会购买力的提高和市场消费需求的增长，甚至也会使消费需求结构发生很大的变化。如我国自从在城镇实行职工医疗保险制度和在农村实行新型合作医疗制度以来，直接刺激了医疗服务需求的上升，直接影响到整个医药企业的经营变化。

法律环境主要是指国家从本国的社会制度出发，为发展本国的经济而制定的法律、法规、法令、条例等。企业作为经济社会中的"法人"，存在于由各类法律、规定和条例构成的一整套完备的法规体系中，并受到法律的制约和保障。企业只有了解法律、用好法律，才能保障自身的发展。

2. 经济环境调查

经济环境主要是指影响消费者购买力及支出模式的各个因素。社会购买力是指一定时期社会各方面用于购买产品的货币的能力，它直接或间接地受到消费者收入、消费者支出模式、储蓄和信贷等经济因素的影响。

3. 社会文化环境调查

社会文化是人类在创造物质财富过程中所积累的精神财富的总和，它体现着一个国家或地区的社会文明程度。作为影响企业市场营销活动的社会和文化环境因素，是指在一定社会形态下的教育水平、道德规范、价值观念、宗教信仰以及世代相传的风俗习惯等。

（二）药品市场供需调查

1. 药品市场供应的调查

医药企业在生产经营过程中必须了解整个药品市场的货源情况，包括货源总量、构成、质量、价格和供应时间等。必须对本企业的供应能力和供应范围了如指掌。药品市场供应量的形成有着不同的来源，可以先对不同的来源进行调查，了解本期市场全部药品供应量变化的特点和趋势，再进一步了解影响各种来源供应量的因素。

2. 药品市场需求的调查

药品市场需求的调查是药品市场调查的核心内容，因为现代市场营销要以消费者的需求为中心。药品市场需求调查的内容包括对市场需求量、需求结构和需求时间等方面的调查。供需的变化决定市场的变化，市场的变化会影响医药企业的经营方向。所以获得药品市场需求的信息资料是药品市场调查的重要内容。

（三）顾客状况调查

顾客是企业的服务对象，企业只有了解顾客，才能制定出有针对性的营销对策。顾客状况调查的主要内容包括消费心理、购买动机、购买行为调查，社会、经济、文化等对购买行为的影响，消费者的品牌偏好及对本企业产品的满意度等。

（四）竞争对手状况调查

竞争是商品经济的基本特性，只要存在着商品生产和商品交换，就必然存在着竞争，优胜劣汰是竞争的必然结果。企业在经营过程中，总会遭遇竞争对手的挑战。为了制定有效的竞争战略，企业必须对竞争对手进行调查，收集有关竞争对手的资料，并在产品、价格、渠道、促销等方面进行比较研究。这样，企业才能及时准确地掌握竞争对手的状况并采取相关的策略和措施。

（五）市场营销状况调查

1. 产品调查

市场营销中产品的概念是一个整体的概念。其调查内容包括：产品生命周期分析、产品试销调查、包装调查、品牌调查、产品生产能力调查、产品质量的调查、对新产品开发的调查、药品售后服务的调查等。

（1）产品生命周期分析　任何产品在市场上都有从投入到退出的过程，这一过程被称为产品生命周期，产品生命周期一般划分为四个阶段，包括导入期、成长期、成熟期和衰退期。调查产品生命周期有利于企业决定是否对现有产品进行扩大投资力度或开发新的产品。对产品所处生命周期阶段的调查通常用产品的渗透水平来衡量。产品渗透水平是指产品的使用者占总人数的比重，通常采用曾经使用率（曾经使用过某产品的人数占总样本的百分比）、过去六个月内的使用率和过去三个月内的使用率来判断。而渗透深度是指上述三个指标数值的接近程度。如果三者数字十分接近，而且数值较大，说明产品渗透深度比较深；如果过去三个月内的使用率远低于过去六个月内的使用率，而且后者又远小于曾经使用率，则说明渗透深度比较浅。通过调查产品的渗透水平，可以大概估计产品所处的生命周期阶段，从而为营销策略的制定提供依据。

（2）产品试销调查　新产品投放市场以前必须在小市场范围内进行新产品的试销。通过试销中收集的一些数据资料来推断产品的市场吸引力和经济效益吸引力。产品试销可收集消费者初次购买率、重复购买率和合理价格等指标的数据。

（3）包装调查　包装调查就是通过对消费者的调查，发现包装在区别性、传递信息、吸引力和强化产品形象方面的效果。

（4）品牌调查　对于企业来讲，具有一个良好形象和知名度的品牌无疑是成功的必备条件之一。品牌调查的内容主要包括自己的品牌和竞争品牌在目标市场上的知名度如何，哪一个品牌在消费者心目中的份额处于领导地位，哪一个处于挑战者地位；自己的品牌在消费者心目中的地位是否已转化为实际的市场占有率，哪一个品牌具有最高的市场占有率，它在消费者心目中是否也处于领导地位；市场领导者的市场占有率是否在改变，是变得更强还是更弱，市场挑战者的情况如何等。

2. 价格调查

进行产品价格调查一般要研究以下几个问题：当产品价格变化时，目标消费者反映如何；当企业提升价格或降低价格时，对公司产品的市场占有率和销售量有什么影响；当市场上产品价格变化后，自己品牌和竞争品牌的相互地位会如何变化；使产品利润达到最大的销售价格应是多少；如何确定新产品、产品线扩张、产品范围扩张的价格或价格范围。

3. 分销渠道调查

由于产品从厂家到消费者手中必然要经过一定的中间渠道，中间渠道的好坏直接影响着产品的传递效率、销售量、经济效益以及消费者需求的满足程度。因此在市场研究中，必须对分销渠道进行调查分析。分销渠道分析主要包括：分销渠道选择的合理性分析、中间商评价和分销渠道存在问题分析。

（1）分销渠道选择的合理性分析　分析分销渠道选择是否合理，主要分析以下几个方面：①分析分销渠道模式的长短和宽窄是否符合产品特性的要求。体现产品特性的要素包括单价、体积、质量、性质、自然生命周期、技术复杂程度、服务等；②分析分销渠道是否符合市场因素的要求。市场因素主要包括市场容量、每次购买量、市场范围、顾客集中度、市场规模和发展趋势、竞争者使用渠道等；③分析分销渠道是否符合企业自身的条件和期望的要求，企业自身的条件和期望包括企业的实力和声誉、企业自身销售能力的大小、企业的产品组合和企业控制渠道的愿望等。

(2) 中间商评价　中间商评价包括能力评价和绩效评价两个方面。

能力评价是指对中间商的实力和信誉进行评价。主要评价内容包括：中间商所在区域的市场潜力、需求量和顾客集中度；中间商的经营能力和财务实力（如销售能力、市场渗透能力、拥有网络和服务能力、运输仓储能力、资金实力和承担风险的能力等）；中间商的信誉（中间商是否拥有稳定而又忠诚的顾客群，是否拥有良好的经营作风、经营态度和合作意向，中间商的用户反映、合同执行、结算信誉等）。

绩效评价包括：销售绩效，中间商为企业所创造的销售收入和利润、特许经营费用收入，与竞争对手相比的市场渗透水平和产品市场占有率；财务绩效，中间商对上级分销商提供的价格是否满意，是否为下级经销商提供足够的利润空间；消费者满意度，中间商是否经常有消费者对其产品和服务提出起诉，对消费者提出的问题是否及时地给予解决；业务水平，中间商是否掌握了足够的有关产品或服务的特点及属性的指标，是否积累了足够的经营经验与技巧等。

(3) 分销渠道存在问题分析

①串货问题：对各营销网点货源严格监控，调查分析是否存在串货、串货来源，查明原因，给出解决办法。一般来说可通过价格体系调控、物流控制、粘贴产品区域条码等手段来阻止串货。

②成本过高：分销成本过高一般是由以下原因所引起的：没有达到经济存货量、经济采购批量，渠道选得太长，管理混乱，运输路线或方式选择不合理等。企业应对各个环节逐个分析，查出问题点并给予解决。

③发货周期过长：这可能是由渠道过长、物流不畅通、网络不健全等因素引起的。

企业通过对渠道模式的合理性的调查分析和中间商评价，就可以发现分销渠道中存在的问题，从而找出问题的原因以改善渠道的效率，提高经济效益。

4. 促销调查

企业要与目标顾客取得有效的信息沟通与联系，就需要寻找一种有效的沟通方法；同时，在面对竞争的情况下，还需要说服和刺激顾客有购买本企业产品的意愿。这需要企业开展有效的促销活动以实现企业既定的营销目标。促销调查的目的就是为企业制定促销策略、能够有效地开展促销活动提供市场信息。促销调查主要包括促销信息调查、促销组合调查和促销效果调查。

(1) 促销信息调查　企业促销的任务主要有两个，一是生产者就产品服务信息与顾客进行沟通，以完成交换所需要的基本条件；二是因为面对市场竞争，企业必须向目标顾客证明和说服目标顾客接受本企业的产品和服务，并能够刺激目标顾客尽快购买企业的产品或服务。所以，促销的本质是信息交流活动。对促销信息的调查主要包括四个方面的内容：信息内容、信息结构、信息格式、信息来源。

（2）促销组合调查　促销组合是广告、人员推销、营业推广和公共关系四种促销方式的配合。促销组合策略是对有关促销方式的选择和搭配的策略。由于四种手段之间存在一定的替代性，为达到一个预期的销售水平，可采用不同的组合，选择促销组合策略需要考虑多种因素。

（3）促销效果调查　在执行了促销计划之后，信息发出者必须衡量它对目标对象的作用。这包括询问目标对象是否可识别并回忆起该信息，他们接收到多少次信息，他们可能回忆起哪几点，对信息的感觉如何，他们以前及现在对公司及产品的态度如何。营销人员还需收集到目标对象的行为反应，如有多少人喜欢该产品，多少人购买，多少人向别人谈及该产品。

二、调研报告的制定方法

（一）确定调研目的

确定调研目的是搞好药品市场调查的首要前提。确定市场调研目的包括选择调查课题，进行初步探索等具体工作。调查课题是药品市场调查所要说明或解决的市场问题。选择调查课题是确定调研目的的首要工作，因为正确地提出问题是正确认识问题和解决问题的前提。

通过确定调研目的，可以明确为什么要调查，调查什么问题，具体要求是什么，搜集哪些资料等。只有明确目标才能确定调查对象、内容和采取的方式、方法。所以调研目的是整个调查中的首要问题。例如某企业的产品年度订货下降，这就要求了解到底是什么原因造成的，是产品质量达不到要求？是企业的售后服务跟不上？是竞争对手向市场投放了新产品？还是该产品的市场需求量下降？要针对企业销售量下降问题，确定调研目的，绝不能漫无边际，无的放矢。

（二）明确调研方法

调查方法的选择要根据市场调查的目的、内容，也要根据一定的时间、地点、条件下市场的客观实际状况。由于同一市场调查课题可以采用的方法不止一种，同一调查方法又能够用于不同的调查课题。因此，调查者必须认真地比较，做到既节省调查费用又能达到调查目的。

国内外市场调查方法种类很多，根据不同的标准可有多种划分方法。

1. 按照调查方式划分

市场调查方法按照调查方式可分为：询问法、观察法和实验法。

（1）询问法　即调研人员用提问的方式向被调查者了解情况、收集信息的方法。抽样调查技术使企业能够通过对样本的调查获得足够科学、可信的信息。调查法是市场调研最常用的方法，具体来说又分为以下几种（表2-1）。

表2-1　　　　　　　　　　　　　询问法的种类及特点

种类	做法	特点
邮寄调查问卷	调查人员把事先设计好的调查问卷或表格寄给被调查者，请他们按要求填好后再寄回的方法	优点：调研的空间范围大，可以不受调研者地区的限制；调研方法的成本低、样本量大；被调研者有充裕的时间来考虑、回答；可以避免面谈中受到调研人员倾向性语言诱导的影响 缺点：这种调查方法的成本低、样本量大，但是调查结果的回收率低，一般只有15%~20%的问卷能收回
电话访问	调查人员通过电话联络的方式访问被调查者	优点：这种调查方法速度快、成本低、省时间 缺点：受通话时间限制，调查问题少，无法收集深层信息
面谈访问	调查人员按事先准备的调查问卷或提纲当面询问被调查者以获取信息	优点：调查结果的回收率高，收集资料全面，资料真实性强，是最常见的调查法 缺点：面谈访问的费用高昂，调查计划组织工作量大，调查结果受调查人员个人理解的影响大
留置调研	留置调研是由调研人员将调研问卷当面交给被调研者，说明填写要求，并留下问卷，让被调研者自行填写，再由调研人员定期收回的一种市场调研方法。	优点：调研问卷回收率高，被调研者可以当面了解填写问卷的要求，避免由于误解调研内容而产生的误差 缺点：调研地域范围有限；调研费用较高；不利于对调研人员活动进行有效的监督

（2）观察法　通过调查人员直接观察有关的对象和事物获取所需信息的方法。比如，某药店想了解一周客流的变化情况，就可以安排调查人员在药店的入口处和停车场观察不同时间顾客人数的变化情况；想了解顾客进入药店后的行进方向，就可以在店内天花板上安装摄像机，记录顾客行进路线。优点：用观察法，由于调查人员不直接向调查对象提问和正面接触，被调查对象并不意识到自己正接受调查，顾客的言行不受外界因素的影响，行为比较自然、客观，其表现出来的反应和感受比较真实。缺点：调查结果是一些表面的可直接观测的现象，无法说明引起行为的内在原因。

（3）实验法　实验法在市场调查中应用范围很广，比如医药产品在改良包装、价格、广告、陈列方法等因素时，都可应用这种方法。例如某药厂欲对其OTC产品是否需要改良包装进行实验。方法是第一、二周把新包装的产品给甲、乙两药店出售，把原包装的产品给丙、丁药店销售，第三、四星期互相调换。甲、乙药店销售原包装产品，丙、丁药店销售新包装产品。如果实验结果显示新包装产品的销售量比老包装产品销售量增加许多，那么企业应该考虑换新包装，以扩大销售量。

实验调查法的优点主要表现在两个方面：一是比较灵活，可以有控制有选择地分析某些市场变量之间是否存在着因果关系，以及这种因果关系之间的互相影响程度，这是因果性调研的最理想方法；二是比较科学，它通过实地考察实验，获得调查对象的静态和动态资料，不受调查人员主观偏见的影响，在整理分析过程中，还要运用一些数理统计方法进行处理，使取得的市场信息资料更为可靠与精确。

实验调查法的缺点也很明显：一是用实验法获取调查资料时间较长，调查成本也比较高；二是不易选择出社会经济因素类似的实验市场，市场环境干扰因素多，从而使实验法获得的结果不可能很准确。

2. 按照选择调查的对象划分

市场调查按照选择调查的对象可分为：普查法、抽样调查法、典型调查法和重点调查法。

（1）普查法　普查法是对调查对象的总体所进行的全面的调查。例如人口普查、医药商品库普查、某种疾病的检查和预防等。普查法是一种一次性调研，其目的是把握在某一时点上和一定范围内调研对象的基本情况。

普查法从理论上讲，可以取得调查对象全体的可靠数据，这是它的最大优点。但是，从实践来看，普查法具有很多缺点：普查工作量很大，需要投入大量的人力、财力、物力，很不经济；普查的面大、范围广、参与调查的人手杂，如果调查组织工作不够周密，很容易出现遗漏、重复或登录误差，使整个结果失去准确性，失去参考价值；普查的时效性差，调查、统计整理的时间很长，不能迅速得到调研的结果。所以，普查很少用于大范围的市场调研工作，只适用于某些小范围的市场调研。

（2）抽样调查法　企业为解决调查问题需要向调查对象了解情况，收集信息。那么，是不是需要调查每一位调查对象呢？当然不需要，也没有必要。比如，企业要了解新产品的销售情况，没有必要向每一个可能的购买者调查，但是也不能单凭几个顾客的情况反馈就轻易下结论。为了节省调查成本，要在保证调查的科学性和可靠性的条件下，尽量减少调查对象数目。这就涉及抽样调查的方法。抽样调查是一种从全体调查对象（称为总体）中抽取部分对象（称样本）进行调查研究，再根据所得样本结果推断总体情况的调查方法。

（3）典型调查法　典型调查是在全体调查对象中有意识地选择一些具有典型意义或有代表性的单位进行非全面的专门调查，以达到推算总体调查情况的方法。典型调查法是解剖麻雀式的调查，所选取的典型是凭借调查者的主观判断标准确定的，是一种非随机抽样调查。它适用于调查总体庞大，调查人员对总体情况非常了解，能准确地选择典型单位或个人作为调查对象的情况。但用典型调查判断出的总体情况，一般只能做出点估计，不可能像随机抽样那样，能计算抽样误差,也不能指明推断结果的精确度。

(4) 重点调查法　重点调查法是在全体调查对象中选择一部分重点单位进行的一种非全面调查方法。所谓重点调查单位是指所要调查的这些单位在总体中占重要地位或者在总体某项标志总量占绝对比重的单位。如要调查全国医药生产的基本情况,只要对全国各知名重点医药企业中的辉瑞、强生、诺华、阿斯利康、礼来、广州白云山制药总厂、华北制药集团、珠海丽珠医药集团有限公司等企业进行调查即可获得所需资料。

重点调查法能以较少的人力和费用开支,较快地掌握调查单位的基本情况。但是,所选取的重点单位不具有普遍的代表性,一般情况下不宜用重点调查的综合指标来推断总体的综合指标。

(三) 确定调研人员及进度安排

首先组织调查人员的培训,帮助他们达到所需的能力水平;其次将调查工作明细化,明确各调查人员的工作职责,明确人员间的相互协调配合方法;安排调查进度,制定详细的进度时间表。这是市场调查顺利进行的基础和条件,也是设计调查方案时不容忽视的内容,这样才能使市场调查工作有条不紊地进行。

(四) 编制调查费用预算

调查预算是调查活动的资金安排。为保证调查的顺利实施,做好合理的预算安排是必要的。调研预算按可能支出的项目逐一列表估算,主要的项目有:二手资料收集费用;一手资料调查费用,包括材料制作费用、宣传费用、雇用调查人员的费用等;资料加工整理费用;其他费用。

为防止意外情况发生,预算应留有一定的余地和弹性。

(五) 编制市场调研计划表

市场调研计划表一般包括以下几个内容:

1. 收集二手资料

由于收集一手资料花费较大,调研通常通过各种渠道收集内部和外部的二手资料,然后对资料进行整理、评估、处理和加工。一般通过以下渠道获得的二手资料较为可靠:

(1) 政府权威机构的定期出版物,如政府部门的各种统计年鉴、统计报告、调研报告等。

(2) 医药行业协会的报告和定期的公开出版物。

(3) 企业内部的资料。

(4) 专业市场咨询公司的研究报告,如麦肯锡咨询公司等。

为了节约时间和成本,现在企业进行市场调研活动时往往尽量使用二手资料,并有条理地把收集的二手资料与一手资料结合起来。

2. 收集一手资料

第一手资料是指通过调研者本人直接实地调研所获得的原始资料，比如通过实地采访、与医生和患者交谈、参加医药产品交易会等活动所取得的资料。调查人员按调查计划中确定的调查对象、调查方法进行实地调查，收集一手资料。现场实地调查工作的好坏，直接影响调查结果的准确性。

3. 整理分析资料

这一步骤是将调查收集到的零散的杂乱的资料和数据，进行编辑整理，剔除因抽样设计误差、问卷内容不合理、被调查者的回答前后矛盾等因素造成的错误，保证资料的系统、完整和真实可靠；将整理后的资料分类编号，便于归档查找和利用。如果采用电子计算机处理，分类编号尤为重要；对调查的资料进行统计计算，绘制统计图、表，并加以系统分析，在此基础上，找出原因、得出调查结论，提出改进建议或措施供领导决策时参考。

4. 撰写调研报告

调研报告是通过文字的表达形式，对调研成果的总结，它反映了调研的内容、质量，决定调研结果的有效程度。撰写调研报告时，应注意报告内容要紧扣调查主题，突出重点，并力求客观扼要；文字要简练，观点明确，分析透彻，尽可能使用图表说明，便于企业决策者在最短时间内对整个报告有一个概括的了解。

调研报告的一般格式：

第一部分，介绍调研项目的基本情况，主要是对调研项目和意义的简单说明。

第二部分，是调研报告的主体，包括概括性地说明调研的问题，采用的方法、步骤，样本分布情况，统计方法及数据误差，调研的结果以及调研结果对企业经营活动的影响的分析。

第三部分，是附件部分，提供与调研结果有关的资料供参考，如资料汇总统计表、原始资料来源等。

调研报告要简洁明确，有针对性和说服力，重点突出信息的分析结果，避免罗列事实，空洞无力。

5. 跟踪调研效果

提出报告后，调研人员还应追踪了解调查报告是否已被采纳，采纳的程度和实际效果如何，以便总结调查工作的经验教训，进一步提高市场调研的水平。

市场调研的这几个阶段若干步骤是必需的，但有时几个步骤并不是简单、机械地排列，有时步骤有简有繁，甚至有交叉，有跳跃，我们在从事实际市场调研活动中，要注意这一点。

单元4 药品市场调查技术实施及调查材料的整理与分析

一、调查资料的收集方法

调查资料的收集方法包括实地调查法和案头调查法两大类。

(一) 实地调查法

实地调研法指由调研人员或委托专门的调研机构通过发放问卷、面谈、电话调查等方式收集、整理并分析第一手资料的过程。其中实地调查的方法包括访问法、观察法、实验法等。

(二) 案头调查法

案头调查是市场调研术语，对已经存在并已为某种目的而收集起来的信息进行的调研活动，也就是对二手资料进行搜集、筛选，并据以判断它们的问题是否已局部或全部地解决。案头调研是相对于实地调研而言的。通常是市场调研的前瞻性工作，为开始进一步调研先行收集已经存在的市场数据。成功地进行案头调研的关键是发现并确定二手资料的来源。二手资料的来源主要可以分成两大类：内部资料来源和外部资料来源。内部资料如会计账目、企业的销售记录、顾客名单、销售人员报告、代理商和经销商的信函、消费者的意见及信访、以前的市场营销调研报告、企业自己做的专门审计报告、购买的调研报告、营销资料数据库等，都是调研人员的重要二手资料来源。外部资料指的是来自被调查的企业或公司以外的信息资料。这类信息包括出口国国内的资料和来自进口国市场的资料。一般来说，二手资料主要来自以下几种外部信息源：政府机构、行业协会、专门的调研机构、大众传播媒体、官方和民间信息机构。例如我国的官方和民间信息机构主要有：国家经济信息中心、国际经济信息中心、中国银行信息中心、新华社信息部、国家统计局、中国贸促会经济信息部、各有关咨询公司、广告公司等。尽管二手资料调研具有省时间、省费用的优点，但许多二手资料也存在着严重缺陷。调研人员特别需要注意的是四个方面的问题：可获性、时效性、相关性、精确性。

二、调查进度监控

调查进度监控就是为了保证调查工作严格按进度进行，避免出现前紧后松和前松后紧的现象，做到每天的调查工作均衡进行，以保证调查工作质量。加强调查进度监控，保证各项调查工作严格按进度完成调查任务是至关重要的。

每位调查员所完成的工作量也应有一个限制范围，既要保证进度，又要保证质量。确定调查员每天应完成的工作量主要从下面几个方面考虑：调查员的工作能力；调查员的责任心；调查问卷的复杂程度；调查的方式；调查的区域和时段。在执行时，根据每天完成的问卷数及调查进度安排来判断调查是否符合进度要求，提出针对性的意见和建议。督导应该将每天的监督检查情况进行详细记录，并向调查项目负责人报告。如果可能无法按预期进度完成的话，要事先通知有关的部门或单位。调查项目负责人根据每天的调查实施情况做出反应，提出反馈意见。如有必要，应对调查计划加以调整。

三、调查质量监控

调查质量监控是以调查结果为对象，以消除调查结果的差错为目标，通过一定的方法和手段，对调查过程进行严格监控，对调查结果进行严格审查和订正的工作过程。质量控制包括设计阶段的质量控制、调查实施阶段的质量控制、资料整理阶段的质量控制。调查实施阶段的质量控制，首先要做好调查前的准备工作，如对调查对象的特征进行初步了解，搜集调查背景资料以及准备好调查工具等。其次，要对调查员进行严格的选择和培训，建立一支在思想上和业务上过硬的调查队伍。最后，在调查过程中，根据不同的调查方法，采取相应的控制措施。调查实施进度与质量控制见图2-1。在执行时，最重要的是收集到高质量的数据，除了进行认真而严格的培训外，还要采取充分的措施以保证调查员确实能按照培训中所要求的方法和技术进行调查访问。对调查员的监控，重点在于保证调查的真实性，保证调查的质量，同时也是衡量调查员的工作业绩、实行奖优罚劣的需要。

四、调查资料处理

调查资料处理，即调查数据处理，是根据市场调查任务的要求，把调查所收集到的各种原始数据资料进行整理，使之条理化、系统化，显示出能够反映现象整体特征的综合资料的工作过程。资料处理应遵循的原则有：准确性原则、及时性原则、全面性原则、系统性原则。进行调查资料的整理与分析时，操作流程包括问卷的接收与审核、问卷编码、数据录入、缺失数据的处理、调查资料分析。

（一）问卷的接收与审核

1. 接收问卷

首先，设计问卷登记表。表格上的项目一般包括调查员的姓名、调查地区、调查时间、交表日期、实发问卷数、上交问卷数、合格问卷数、未答或拒答问卷

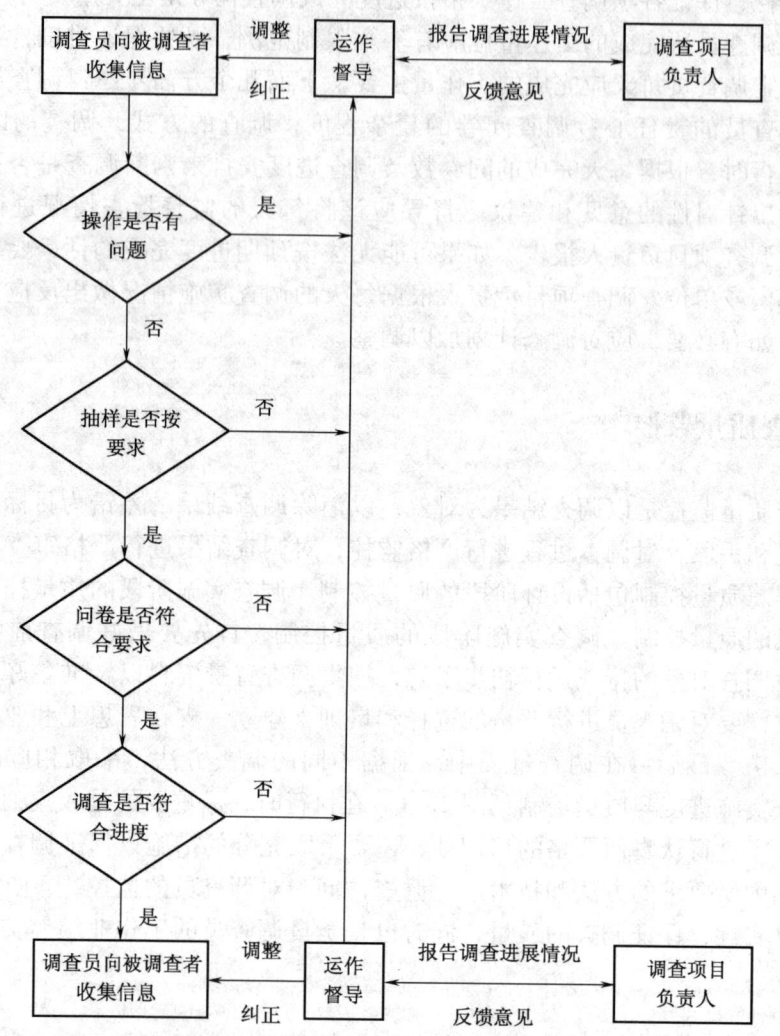

图2-1 调查实施进度与质量控制

数、丢失问卷数、其他问卷数等。然后，对问卷进行编号或标注。对于不同的调查员和不同地区（单位）交上来的问卷还要及时在问卷表面编号或注明调查员和调查地区，以便于问卷汇总、分析和查考。

2. 剔除无效问卷

在接收问卷时，要将全部问卷检查一遍，将无效问卷或不能接收的问卷剔除掉。无效的或不能接收的问卷包括：不完全的问卷，即有相当多的内容没有填写的问卷；被调查者没有完全理解问卷的内容而答错，或者没有按指导语的要求来回答问题的问卷；大批回答雷同的问卷；缺损的问卷，即有数页丢失或无法辨认的问卷；不属于调查对象的人填写的问卷；前后矛盾或有明显错误的问卷；在截止日期之后回收的问卷。

3. 处理措施

对于无效问卷，常用的处理方法有：退回实地重新调查、按缺失数据处理。放弃一些问卷可能会影响样本的代表性，产生系统性误差。如果决定要放弃一些问卷，在报告中应当说明放弃的理由和放弃的数量。

(二) 问卷编码

编码可以按照预先编码或事后编码来进行，一般基本程序包括以下几点。

1. 确定变量

问卷中的每一个问题都要用一个或多个变量来对应。设置变量时，最好让变量的下标与问卷的题号相一致，以便于查找。如某房地产项目市场调查，在问卷设计中就已确定了变量的名称。

A_1. 您的性别　（1）男　　　　（2）女

A_2. 您的年龄____周岁

A_3. 您的文化程度

（1）小学或以下　　　（2）初中

（3）高中或中专　　　（4）大专或本科

（5）硕士研究生　　　（6）博士研究生

A_4. 您的职业

（1）商业人员　　　　（2）生产运输工人或有关人员

（3）服务业人员　　　（4）党政企事业单位负责人

（5）个体经营人员　　（6）其他职业人员

A_5. 您的婚姻状况

（1）未婚　　（2）已婚　　（3）丧偶　　（4）离婚　　（5）其他

A_6. 您有____个孩子

在规定变量名称的同时，还要规定变量的类型、变量的取值范围、变量的位数和小数点位数等。变量的类型在市场调查中，常用的有字符型和数值型两种。字符型的变量可以输入任何字符，不一定是数字。例如，性别 A_1 可以是字符型的，可以输入"男"和"女"，当然也可以输入"1"和"2"代替。但是，字符型的变量除了计算频数外不能进行其他的运算。为了在分析中做一些必要的变换和计算，在规定变量类型时应更多地采用数字型变量。例如，对于 A_1，规定其取值为 1、2 和 0（0 代表未答）。

2. 多选问题的编码

对于单选问题，只需要规定一个变量就可以解决其编码问题。对于多选问题，则要用多个变量来与之对应。一般来说，变量的个数应等于可供选择的答案个数。

3. 开放式问题的编码

如果不准备对开放式问题进行任何定量分析，那么就没有必要编码，只需在写报告时将这些问题的答案定性地归纳研究即可。如果准备进行定量分析，则需要将各种可能回答归纳后一一编号，再根据多选或单选的同样道理规定多个或一个变量。如在征询被调查者个性化意见或建议时可采用开放式问题，是否编码按照调查需要来决定。

（三）数据录入

数据录入可采用人工录入和智能化的录入系统进行。数据的收集常常采用计算机辅助的智能化录入设备进行。有的还采用光学扫描仪等方法读取数据。但是在我国，目前键盘录入的办法还是最常用的。采用键盘录入就会产生误差，为了将错误降低，可考虑采用双机录入，即数据由不同的录入人员在计算机中录入两次，再对两个数据库进行比较，两者不一致的地方即为出错之处。

（四）缺失数据的处理

处理缺失数据主要有以下几种方法。

1. 平均值替代法

如果该变量存在平均值，那么最典型的缺失数据处理方法是使用变量的平均值去代替。由于该变量的平均值会保持不变，那么其他的统计量也不会受很大的影响。

2. 模型计算值代替法

模型计算值代替法是指利用由某些统计模型计算值得到的比较合理的值来代替。例如，"购买滋补品"与"家庭收入"有关系，利用这两个问题的被调查者的数据，可能构造出一个回归方程。对于某个没有回答"购买滋补品"的被调查者，只要其"家庭收入"已经回答，就可以通过这个回归方程计算出其"滋补品购买量"。这种替代是基于科学的统计方法，比简单地用平均值替代相比准确。

3. 配对删除法

配对删除是对每种分析计算只使用那些有完全回答的个案，而没有完全回答的个案则不参与分析。

（五）调查资料分析

1. 选择适当的数据处理软件

可选择的应用软件主要有：

（1）中文文字处理软件　Word、WPS 等。

（2）电子表格类软件　Excel、Lotusl－2－2 等。

（3）统计分析类软件　如 SAS、SPSS、Statistics、TSP 等。

（4）数据库管理类软件　如 Dabse、FoxBase＋等。

2. 数据分析的基本方法

（1）频数和频率分析　编制频数分布首先要对原始数据进行统计分组。统计数据分组是指根据研究目的和要求，将全部数据按照一定的标志划分成若干类型组,使组内的差异尽可能小,组间的差别尽可能明显,从而使大量无序的、混沌的数据变为有序的、反映总体特征的资料,如对年龄进行分组。在分组的基础上,把所有数据或总体单位按组归并、排列,形成所有数据或总体各单位在各组间的分布,称为频数分布,见表2-2。频数是每个对象出现的次数。频率是每个对象出现的次数与总次数的比值。

表2-2　　　　　　　　　　被调查消费者年龄分布

年　龄	人数/人	频率/%
20~29岁	16	15.0
30~39岁	28	26.2
40~49岁	31	29.0
50~59岁	18	16.8
60岁以上	14	13.0
合计	107	100.0

(2) 集中趋势分析　集中趋势分析主要有三种计量指标:算术平均值、中位数、众数。

算术平均值是调查所得的全部数据之和除以数据个数的结果,这是最常用的统计平均数。

中位数是指将总体各单位标志值按照大小顺序排列后,处于中间位置的那个标志值。在许多情况下,不易计算数值平均数时,可用中位数代表总体的一般水平。若数据个数为奇数,则中间位置的数值为中位数;若数据个数为偶数,则中间位置两个数据的平均数为中位数。

众数是一组数据中出现次数最多的标志值。若有时几个数据出现的次数均为最多,那它们均为众数,因此有时众数可能不止一个。

(3) 离散程度分析　经常使用的离散程度分析主要有方差、标准差、全距。

方差的计算公式为:$S^2 = 1/n \left[(x_1 - m)^2 + (x_2 - m)^2 + \cdots + (x_n - m)^2 \right]$,其中$m$表示平均值,标准差即为方差开根号。标准差越大,离散程度越大,集中趋势的代表性就越小;标准差越小,离散程度越小,集中趋势的代表性就越大。

全距也称极差,即样本中最大值和最小值的差,即:全距 = 最大值 - 最小值。

(4) 交叉列表分析　交叉列表分析是指同时将两个或两个以上有联系的变量及其变量值交叉排列在一张统计表中,从而帮助人们深刻认识变量之间的关系及其分布情况。

在市场调查中,多数的市场调查在分析上都只进行到交叉列表分析。选择交叉列表中的变量,包括其内容和数量,应根据调查项目的特点来考虑。

3. 数据图的应用

常用的统计图有柱形图（图2-2）、折线图（图2-3）、饼图（图2-4）、面积图（图2-5）、条形图（图2-6）等。

A药品在东北三省销售量情况见表2-3，以此为基础绘制柱形图、折线图、饼图、面积图、条形图。

表2-3　　　　　A药品在东北三省销售量情况　　　　　单位：万元

区域划分	第一季度	第二季度	第三季度	第四季度
黑龙江省	32	76	34	30
吉林省	40	38	30	36
辽宁省	26	29	24	20

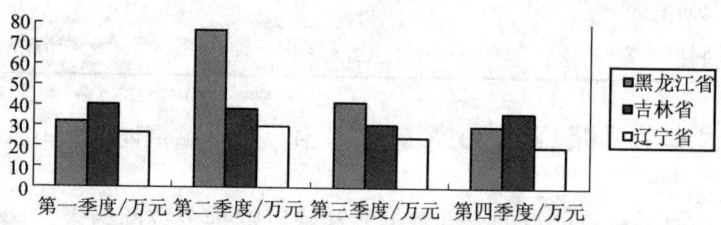

图2-2　A药品在东北三省销售量情况柱形图

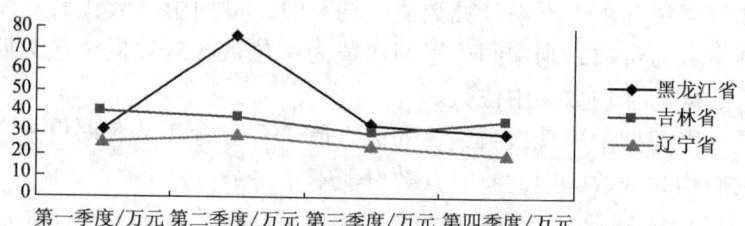

图2-3　A药品在东北三省销售量情况折线图

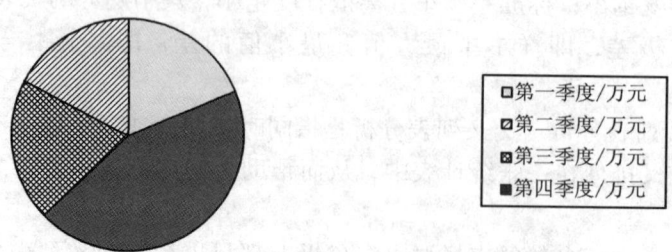

图2-4　A药品在东北三省销售量情况饼状图

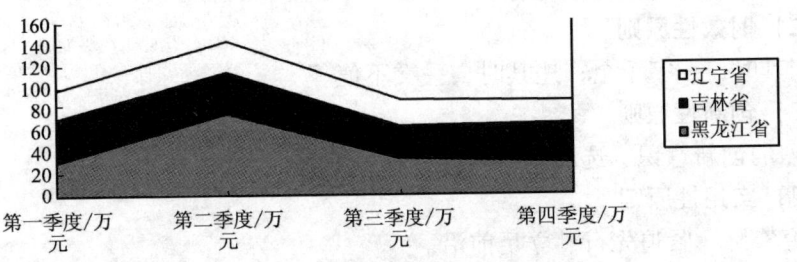

图 2-5　A 药品在东北三省销售量情况面积图

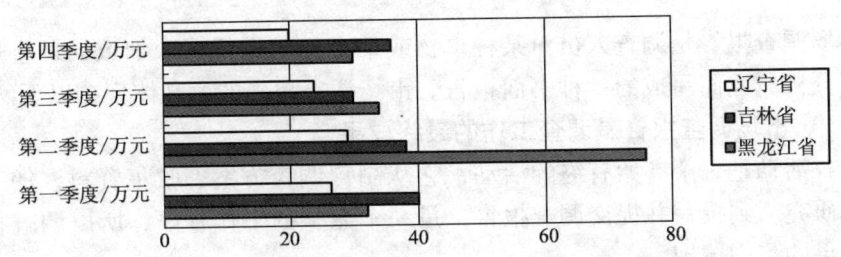

图 2-6　A 药品在东北三省销售量情况条形图

单元 5　撰写市场调查报告

一、市场调查报告的概念

市场调查报告是市场调查的最后成果，是用事实材料对所调查的问题，做出系统的分析说明、提出结论性意见的一种表现形式，调查报告是调查结果的集中表现。调查报告既可以用书面形式向决策者或用户报告调查结果，也可以作为口头汇报和沟通调查结论的依据，还可以制作成多媒体演示课件，向决策者或用户进行演示和解说。

二、撰写调查报告的原则

"题好一半文"，选题如何关系到调查研究成功与否，调查报告质量的高低。

（一）需求性原则

三贴：贴近上头、贴近下头、贴近形势。

三换：换个人角度为领导角度选题、换自选作文为主为命名作文为主、换微观角度为宏观角度选题。

（二）时效性原则

"当其时，一字千金；违其时，一文不值。"

（三）创新性原则

强烈的创新意识、选准创新角度、胸中有数。

（四）实用性原则

讲究实际、紧迫先行、立足前沿。

三、撰写调查报告的意义

市场调查报告是调查人员对某种事物或某个问题进行深入细致的调查后，经过认真分析研究而写成的一种书面报告。市场调查报告的意义体现在以下两点。

（一）市场调查报告是调查工作的最终成果

调查活动是一个有始有终的活动，它从制订调查方案、收集资料、加工整理和分析研究，到撰写并提交调查报告，是一个完整的工作程序，所以调查报告是调查成果的集中体现。

（二）市场调查报告是从感性认识到理性认识飞跃的反映

调查报告比起调查资料来，更便于阅读和理解，它能把死数字变成活情况，起到透过现象看本质的作用，使感性认识上升为理性认识，更好地指导实践活动。要撰写好调查报告，必须了解调查报告的特点，掌握调查报告撰写的步骤、撰写报告的方法，使调查报告在实际工作和理论研究中发挥应有的作用。

四、市场调查报告的基本结构

市场调查报告一般由标题、概要、正文、结尾、附件等几部分构成。

（一）标题

1. 标题的要求

标题就是调查报告的题目，由报告内容来决定。标题是画龙点睛之笔，它必须准确揭示调查报告的主题思想，做到题文相符；同时高度概括，具有较强的吸引力。

2. 标题的写法

标题的写法灵活多样，一般有单标题与双标题两种。

单标题就是调查报告只有一行的标题，一般是通过标题把被调查单位和调查内容明确而具体地表现出来。

双标题就是调查报告有两行标题，采用正、副标题形式，一般正标题表达调查主题，副标题用于补充说明调查对象和主要内容。由于这种标题形式优点很多，正标题突出主题，副标题交代形势、背景，有时还可以烘托气氛，两者互相补充，因此成为调查分析报告中最常用的形式之一。

3. 标题的形式

"直叙式"标题，反映调查意向或调查项目或是地点的标题。这种标题简明、客观，一般调查报告多采用这种标题；"表明观点式"标题，直接阐明作者的观点、看法，或对事物进行判断、评价；"提出问题式"标题，即以设问、反问等形式，突出问题的焦点和尖锐性，吸引读者，促使读者思考。

（二）概要

概要即调查报告的内容摘要，主要包括以下三方面的内容：第一，简要说明调查目的，即简要说明调查的原因；第二，简要介绍调查的对象和调查内容，包括调查时间、地点、对象、范围、调查要点及所要解答的问题；第三，简要介绍调查研究的方法。介绍调查研究的方法，有助于确信调查结果的可靠性，并说明选用该方法的原因。

（三）正文

正文是调查报告的主要部分。正文部分必须准确阐明全部有关论据，包括问题的提出、引出结论、论证的全部过程、分析研究问题的方法等。

1. 引言

引言即调查报告的开头，"万事开头难"，好的开头既可使分析报告顺利展开，又能吸引读者。开头的形式有这样几种：开门见山，揭示主题；结论先行，逐步论证；交代情况，逐层分析；提出问题，引出正题。开头部分的写作方式很多，可根据情况适当选择，但不管怎样，开头部分应围绕这样几个问题：为什么进行调查？怎样进行调查？调查的结论如何？

2. 论述

论述部分是调查报告的核心部分，它决定着整个调查报告质量的高低和作用的大小。论述部分的重点是：通过调查了解到的事实分析说明被调查对象的发生、发展和变化过程；调查的结果及存在的问题；提出具体的意见和建议。

由于论述一般涉及的内容很多，文字较长，有时也可以用概括性或提示性的小标题，突出文章的中心思想。

论述部分的主要内容不管用多少个标题，大致可分为基本情况和分析两部分内容。基本情况部分要真实地反映客观事实，对调查资料用背景资料做客观的介绍说明；或者是提出问题，其目的是要分析问题。分析部分是调查报告的主要部分，在这一部分要对资料进行质和量的分析，通过分析，了解情况，说明问题和解决问题。分析一般有三类情况：第一类为成因分析；第二类为利弊分析；第三类为发展规律或趋势分析。

（四）结尾

结尾部分是调查报告的结束语。结束语一般有三种形式：概括全文（综合说明调查报告的主要观点，深化文章的主题）；形成结论（在对真实资料进行深入细致的科学分析的基础上，得出报告结论）；提出看法和建议（通过分析，形成对事物的看法，在此基础上，提出建议或可行性方案）。

（五）附件

附件是对正文报告的补充或更详尽的说明，包括数据汇总表及原始资料、背景材料和必要的工作技术报告。例如，我们可以把相应的问卷选一部分作为调查报告的附件。

五、撰写市场调查报告的流程

撰写市场调查报告时，操作流程包括构思选题、选取数据资料、拟定提纲、撰写报告初稿、修改定稿。

（一）构思选题

医药市场调查报告的构思过程是将收集到的资料，进行判断推理，根据调查目的，确立主题思想，进而确立观点，列出论点、论据。选题即确定市场调查报告的题目，报告的题目与市场调查的主题要一致。

（二）选取数据资料

医药市场调查报告的撰写必须根据数据资料进行分析。介绍情况要有数据作依据；反映问题要用数据做定量分析；建议和措施同样要用数据来论证其可行性与效益。恰当地选用数据可以使报告主题突出、观点明确、论据有力。因此有无丰富的、准确的数据资料作基础，是撰写报告的成败关键。

（三）拟定提纲

拟定提纲即报告撰写者根据市场调查报告的内容要求对其框架进行设计，也是对调查资料进一步分析研究的过程。拟定提纲实际上是围绕着主题，从层次上列出报告的章节目，集中表现出报告的逻辑网络。提纲可以细化到目或更深层次，尤其要列出每层的小论点和主要支撑材料，这样在撰写报告时思路会比较清晰。

（四）撰写报告初稿

撰写报告初稿是按照拟定好的提纲，在把握观点的基础上，运用恰当的表达方式和文字技巧，充分运用调查中的材料，撰写调查报告初稿。初稿可以分层分段撰写，也可以由几个人分工合作撰写。

（五）修改定稿

修改定稿是对撰写好的市场调查报告反复进行修改和审定，包括整体修改、层次修改、文字润色，保证调查报告的质量和水平。对修改好后的医药市场调查报告就可以定稿，定稿后报告就可以提交给报告使用者。

表2-4为调查报告的格式内容。

表 2-4　　　　　　　　　　调查报告的格式内容

一、扉页	2. 分析调查情况
1. 题目	3. 趋势和规律
2. 报告的使用者（客户）	六、结论与建议
3. 报告的撰写者（调查公司）	七、补充说明
4. 报告完成日期	1. 调查的方法
二、目录	（1）调查的类型和意图
1. 章节标题和副标题，并附页码	（2）总体的界定
2. 表格目录：标题与页码	（3）样本的设计与技术规定
3. 图形目录：标题与页码	（4）资料收集的方法（邮寄、访问）
4. 附件：标题与页码	（5）调查问卷
三、执行性摘要	①一般性描述
1. 目标的简要说明	②对使用特殊问题的讨论
2. 调查方法的简要陈述	（6）特殊性问题及考虑
3. 主要调查结果的简要陈述	2. 局限性
4. 结论与建议的简要陈述	（1）样本规模
5. 其他相关信息（特殊技术、局限及背景信息）	（2）样本选择的局限
四、介绍	（3）其他局限（抽样误差、时间、预算、组织限制等）
1. 实施调查的背景	八、附件
2. 参与人员及职位	1. 调查问卷
3. 致谢	2. 技术性附件（统计数据及图表）
五、正文	3. 其他附件（调查对象所在地地图、参考资料等）
1. 叙述调查情况	

注：提交信和委托书位于目录之前。

【情境实训】

实训 3　医院进药流程及其内部影响因素调研

一、实训目的

了解医院的进药流程，弄清医院进药过程中起关键作用的机构和个人，为有效开发医院市场和对医院促销奠定基础。学生通过实训锻炼，提高对医院进药流程及影响因素的调查技能。

二、实训要求

（1）调查分析医院进药流程及其内部影响因素。

(2) 将学生分成若干组，每组7~10人，按操作步骤进行调查。
(3) 将调查资料整理、分析后撰写调查报告。

三、实训内容

（一）实训背景

医院终端被称为药品销售的第一终端，占据整个药品销售市场的70%以上，医院成为众医药供应企业的必争之地。DF医药企业是一家中外合资的现代化制药企业，生产和销售20多种专利药品，该公司非常重视药品终端的开发。最近该公司在N市准备开发医院终端市场，假如你是这个公司的一名业务员，专门负责对N市最大的一家医院的开发工作。该家医院在N市规模最大、对药品需求量最大，但同时也是各供药企业争夺激烈的医院。你为了在较短时间内争取到这家客户，并且实现理想的销量目标，需要做的一个很重要的工作就是：了解该医院的进药流程及其影响因素。

（二）操作步骤

[第一步] 明确调查目的，拟定调查方案。

深入医院了解医院的概况、进药渠道、进药流程及影响进药和药品使用量的各种因素，弄清关键环节和要素，为能有效开发医院市场和对医院促销奠定基础。根据调查目的拟定调查实施方案。

[第二步] 利用观察法和询问法，对医院的概况进行调查。

医院概况主要是调查该医院的规模、性质、业务专长。调查人员前往医院之前应备好笔、记录本、照相机等。工作内容如下：

(1) 熟悉医院环境，并把医院全景、医院的门诊大楼、住院部大楼、宣传栏、黑板栏等照下来。

(2) 前往门诊大楼大厅，仔细观看医院简介，记录科室设置、简介及分布图，记录医院主要科室的专家应诊时间、姓名及相应科室，了解医院的病床数、病人日流量，记录或描绘门诊药房、住院部药房、药库的具体位置。

(3) 询问医院里几位医生，进一步了解医院的性质、业务专长、分管药品采购业务的人员资料、用药方面的规章制度和态度等资料。

[第三步] 利用询问法调查进药渠道的各环节，了解进药流程及其影响因素。

工作内容如下：

(1) 了解药剂科主任和有关机构主管的姓名、住宅电话、住址、个人爱好、业余生活、家庭情况等。

(2) 拜访药剂科主任，调查医院进药和选药的原则、规章制度等；医药进药流程（包括常规进药流程和特殊进药流程）、决策机构、决策人员资料等。

(3) 多方调查了解药剂科主任、采购主管、库房主管、门诊药房主管、发药员等人员的详细个人资料。

(4) 从药房主任、采购员等处调查与本医院有业务往来关系的医药分销公司及公司业务员的有关信息，便于下一步利用医药分销公司帮助进药。

（5）调查竞争对手的情况，从药剂科主任、采购员处打听同类产品的厂家名称、产品名称、剂型、零售价、批发价、出厂价、疗程、每月销量、让利幅度等。

（6）调查门诊、住院部的医生、护士等资料。对应临床科室的所有医务人员对就诊患者用药有决定性指导权，能否处理好与他们的关系将直接影响产品在医院药房的出药量。

［第四步］将各方面搜集到的资料加以汇总、整理和分析。

［第五步］撰写该医院的进药流程及其内部主要影响因素的调查报告。

四、项目评估标准

实训课题从确定调查方案、实训分工、具体实施调查到调查报告的撰写，主要由学生小组自己负责。教师在实训中起到指导作用，课题结束时，进行实训交流，师生共同评价工作成果。

考核内容：是否按时完成实训课题，有无明显缺陷，在调查中有无创新，全组成员参与情况等。

实训4 我国感冒药市场营销环境调查

一、实训目的

环境如水，企业如舟。作为医药企业要经常对营销环境进行分析，主动适应环境的变化，因而要求学生通过实训锻炼，提高医药市场营销环境调查和分析的技能。

二、实训内容

（一）实训背景

中国经济的持续平稳发展，巨大的现实和潜在市场能力，日益老龄化的人口结构，人民群众逐渐改善的自我保健意识，无所不在的传媒渗透力，政府对非处方药的宣传和政策扶持，大大地促进了非处方药的发展。随着药品分类管理办法的实施，卫生体制、医疗保险体制、药品流通领域等的改革，对医药行业产生着巨大的影响，药品零售市场正成为制药企业竞争的热点，以非处方药市场为主的制药企业怎样面对这样的市场环境，又如何开拓零售市场这一问题值得探讨。作为非处方药（OTC）的一大组成部分，感冒治疗药品是我国医药产品推广品牌营销中最成功的范例。而随着OTC市场走向规范，竞争加剧，药品市场竞争将进入一个崭新的时期。面对新的市场，新的机遇与挑战，众多的生产、销售企业在产品研发、市场开拓、营销组合经营管理上采取了一系列应对措施。医药市场环境风云变幻，有越来越多的企业在这种背景下加入感冒药战团，不断有新药进入市场，正可谓风险与机遇共存。

假设你是市场调研机构或企业的一名调查员，请你在目前这种大市场背景下，对感冒药市场营销环境做一个调查，为医药企业制订决策提供有力的依据。

（二）操作步骤

［第一步］ 明确感冒药市场营销环境调查的目的，设计调查方案。

找出影响感冒药销售的各种有利因素和不利因素，了解其影响程度，为利用环境机会，避免环境威胁，采取相应对策提供依据。

根据营销环境调查的目的，确定好调查的对象。不但要确定将哪些个人或组织、机构作为营销环境调查的对象，而且要确定被调查对象的规模，在此基础上确定一定的技术和调查方法，并设计好调查方案。

［第二步］ 调查前的准备工作

企业应根据调查目的，对企业微观营销环境和宏观营销环境进行考察，收集企业营销战略规划有关的主要营销环境信息。根据收集信息的需要设计调查问卷，准备调查工具，组建调查队伍，进行实施调查前的人员培训工作。

一般来说，宏观环境主要包括：相关法规政策，营销区域内的人口因素、购买力因素，营销区域内大中型医院的数量、规模和药店的数量和规模等。微观环境主要包括：患者及其家属的经济能力和态度，供应商、中间商、竞争者及其产品营销情况，卫生局、税务局、新闻媒体等的情况。

［第三步］ 实施调查

本项目内容的调查方法，采用询问法调查方式收集第一手资料。结合案头调查，包括上网查询、直接复印、摘录、购买等方式收集二手资料。根据不同资料收集方法的特点，组织开展调查，并注重过程监控管理，保证资料的可靠性。

［第四步］ 资料整理分析

对调查资料进行整理分析，审查资料的准确性、可靠性，做到定性和定量分析相结合，分析营销环境因素的变化对企业可能造成的影响，分析企业可能受到的威胁以及可以利用的机会。

比如：宏观环境中的机会因素可能是当地居民的收入水平较周边地区提高快，而不利因素可能是出现药品降价、市场原材料涨价等因素；微观环境中的机会因素可能是当地一家终端药店扩大规模，不利因素可能是有一竞争品牌的同类型感冒药产品出现等。

对于威胁与机会的判断必须客观、准确，这对于企业营销战略的构想与决策至关重要。

［第五步］ 撰写评估标准

实训课题从确定调查方案、实训分工、具体实施调查到调查报告的撰写，主要由学生小组自己负责。教师在实训中起到指导作用，课题结束时，进行实训交流，师生共同评价工作成果。

考核内容：是否按时完成实训课题，有无明显缺陷，在调查中有无创新，全组成员参与情况等。

情境 二 药品市场调查技术

实训5 医药市场调查方案的拟定

一、实训目的

通过实训，使学生在了解市场调查基本原理、知识的基础上，掌握如何策划医药市场调查方案。

二、实训内容

背景资料：医药行业是关系国计民生的行业，随着我国市场经济的建立和完善，医药市场竞争更加激烈。根据资料表明：每年城镇居民在非处方药（OTC）消费上，感冒药占85%。据业内人士预测，目前我国OTC药品市场约有近200亿元的容量，而感冒药的年销售额在20~100亿元，显然这是一个让制药生产企业趋之若鹜的市场。现假定你是某制药企业的一名市场部经理，准备在本地区的零售药店、医院药房采取抽样调查法和调查问卷法对本企业生产的治疗感冒的新产品"感冒清片"进行一次市场调查活动。

[第一步] 进行消费者调查

调查目的：

（1）了解"感冒清片"这一目标市场的容量。

（2）了解此目标市场在哪里，细分市场如何定位。

（3）了解目标市场的引导难度和开发成本支出。

调查内容及方法设计：

（1）调查对象 "感冒清片"所有适用人群。

（2）调查内容

①了解调查对象本身对感冒药的认知及现实态度。

②了解调查对象对"感冒清片"这一新感冒药的认知及认可程度。

③了解调查对象对市场上治疗感冒的药品的认知及需求状况。

④了解调查对象对市场上治疗感冒的药品的使用及购买状况（是否会购买、购买动机、购买名称、购买频率）。

⑤了解使用人群对其使用产品的意见和态度。

⑥了解调查对象背景资料（包括性别、年龄、职业、收入等个人特征）。

（3）调查方法 问卷访问。

（4）抽样设计 随机抽样。

（5）统计分析方法 聚类分析、联合分析、采用统计分析软件。

[第二步] 进行关于销售终端的调查

（1）调查对象 终端销售人员，药店终端促销，医院药房终端。

（2）调查方法 扫街式入店访问。

（3）实施区域 本地区。

（4）调查内容

①网点覆盖率调查；
②市场占有率调查；
③营业员认知及推荐状况调查。
［第三步］ 根据调查项目的紧急程度确定调查时间
［第四步］ 预算调查费用
［第五步］ 根据上述步骤拟订一份市场调查提纲
三、实训评估标准
(1) 调查提纲的撰写简明扼要。
(2) 调查提纲的内容齐全。
(3) 计划书（表）根据实际情况对各项目进行具体分配。
(4) 调查前的准备工作做得如何。
(5) 调查的各阶段具体安排的科学性、调查态度端正。

【情境小结】

在学习药品市场调查基本作用、原则的基础上，运用课堂实例解析、课堂互动讨论实践形式，在课堂进行任务设计，对结果进行点评和修正，使学生学会市场调查前的准备与实施，学会调查问卷的设计与实施。任何企业包括个人不能脱离环境而存在，必须认识并适应其赖以生存的环境。通过学习，学会分析企业实际的市场营销环境，即分析药品宏观市场营销环境和药品微观市场营销环境。

【情境测试】

1. 医药市场调查有哪些类别？
2. 问卷设计的程序是什么？
3. 药品宏观市场营销环境的内容有哪些？
4. 药品微观市场营销环境的内容有哪些？
5. 药品市场调查内容有哪些？

情境三 药品市场开发技术

【学习目标】

通过药品市场开发技术的学习，使学生能够较全面地掌握药品市场开发技能，提高各项通用能力。掌握市场营销环境SWOT分析法；掌握目标市场细分的基本理论和市场细分的方法；掌握企业营销策略和产品定位的方法；提高学生对目标市场战略重要性的认识。

【技能目标】

学生能将所学的SWOT分析法、市场预测、市场细分、目标市场选择和市场定位理论运用于市场营销实践活动，联系有关项目和资料，对医药市场进行可行性分析，在实践运用中理解目标市场战略理论，掌握药品市场开发技术。通过药品开发实训，培养学生药品市场开发技能和综合分析解决问题的能力。市场开发拓展是医药企业营销岗位非常重要的业务工作，需要较强的实践与创新能力。掌握相关技能能够帮助学生将来更好地胜任医药企业的营销工作。

【案例导入】

三精制药公司强化渠道管理和终端促销，主导产品葡萄糖酸钙、葡萄糖酸锌、双黄连口服液保持稳定增长，2004年，面对补钙市场的激烈竞争，公司通过市场调查，公司启动"蓝瓶差异化营销策略"，巧妙利用专利包装"蓝色玻璃瓶"建立消费者识别符号，"蓝瓶的钙"深入人心。作为补锌市场的先行者，公司延续了蓝瓶战略，借钙的大市场带动锌的小市场，同时建立品牌区隔，成为补锌市场第一品牌。目前，公司已全面实施蓝瓶战略，旗下主要口服液产品葡萄糖酸钙、葡萄糖酸锌和双黄连均使用蓝瓶包装，蓝瓶从单一产品的区隔上升到三精产品群的区隔，实现了产品与企业品牌的统一，三精的品牌价值已超过40亿元。受到"蓝瓶"系列广告的影响，消费者在终端购买三精口服液产品的时候，多数会点名要"蓝瓶的"，2006年调查结果显示终端拦截率降低到75%以下，拦截率降低了10个百分点，三精口服液产品的销售量以每年20%的速度增长。

销售过程中，蓝瓶成为三精口服液产品和其他同类产品的显著区别，知名度随着产品销售量的提升而稳步提升。原先那些跟进仿冒三精口服液的其他厂家产品，销量在三精口服液销售量提升的过程中逐步减小，致使之前因为外厂劣质品给三精带来的负面影响也降低到最小，三精口服液产品美誉度得到提升。

【课前思考题】

请同学分析，三精制药公司采取了何种营销策略应对激烈的市场竞争？

单元1 ▶ SWOT分析法概述

一、SWOT分析法概述

（一）SWOT分析法简介

所谓SWOT分析法，就是将与研究对象密切相关的竞争优势（Strength）、竞争劣势（Weakness）、机会（Opportunity）和威胁（Threat），通过调查罗列出来，并依照一定的次序按矩阵形式进行排列，然后运用系统分析的思想，把各种因素相互匹配起来加以分析，从中得出一系列相应的战略。

SWOT分析法最早是由美国旧金山大学的管理学教授在20世纪80年代初提出来的，通常运用于市场营销领域，是竞争情报分析常用的方法之一。SWOT分析法有利于人们对组织所处情境进行全面、系统、准确的研究，有助于人们制定发展战略和计划，以及与之相应的发展计划和战略。

（二）SWOT分析法基本规则

进行SWOT分析的时候必须对公司的优势与劣势有客观的认识；区分公司的现状与前景；考虑全面；与竞争对手进行比较，比如优于或是劣于你的竞争对手；保持SWOT分析法的简洁化，避免复杂化与过度分析；SWOT分析法因人而异。

（三）SWOT 分析法的作用

1. 了解与企业有关的外在环境因素

如企业擅长什么？行业有什么新技术？能做什么别人做不到的？和别人有什么不同？顾客为什么来？最近因何成功？

2. 了解企业本身的内在环境因素

如什么做不来？缺乏什么技术？别人有什么比我们好？不能够满足何种顾客？最近因何失败？

3. 指出企业应该走向何处

如市场中有什么适合我们的机会？可以学什么技术？可以提供什么新的技术或服务？可以吸引什么新的顾客？怎样可以与众不同？组织在 5～10 年内如何发展？

4. 指出企业能向何处发展

如市场最近有什么改变？竞争者最近在做什么？是否赶不上顾客需求的改变？政治环境改变是否会伤害企业？是否有什么事可能会威胁到企业的生存？

（四）SWOT 要点分析

1. 竞争优势（S）

竞争优势是指一个企业超越其竞争对手的能力，或者指公司所特有的能提高公司竞争力的东西。例如，当两个企业处在同一市场或者说它们都有能力向同一顾客群体提供产品和服务时，如果其中一个企业有更高的盈利率或盈利潜力，那么，我们就认为这个企业比另外一个企业更具有竞争优势。竞争优势可以是以下几个方面：

（1）技术技能优势　独特的生产技术，低成本的生产方法，领先的革新能力，雄厚的技术实力，完善的质量控制体系，丰富的营销经验，上乘的客户服务，卓越的大规模采购技能。

（2）有形资产优势　先进的生产流水线，现代化车间和设备，拥有丰富的自然资源储存，吸引人的不动产地点，充足的资金，完备的资料信息。

（3）无形资产优势　优秀的品牌形象，良好的商业信用，积极进取的公司文化。

（4）人力资源优势　关键领域拥有专长的职员，积极上进的职员，很强的组织学习能力，丰富的经验。

（5）组织体系优势　高质量的控制体系，完善的信息管理系统，忠诚的客户群，强大的融资能力。

（6）竞争能力优势　产品开发周期短，强大的经销商网络，与供应商良好的伙伴关系，对市场环境变化的灵敏反应，市场份额的领导地位。

2. 竞争劣势（W）

竞争劣势是指某种公司缺少或做得不好的东西，或指某种会使公司处于劣势的条件。可能导致竞争劣势的因素有：
（1）缺乏具有竞争意义的技能技术。
（2）缺乏有竞争力的有形资产、无形资产、人力资源、组织资产。
（3）关键领域里的竞争能力正在丧失。

3. 机会（O）

机会是影响公司战略的重大因素。公司管理者应当确认每一个机会，评价每一个机会的成长和利润前景，选取那些可与公司财务和组织资源匹配、使公司获得的竞争优势潜力最大的最佳机会。潜在的发展机会可能是：
（1）客户群的扩大趋势或产品细分市场。
（2）技能技术向新产品、新业务转移，为更大客户群服务。
（3）前向或后向整合。
（4）市场进入壁垒降低。
（5）获得购并竞争对手的能力。
（6）市场需求增长强劲，可快速扩张。
（7）出现向其他地理区域扩张，扩大市场份额的机会。

4. 威胁（T）

在公司的外部环境中，总是存在某些对公司的盈利能力和市场地位构成威胁的因素。公司管理者应当及时确认危及公司未来利益的威胁，做出评价并采取相应的战略行动来抵消或减轻它们所产生的影响。公司的外部威胁可能是：
（1）出现将进入市场的强大的新竞争对手。
（2）替代品抢占公司销售额。
（3）主要产品市场增长率下降。
（4）汇率和外贸政策的不利变动。
（5）人口特征、社会消费方式的不利变动。
（6）客户或供应商的谈判能力提高。
（7）市场需求减少。
（8）容易受到经济萧条和业务周期的冲击。

（五）SWOT分析法的注意事项

由于企业的整体性和竞争优势来源的广泛性，在做优劣势分析时，必须从整个价值链的每个环节上，将企业与竞争对手做详细的对比。如产品是否新颖，制造工艺是否复杂，销售渠道是否畅通，价格是否具有竞争性等。

如果一个企业在某一方面或几个方面的优势正是该行业企业应具备的关键成功因素，那么，该企业的综合竞争优势也许就强一些。需要指出的是，衡量一个企业及其产品是否具有竞争优势，只能站在现有潜在用户的角度上，而不是站在企业的角度上。

企业在维持竞争优势过程中，必须深刻认识自身的资源和能力，采取适当的措施。因为一个企业一旦在某一方面具有了竞争优势，势必会吸引到竞争对手的注意。一般来说，企业经过一段时期的努力，建立起某种竞争优势；然后就处于维持这种竞争优势的态势，竞争对手开始逐渐做出反应；而后，如果竞争对手直接进攻企业的优势所在，或采取其他更为有力的策略，就会使这种优势受到削弱。所以，企业应保证其资源的持久竞争优势。

资源的持久竞争优势受到两方面因素的影响：企业资源的竞争性价值和竞争优势的持续时间。

评价企业资源的竞争性价值必须进行四项测试：

（1）这项资源是否容易被复制？一项资源的模仿成本和难度越大，它的潜在竞争价值就越大。

（2）这项资源能够持续多久？资源持续的时间越长，其价值越大。

（3）这项资源是否能够真正在竞争中保持上乘价值？在竞争中，一项资源应该能为公司创造竞争优势。

（4）这项资源是否会被竞争对手的其他资源或能力所抵消？

影响企业竞争优势持续时间的主要因素有三点：

（1）建立这种优势要多长时间？

（2）能够获得的优势有多大？

（3）竞争对手做出有力反应需要多长时间？

如果企业分析清楚了这三个因素，就可以明确自己在建立和维持竞争优势中的地位。

当然，SWOT 分析法不是仅仅列出四项清单，最重要的是通过评价公司的优势、弱势、机会、威胁，最终得出以下结论：

（1）在公司现有的内外部环境下，如何最优地运用自己的资源。

（2）如何建立公司的未来资源。

二、SWOT 分析法步骤

（一）运用 SWOT 分析法的步骤

1. 分析环境因素

运用各种调查研究方法，分析出公司所处的各种环境因素，即外部环境因素和内部环境因素。外部环境因素包括机会因素和威胁因素，它们是外部环境对公司的发展直接有影响的因素，属于客观因素。内部环境因素包括优势因素和弱势因素，它们是公司在其发展中自身存在的积极和消极因素，属于主动因素。在调查分析这些因素时，不仅要考虑到历史与现状，而且更要考虑未来发展的问题。

2. 构造 SWOT 矩阵

将调查得出的各种因素根据轻重缓急或影响程度等排序方式，构造 SWOT 矩阵。在此过程中，将那些对公司的发展有直接的、重要的、大量的、迫切的、久远的影响因素优先排列出来，而将那些间接的、次要的、少许的、不急的、短暂的影响因素排列在后面。

3. 制定行动计划

在完成环境因素分析和SWOT矩阵的构造后，便可以制定出相应的行动计划。制定计划的基本思路是：发挥优势因素，克服弱势因素，利用机会因素，化解威胁因素；考虑过去，立足当前，着眼未来。运用系统分析的综合分析方法，将排列与考虑的各种环境因素相互匹配起来加以组合，得出一系列公司未来发展的可选择对策。在SWOT分析之后需用USED技巧来得出解决方案，USED是下列四个方向的重点缩写，如用中文的四个关键字，是"用、停、成、御"。USED如何善用每个优势？如何停止每个劣势？如何成就每个机会？如何抵御每个威胁？SWOT分析在最理想的状态下，是由专属的团队来达成的，一个SWOT分析团队，最好由一个会计相关人员、一位销售人员、一位经理级主管、一位工程师和一位专案管理师组成。

（二）SWOT矩阵分析方法

SWOT矩阵分析包括组合分析和综合分析两种。

1. 组合分析

组合分析是对优势-机会组合、优势-威胁组合、劣势-机会组合、劣势-威胁组合这4个组合进行分析，或者是利用内部资源优势去赢得外部发展机会；或者是利用内部资源优势去应对外部环境威胁，或者是创造条件抓住机会降低劣势。而劣势-威胁组合是最不利的，任何组织都要尽量避免。

优势-机会（SO）战略是一种发展企业内部优势与利用外部机会的战略，是一种理想的战略模式。当企业具有特定方面的优势，而外部环境又为发挥这种优势提供有利机会时，可以采取该战略。例如良好的产品市场前景、供应商规模扩大和竞争对手有财务危机等外部条件，配以企业市场份额提高等内在优势可成为企业收购竞争对手、扩大生产规模的有利条件。

弱势-机会（WO）战略是利用外部机会来弥补内部弱点，使企业改劣势而获取优势的战略。存在外部机会，但由于企业存在一些内部弱点而妨碍其利用机会，可采取措施先克服这些弱点。例如，若企业弱点是原材料供应不足和生产能力不够，从成本角度看，前者会导致开工不足、生产能力闲置、单位成本上升，而加班加点会导致一些附加费用。在产品市场前景看好的前提下，企业可利用供应商扩大规模、新技术设备降价、竞争对手财务危机等机会，实现纵向整合战略，重构企业价值链，以保证原材料供应，同时可考虑购置生产线来克服生产能力不足及设备老化等缺点。通过克服这些弱点，企业可能进一步利用各种外部机会，降低成本，取得成本优势，最终赢得竞争优势。

优势-威胁（ST）战略是指企业利用自身优势，回避或减轻外部威胁所造成的影响。如竞争对手利用新技术大幅度降低成本,给企业很大成本压力;同时材料供应紧张,其价格可能上涨;消费者要求大幅度提高产品质量;企业还要支付高额环保成本等,这些都会导致企业成本状况进一步恶化,使之在竞争中处于非常不利的地位,但若企业拥有充足的现金、熟练的技术工人和较强的产品开发能力,便可利用这些优势开发新工艺,简化生产工艺过程,提高原材料利用率,从而降低材料消耗和生产成本。另外,开发新技术产品也是企业可选择的战略。新技术、新材料和新工艺的开发与应用是最具潜力的成本降低措施,同时它可提高产品质量,从而回避外部威胁影响。

弱势-威胁(WT)战略是一种旨在减少内部弱点,回避外部环境威胁的防御性技术。当企业存在内忧外患时,往往面临生存危机,降低成本也许成为改变劣势的主要措施。当企业成本状况恶化,原材料供应不足,生产能力不够,无法实现规模效益,且设备老化,使企业在成本方面难以有大作为,这时将迫使企业采取目标聚集战略或差异化战略,以回避成本方面的劣势,并回避成本原因带来的威胁。SWOT分析运用于企业成本战略分析可发挥企业优势,利用机会克服弱点,回避风险,获取或维护成本优势,将企业成本控制战略建立在对内外部因素分析及对竞争势态的判断等基础上。而若要充分认识企业的优势、机会、弱点及正在面临或即将面临的风险,价值链分析和标杆分析等均为其提供方法与途径。

2. 综合分析

综合分析是应对实际复杂情况的权衡方法。由于实际工作中,机会、威胁、优势、劣势往往交织在一起,所以需要权衡利弊,结合具体情况,寻找次优解。例如,(S+W)O结合即面对机会时要综合考虑优势和劣势。

单元2 药品市场需求分析与预测

一、药品市场预测概述

(一) 药品市场预测的含义

医药市场预测是在医药市场调查的基础上,运用科学的方法或技术,对影响医药市场供求变化的诸因素进行分析研究,对其未来一定时期内的发展趋势做出判断和推测,为医药企业的营销决策提供科学的依据。

市场预测产生的历史悠久。根据我国《史记》记载,公元前6世纪到5世纪,范蠡在辅佐勾践灭吴复国以后,即弃官经商,他的商场建树取决于他懂得市场预测。例如,"论其存余不足,则知贵贱,贵上极则反贱,贱下极则反贵。"这是他根据市场上商品的供求情况来预测商品的价格变化。

严格地说，市场预测是从19世纪下半叶开始的。一方面，资本主义经济中的市场变化极其复杂，要想获取利润，减少经营风险，就要把握经济周期的变化规律；另一方面，数理经济学对现象数量关系的研究已经逐步深入，各国统计资料的积累也日益丰富，适用于处理经济问题，包括市场预测的统计方法也逐步完善。学术界关于市场预测的里程碑是从奥地利经济学家兼统计学家斯帕拉特·尼曼算起的。他运用指数分析方法研究了金、银、煤、铁、咖啡和棉花的生产情况，有关铁路、航运、电信和国际贸易方面的问题，以及1866—1873年的进出口价值数据。

预测为决策服务，是为了提高管理的科学水平，减少决策的盲目性，我们需要通过预测来把握经济发展或者未来市场变化的有关动态，减少未来的不确定性，降低决策可能遇到的风险，使决策目标得以顺利实现。

（二）医药市场预测分类

医药市场营销活动中需要预测的内容很多。根据不同的标准，市场预测可以分为以下几种不同的类型。

1. 按预测性质分类

按预测性质分类，市场预测可分为定性预测、定量预测。

（1）定性预测 主要是凭借市场调查的资料，依靠预测人员的经验和综合分析能力，对医药市场未来发展趋势做出主观判断和估计。

（2）定量预测 是指运用统计和数学方法，对各种统计资料和信息进行数据处理，着重从数量关系上分析推算，从而估计市场发展变化趋势。

2. 按预测时间分类

按预测时间分类，市场预测可分为长期预测、中期预测、短期预测。

（1）长期预测 是指5年以上的预测。一个新药厂的建设以及扩充、培育新品种、添置新设备、筹建新的生产线、人员的培训等都要做长期预测。

（2）中期预测 是指1~5年的预测。医药企业在采购药品、器械及对药品剂型、规格、生命周期的估计等，一般需做中期预测。

（3）短期预测 是指1年以内的预测。企业制订年度计划、季度计划或月计划、决定短期的营销策略等，一般需做短期预测。

（三）医药市场预测的内容

医药市场是一种医药产品在一定的地理区域和一定时期内，在一定的营销环境和营销方案下，现实顾客和潜在顾客的总和，即具有购买力和购买欲望的消费者。医药市场需求预测包括质与量两个方面。从质的方面考察，医药市场需求预测要解决"需求什么"的问题；从量的方面考察，市场需求预测要解决"需求多少"的问题。这方面的预测包括顾客调查与分析、市场需求趋势分析预测、消费心理变化趋势分析预测、药品需求量预测、需求潜量和结构预测等。

1. 医药产品的预测

医药产品的预测主要包括产品组合预测，需求药品的品种、规格、包装、品牌、质量等的预测，药品标准管理预测，药品生命周期预测等。

2. 医药科技发展趋势预测

医药科技发展趋势预测主要包括对医药科学技术未来发展的预测，药品生产新工艺的预测，新产品开发与应用预测，新剂型发展预测等。

3. 竞争预测

竞争预测主要包括市场竞争主体变化预测，竞争对手的数量、各自的实力变化预测，主要竞争对手的产品、营销组合、经营策略、企业竞争实力的现状及其变化预测，市场竞争态势变化预测，竞争对手对本企业竞争策略的反应及影响程度的预测等。

4. 价格预测

价格预测包括价格总水平及通货膨胀、利息、汇率变化趋势的预测，主要产品价格走势及变化幅度预测，价格政策预测，成本变化预测，价格波动幅度与影响预测，定价策略与方法发展预测，价格心理预测等。

5. 企业财务预测

企业财务预测主要指标有商品销售额、劳动生产率、资金占有率及资金周转率、流通费用及流通费用率、利润和利润率、设备利用率等。

6. 外部环境预测

外部环境预测主要包括经济环境预测、政策环境预测、人口预测、传染病疫情预测、自然环境预测等。

二、药品消费者市场分析的内容

由于市场具有错综复杂的内涵，其涉及的内容又是千头万绪，十分复杂。通常的分析方法是围绕"5W1H"展开消费者市场的分析工作。5W1H 是指：购买者和购买决策者是谁（who）、他（或她）为何购买（why）、在市场上要购买什么（what）、什么时候购买（when）、在哪里购买（where）、如何购买（how）等。这六项内容可以说涵盖了市场营销人员在进行消费者市场分析时所需掌握的全部情况，也是搞好医药企业市场营销的前提和基础。

（一）购买者与决策者是谁（who）

了解谁是购买者，主要是要求医药企业了解特定药品的购买者情况，如需求总量、消费者年龄构成、收入情况、职业、地区分布、受教育程度等，这是企业研究消费者市场的基础和开始，找准消费者后才能展开有关的进一步研究工作。例如，药品市场的购买者一般是成人，有一些医学常识，具备一定的药品使用经验，在经济上有一定的来源，可以自主支配药品费用，文化程度较高、医疗保健意识较强的人或工作节奏快的人。

在消费者市场中，消费者的购买活动一般以消费者个人或家庭为单位，但是购买的决策者，通常不是家庭这个集体，而是家庭中的某一个或几个成员。因此，企业就必须进一步了解各家庭成员在购买决策中所起的作用和影响。掌握这方面的情况，有助于确定营销组合因素的调整，从而有助于进行有效的营销活动。家庭各成员或有关人员对购买决策的影响，是个非常微妙的问题。有时候，购买药品的决策者似乎是患者本人，但实际上有可能是其家庭成员中的一员施加了决定性的影响，也更有可能是医生。这时，医药企业的产品特性和各种促销方法，就必须尽量符合那些真正具有决定或影响力的顾客的需求。

（二）为何购买（why）

即消费者的购买目的。消费者自行购买药品的原因有以下几点：治疗不严重的疾病，缓解轻微伤痛，方便、省时、节约费用等。大量消费者表示：自己去药店最主要的原因是得了小毛病，自身能够察觉症状并且判断缓解的程度。患者对自身一些常见的、轻微的小病症进行自我治疗，大大节省了他们去医院排队看病、等待治疗的时间。同时，非处方药的市场销售价格比处方药便宜，因此消费者可以节省费用。

（三）购买什么（what）

药品的包装、外观、说明书、使用方便性、口感、疗效、毒副作用、起效速度、安全性、品牌等，是消费者选择药品时比较注重的内容。在研究消费者购买什么时，除了要回答企业目标顾客最想得到的产品和服务以确定企业的市场营销定位外，更重要的是市场营销人员要掌握企业目标市场中的消费者在购买药品时所关心的是什么，考虑的是什么，担心的又是什么等内容。由于消费者的差异，使同一类药品的不同消费者在购买药品时所关心、考虑的内容不可能是一样的，有人关注疗效，有人关注价格，有人关注品牌，也有人注重广告宣传或完全听从医生的建议。这样就可使医药企业在市场营销中很好地把药品与消费者的需要结合起来，解决其根本问题，使需要得到充分满足。

（四）何时购买（when）

通常消费者什么时候生病什么时候购买药品，所以预测某一个消费者何时购买药品是不易的。但从医药市场总体上考察，与其他商品相比，药品更具有季节性。有时在药品营销过程中会因为某些疾病的发生具有时间上或季节上的规律性而产生旺淡季之分。如一年中，冬春季节就是病症的高发期，例如感冒，因而感冒类药品的销售就会比夏季高出许多。掌握消费者在购买药品时可能存在的时间性规律后，就可以在生产和经营上有一定的提前性，以把握最佳的销售时机，扩大药品销售。一些预防药、常用药，消费者习惯方便时购买、顺便购买，因而医药企业应加强流通渠道管理，使其更贴近消费者、更方便消费者购买。

（五）何处购买（where）

在我国药品消费中最基本的购买地点是两个：一是医院（医疗单位）；二是药店。这不仅是传统习惯，而且是由处方药与非处方药分类管理的要求决定的。

表面上看是因为药品销售场所的不同，其实是因为药品种类的不同、国家政策的不同从而导致营销策略也不同，因而企业必须根据所生产经营药品的种类进行相应的调整。在医院销售的药品一般以处方药为主，由于需要专业知识作后盾，消费者自主消费的情况很少发生，所以以服从型消费为主。消费者在购买时品种、数量等除了由医生说了算外，还要受当地《基本医疗保险目录》的限制。因此，医药企业所要做的工作是一方面力争使本产品进入医保目录中，另一方面做好对医院和医生的推广宣传工作，从而达到扩大药品销售的目的。

（六）消费者如何购买（how）

消费者的购买行为，是指其在具体购买药品时表现出来的心理和行为特征。由于受到购买者的经济收入、受教育程度、专业知识、个性、地点、时间等因素的影响，药品消费者在购买药品时的行为并不是完全一致的。

三、消费者购买行为分析

（一）消费者行为模式特点

研究消费者市场的核心就是研究消费者的购买行为。对企业而言，消费者就是指那些登门购买或是将要登门购买企业产品的人，就是有消费能力或潜在购买能力的人。随着企业和市场规模的日益扩大，营销决策者已经不可能随时随地与购买者直接接触。因此，企业要制定科学的、切合实际的市场营销计划，很好地为目标市场服务，就需要调查研究，了解消费者市场和消费者购买行为，包括谁购买企业产品，如何购买，何时购买，何地购买，以何种形式购买等。如果对这几个问题有了正确的分析，那么关于市场需求分析也就有了坚实的基础。与此同时，企业也可以通过营销活动去主动地影响消费者的购买行为。20世纪80年代初期，日本曾经有一段时间突然流行黑色的冰箱。据说，这种冰箱是由于生产厂商调色时调错了颜色，结果数以万计的冰箱变成了黑色，若不上市将会给厂家造成巨大的损失。不得已之际，厂家只得碰运气地推向市场，但没想到一下子造成了轰动，市场上对这种黑色冰箱居然出现供不应求的情况。顾客在好奇、反传统、追求新奇的心理作用下，竟然开始抢购，商店门前排起长队，似乎不买一台这种黑色的冰箱，就大大落伍了。黑色冰箱大发利市之后，是不是代表其他只要是黑色的家电用品都可以卖得火爆呢？厂商趁顾客一窝蜂地购买黑色冰箱之际，陆续推出了各种各样的黑色家电：黑色风扇、黑色电话、黑色空调等，但结果出现了严重的滞销。为什么会出现这种情况呢？原来是顾客的热潮已经冷却退去了。作为一种反叛的象征，黑色的冰箱恰好呼应了顾客的那种反传统、求新求奇的心态。对公司而言，他们也是恰好与顾客内心的想法相符合，所以成功了。但实际上，这样的潮流年年都有，顾客随时都会有新的想法。若企业不能适应这种变化，势必难以长久地经营下去。黑色冰箱的例子告诉我们，顾客的需要是千姿百态、千变万化的,因此,也就无法从某种单一的现象来探究这些需要的成因,因为就是顾客自己也不见得明白自己的需求。企业如何了解这些需求呢?顾客产生了需要,商店的商品才能销得出去,但是这不等于说销售了的商品就实现了顾客的全部需要。企业如何消除顾客的需要与销售的商品及提供的服务之间的差距呢?

一般而言,企业市场营销刺激与消费者反应之间的消费者购买行为模式如图3-1所示。营销者一直把探明营销刺激和消费者反应之间的关系当作可以掌握比竞争者先行一步优势的途径。如果能够掌握消费者对不同产品特点、价格、广告要求等反应的企业,就比竞争者拥有更大的竞争优势。从图中可以看出,外界对购买者的刺激有两类:一类是企业营销组合刺激,包括产品、价格、渠道、促销;另一类是企业不可控因素刺激,包括经济、技术、政治、文化。这些外界刺激因素进入"消费者的黑箱"(即消费者心理过程),产生了一系列看得见的消费者反应,如产品选择、品牌选择、经销商选择、购买时间选择和购买数量选择等。

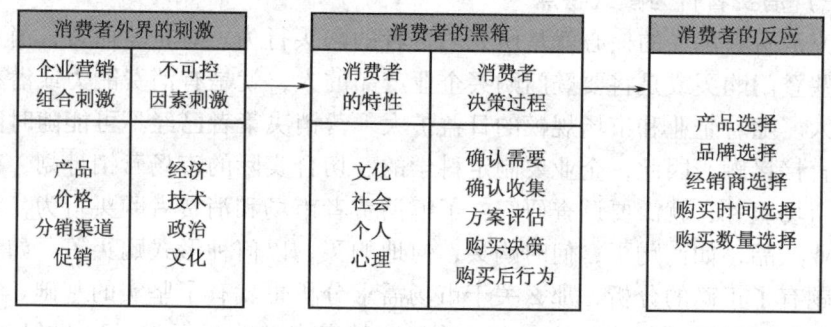

图3-1 消费者购买行为模式

营销者最关键的是要研究和了解"黑箱"中刺激如何转化为反应的问题,以便可以采取行之有效的营销决策。消费者的黑箱分为两个部分:一部分是消费者的特性,包括消费者的社会文化和个人心理特征等,这会影响消费者对外界刺激的反应;第二部分是消费者的决策过程,这会导致消费者的选择。

(二)医药消费者行为影响因素

消费者的购买行为在众多内外因素的影响下会发生很大的变化,主要归纳起来有四个方面。这些因素如图3-2所示。

1. 文化因素

每一个人都在一定的社会文化环境中生活。每一个社会都有与之相适应的文化,比如美国有其特有的文化,中国也有自身特有的文化。文化作为一种社会氛围和意识形态,无时无刻不在影响着人们的思想和行为。消费者所处的文化背景,早已被证明了对其需要和购买行为有很大的影响。文化对于购买行为的影响主要有四

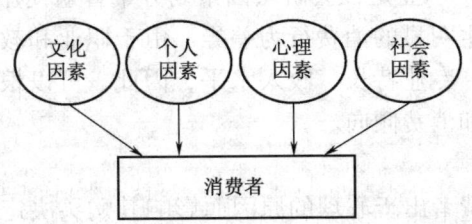

图3-2　影响消费者行为的主要因素

个方面的特征：习惯性、学习性与共有性、传统性、区域性与相对稳定性。

2. 社会因素

社会因素包括相关群体因素和家庭因素。企业在进行营销策划时应考虑这些对消费者有深刻影响的因素。市场营销研究的相关群体是指购买者的社会关系。消费者总是生活在一定的社会群体之中，其思想和行为不可避免地要受到周围其他人的影响。从主动的意义上讲，人们会经常向周围的人征询决策的参考意见；从被动的意义上讲，人们所处的特定社会群体的行为方式会不知不觉地对其产生引导和同化作用。

在现实生活中，家庭是社会最基本的组织细胞，也是最典型的消费单位，许多商品种类都是以家庭为"购买单位"的。因此，家庭作为一个主要的相关群体，对消费者购买行为的影响至关重要。家庭对购买行为的影响主要取决于家庭的规模、生命周期、购买决策等方面。不同的家庭成员对购买商品的实际影响力是有差异的，因此，企业需要研究不同的家庭特点，了解家庭各成员对购买决策影响力的差异。为了研究这种差异，市场营销学研究者从各个不同的侧面来展开，得到了许多不同的观点。在家庭的类型上，根据"家庭权威中心"的差异，社会学家们把现实社会中的家庭分为四种不同的类型："各自做主型"、"丈夫支配型"、"妻子支配型"、"调和型"。

3. 个人因素

（1）年龄与性别　年龄与性别因素具有较大的共性特征，是消费者最为基本的个人因素。如少年儿童具有较强的好奇心，购买目标明确、购买迅速；青年人追求时尚，喜欢突出个性，对新产品、新样式感兴趣，肯付高价购买名牌，注重感情消费；中年顾客注重传统，创新性小，购买商品实用性强；老年人一般比较稳健，不会轻易冲动，比较保守，往往习惯购买较成熟的产品。男女之间在购买内容和购买方式上的差异也特别明显。例如，女性购买商品时重视外观，具有较强的情感色彩，注重商品的实用性和具体利益，购买时一般比男性挑剔细心，选择性强。而大多数男士则嫌麻烦，不挑不选，买了就走。了解不同年龄层次和不同性别消费者的购买行为特征，才能对于不同的商品和顾客制定准确的营销方案。

（2）职业与教育　职业是社会阶层因素划分中普遍使用的一个变量，受过不同程度教育的人会产生明显的消费行为差异。由于职业和教育在一定程度上反映出一个人的知识层次、专业特长、收入水平，因此，可以根据所从事的职业大体确定人们的生活方式和消费倾向。

4. 心理因素

心理因素是指消费者出于心理的原因而影响其购买决定及购买行为的诸多因素。具体包括以下几个方面：

（1）消费者个性　个性是指对人们的行为方式稳定持久地发挥作用的个人素质特征。人的个性在不同场合通过自己的行为表现出来，因此，它是消费者行为研究的重要内容。消费者的个性可以从能力、气质、性格三方面分析。

（2）感知觉　感知觉是影响个人购买行为的另一个重要的心理因素。感知是人们的一种基本心理现象，是人们对外界刺激产生反应的首要过程。感知是人对客观事物个别属性的反应。如苹果有漂亮的颜色、醉人的香气、香甜的滋味、圆润的外形等，这是作用于人的五官产生的感知。人们不会去注意没有感知的事物，更不可能去购买没有感知的商品。只有觉察和注意到某一商品存在，并与自身需要相联系，购买决策才有可能产生。

（3）动机　动机是为了使个人需要满足的一种驱动和冲动。消费者购买动机是指消费者为了满足某种需要，而产生购买商品的欲望和意念。需要引起动机。

（三）购买行为类型

根据消费者的购买计入程度和产品品牌差异度划分的购买类型见表3-1。

表3-1　　　　　　　　购买行为的四种类型

品牌差异度	购买介入程度	
	高	低
大	复杂的购买行为	多样性的购买行为
小	减少失调感的购买行为	习惯性购买行为

1. 复杂的购买行为

如果医药消费者属于高度介入，并且了解现有各医药产品的品牌、质量、品种和规格之间具有显著差异，则会产生复杂的购买行为。复杂的购买行为是指医药消费者购买过程完整，要经历大量的信息收集、全面的药品评估、慎重的购买决策和认真的购后评价等各个阶段。

2. 减少失调感的购买行为

如果医药消费者属于高度介入，但是并不认为各品牌之间有显著差异，则会产生减少失调感的购买行为。减少失调感的购买行为是指消费者并不广泛收集产品信息，并不精心挑选品牌，购买过程迅速而简单，但是在购买以后会认为自己所买药品具有某些缺陷或其他同类药品有更好的效果而产生失调感,怀疑原先购买决策的正确性。

对于这类购买行为,营销者要提供完善的售后服务,通过各种途径经常提供有利于本企业和产品的信息,使顾客相信自己的购买决定是正确的。

3. 多样性的购买行为

如果医药消费者属于低度介入并了解现有各医药产品品牌和品种之间具有显著差异,则会产生多样性的购买行为。

4. 习惯性的购买行为

如果医药消费者属于低度介入并认为各品牌之间没有什么显著差异,就会产生习惯性购买行为。习惯性购买行为是指医药消费者并未深入收集信息和评估品牌,没有经过信念——→态度——→行为的过程,只是习惯于购买自己熟悉的品牌,在购买后可能评价也可能不评价产品。

对习惯性购买行为的主要营销策略是:利用价格与销售促进吸引医生试用;开展大量重复性广告加深医药消费者印象;增加购买介入程度和品牌差异。

(四)购买决策过程分析

消费者购买决策是指消费者谨慎地评价某一产品、品牌或服务的属性并进行选择、购买能满足某一特定需要的产品的过程。

消费者购买决策过程可以分为五个阶段,即确认需求、收集信息、判定选择、决定购买和购后评价,如图3-3所示。

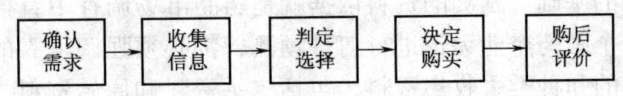

图3-3 消费者购买决策过程

1. 确认需求

消费者首先要认识到有待满足的需求,如身体有了疾病,才能产生购买药物的动机。

2. 收集信息

当医药消费者进行经常性购买时,其需求能很快得到满足。但如果是因突发性需要而购买药品,由于消费者不具备相应的专业知识,不能完全自我做出用药的判断,这时消费者常见的做法是去医院、诊所或者零售药店,由医生或专业药师提供有关的药品信息。医药企业营销人员最重要的工作之一是要根据药品种类研究消费者的行为以及影响消费者选择的各种信息来源。

3. 判定选择

医药消费者需对已经获得的药品信息进行比较、评价、判断和选择后,才能最后做出购买什么(品牌)、购买多少(数量)的决定。

4. 决定购买

医药消费者经过上述几方面的权衡比较后，才能最后做出购买决定并发生购买行为。购买决定的确定和购买行为的最后发生，除了消费者自己的判断选择外，还受如他人态度、风险因素等其他因素的影响。

5. 购后评价

市场营销学非常重视消费者的购后感觉与再购行为之间的关系，因为消费者的购后评价具有巨大的"反馈"作用，关系到这个产品在市场上的命运。西方许多企业信奉一句名言"最好的广告是满意的顾客"。判断消费者的购后行为有预期满意、认识差距和实际差距三种理论。

四、市场预测执行步骤

（一）明确预测目标

预测工作的第一个程序是明确预测目标，即预测什么，通过预测要解决什么问题，进而明确规定预测目标、预测期限和预测目标的数量单位。预测目标要避免空泛，要明确具体，如确定对某一种药品或几种药品销售量的预测，期限是短期，还是中、长期预测。预测目标不同，所需要的资料和采用的方法也会不同。预测目标选准确了，才能提高预测效果。

（二）收集和整理资料

资料是预测的基础。预测的资料依据就是药品市场调查中直接情报信息和间接情报信息。一个医药企业无论进行何种预测，都必须强调可靠的数据资料。应该根据预测的目的和种类去收集资料，包括二手资料和原始资料、数据资料、文字资料等。对所收集到的资料要进行认真的整理和审核，对不完整的和不适用的资料要进行必要的调整，从而保证资料的准确性、系统性、完整性和可比性。此外，对经过整理和审核的资料还要进行初步分析，观察资料结构的性质和各种市场因素间的相互依存关系，如药品价格变动和广告宣传对市场需求的影响等，作为选择适当的预测方法和模型的依据。

（三）选择预测方法和模型

在预测时，应根据预测目标和占有的信息资料，选择适当的预测方法和预测模型。预测方法不同，预测结果也就不一样。预测方法和预测模型的选择，还要考虑预测费用的多少和对预测精度的要求。按照选定的预测方法所得出的预测结果，一定要尽量接近于客观事物的实际情况。有时还可以把几种预测方法结合起来使用，互相验证和综合分析预测结果。一般来说，对定性预测，可以建立逻辑思维模型；对定量预测，可以建立数学模型。然后选择适当的预测方法进行预测模型计算和估计。市场预测的方法很多，一些复杂的方法涉及许多专门的技术。对于企业营销管理人员来说，应该了解和掌握的企业预测方法主要有以下几种。

1. 定性预测法

定性预测法，也称为直观判断法，是市场预测中经常使用的方法。定性预测主要是依靠预测人员所掌握的信息、经验和综合判断能力，来预测市场未来的状况和发展趋势。这类预测方法简单易行，特别适用于那些难以获取全面的资料进行统计分析的问题。因此，定性预测法在市场预测中得到广泛的应用。定性预测法包括：个人经验判断法、集体经验判断法、专家调查法（又称德尔菲法）。

（1）个人经验判断法　个人经验判断法是指预测者依据个人的经验和知识，通过对影响市场变化的各种因素进行分析、判断和推理来预测市场的发展趋势。在预测者经验丰富、已有资料详尽和准确的前提下，采用这一方法，往往能做出准确的预测。

（2）集体经验判断法　集体经验判断法是指预测人员邀请生产、财务、市场销售等各部门负责人进行集体讨论，广泛交换意见，再做出预测的方法。由于预测参加者分属于各个不同的部门和环节，做出的预测往往较为准确和全面。这种预测方法也较为简单可行，常用于产品市场需求和销售额的预测。

（3）专家调查法　专家调查法是由美国兰德公司开发出来的，被广泛运用于军事、经济和商情预测。德尔菲法最早出现于20世纪50年代末，是当时美国为了预测在其"遭受原子弹轰炸后，可能出现的结果"而发明的一种方法。1964年，美国兰德公司的赫尔默和戈登发表了"长远预测研究报告"，首次将德尔菲法用于技术预测中。后来，它在美国和世界许多国家被广泛应用。除科技领域之外，它还几乎可以用于任何领域的预测，如军事预测、人口预测、医疗保健预测、经营和需求预测、教育预测等。此外，还用来进行各种评价、决策和长远规划工作。

2. 定量预测法

定量预测法是利用比较完备的历史资料，运用数学模型和计量方法，来预测未来的市场需求。定量预测法有简单平均法、加权平均法、平滑预测法、一元回归预测法。

（1）简单平均法　简单平均法是通过计算预测目标在各个时期的实际平均数，作为下期预测值的方法。其计算公式如下：

$$y_t = \bar{x} = \frac{x_1 + x_2 + \cdots + x_{n-1} + x_n}{n} = \frac{\sum_{i=1}^{n} x_i}{n}$$

式中　y_t——第 t 期预测值

　　　$\bar{x}$——算术平均值

　　　n——资料期数

（2）加权平均数　加权平均数法是根据不同时期的实际值对预测值影响程度的差异，分别给予不同的权数（一般的，近期实际数据的权数大些，远期实际数据的权数小些），再进行加权平均，所得的加权平均数作为下一期的预测值的方

法。加权平均法计算公式如下:

$$y_t = \frac{\sum_{i=1}^{n} x_i f_i}{\sum_{i=1}^{n} f_i}$$

式中 　y_t——第 t 期预测值

　　　x_i——第 i 期的销售量

　　　f_i——相对应的权数

(3) 平滑预测法　平滑预测法是一种特殊的加权平均法,采用指数加权的方法进行预测,所取得的指数又称为"平滑系数"。对于市场营销额的短期预测,可以使用平滑预测法中的时间序列预测法。采用这种方法,只需要三种信息:本期实际销售额(y_t)、本期平滑销售额(y_{t-1})和平滑常数(α)。下期销售额(y_{t+1})预测的计算公式:

$$y_{t+1} = \alpha y_t + (1-\alpha) y_{t-1}$$

式中　y_{t+1}——下期预测销售额

　　　α——平滑常数($0 \leq \alpha \leq 1$)

　　　y_t——t 期销售额

　　　y_{t-1}——$t-1$ 期平滑销售额

(4) 一元回归预测法　一元回归预测法,是一种简单的回归预测法,用以分析一个自变量与一个应变量之间的关系。其回归方程:

$$y_t = a + bx$$

式中　y_t——预测值

　　　a、b——回归系数

　　　x——影响因素

$$a = \bar{y} - b\bar{x} \qquad b = \frac{n\sum_{i=1}^{n} x_i y_i - \sum_{i=1}^{n} x_i y_i}{n\sum_{i=1}^{n} x_i^2 - (\sum_{i=1}^{n} x_i)^2}$$

$$\bar{y} = \frac{\sum_{i=1}^{n} y_i}{n} \qquad \bar{x} = \frac{\sum_{i=1}^{n} x_i}{n}$$

计算方法通常是根据历史资料,通过列表求出相关数据,先解出 a、b 参数值,然后代入回归方程求得预测值。

(四) 预测分析和修正

由于市场的发展变化受多种因素影响,通过预测模型预测的结果往往与实际情况有出入,不能直接运用。预测结果的误差越大,准确性越小。误差过大,预测结果就会失去实用价值。所以必须事先进行分析评价,把误差控制在最小可能限度内。分析评价时要充分考虑到企业内部、外部的影响因素,分析其对未来发展的影响，并找出出现误差的原因。

无论是定性预测的逻辑思维模型，还是定量预测的数学模型，都是在一定假设性条件下（假设未来类似于过去）进行的，因此，预测得出的数量模型不可能完全准确全面。所以，在进行分析评价之后，要将未考虑到的因素的影响范围和影响程度以及误差原因等做综合分析，以修正调整预测模型得出的预测数量，得出较准确、较完善的预测结果。

（五）编写预测报告

预测报告应该概括预测研究的主要活动过程，包括预测目标、预测对象及有关因素的分析结论、主要资料和数据，预测方法的选择和模型的建立，以及对预测结论的评估、分析和修正等。

单元3 药品市场细分与市场定位

一、药品市场细分

市场细分是20世纪50年代中期美国市场营销学家温德尔·史密斯（Wendell R. Smith）在总结企业市场营销的实践经验基础上首次提出的。因此，它的产生与发展，从一开始就具有很强的实践性，并非纯粹的理论概念。市场细分又称市场细分化、市场分割、市场面划分或市场区隔，它是指营销者通过市场调研，依据消费者（包括生活消费者、生产消费者）的需要与欲望、购买行为和购买习惯等方面的明显差异性，把某一产品的整体市场划分为若干个消费者群（买主群）的市场分类过程。

（一）药品市场细分的概念及理论基础

1. 药品市场细分的概念

所谓医药市场细分就是指按照消费者对医药产品的需求、购买行为、习惯等的差异性，把一个总体市场划分成若干个具有共同特征的子市场的过程。分属于同一医药产品细分市场的消费者，他们的需要和欲望极为相似；分属于不同细分市场的消费者，对同一产品的需要和欲望存在着明显的差别。

2. 药品市场细分的理论基础

消费者需求的差异性是医药市场细分的前提条件，也就是异质市场的存在。细分市场不是根据药品品种、系列来进行的，而是从消费者的角度进行划分的。从需求的角度可以将产品市场分为同质市场和异质市场。同质市场是指消费者或用户对某一产品的需求、欲望、购买行为以及对企业营销策略的反应等方面具有基本相同或极为相似的一致性，如药品中某些原料药市场就属于这一类。只有极小部分产品（主要是初级产品）的市场属于同质市场，显然，同质市场无需细分。但是，绝大多数产品的市场都是异质市场，即消费者或用户对某类产品的质量、特性、规格、档次、花色、款式、结构、价格、包装等方面的需要与欲望是有差异的，或者在购买行为、购买习惯等方面存在着差异性，且不易改变。如医药市场中，有的消费者习惯用西药，有的较依赖中药。也正是消费者需求的差异性才使医药市场细分具有可能性和必要性。同质市场与异质市场不是绝对的和一成不变的，随着科技的进步、社会消费水平的提高以及价值观念的改变，一些同质化的产品也在向异质化产品转化。

市场细分并不意味着把一个整体市场加以分解。实际上，细分市场不仅是一个分解的过程，也是一个聚集的过程。所谓聚集的过程，就是把对某种产品特点最易做出反应的消费者集合成群。这种聚集过程可以依据多种标准连续进行，直到寻找出其规模足以实现企业利润目标的某一个顾客群。

（二）市场细分的依据和细分层次

消费者需求的差异性是市场细分的基础。消费者的生理特征、健康意识、医药知识、社会经济地位、心理性格都各不相同，他们对产品的信赖、品牌偏好、追求的利益、广告感受度、价格的承受能力和对销售渠道的信任程度也各不相同，因而消费需求存在很大的差异。药品市场的主要变量可归结为四大类：地理、人口、心理和行为变量。

1. 地理因素细分

地理因素细分（表3-2）是指企业根据消费者所在的地理位置、地形、气候等变数来细分市场，然后选择其中一个或几个子市场作为目标。地理细分往往是进行市场细分的第一步。地理细分的主要理论根据是：处在不同地理位置的消费者，他们对企业的产品各有不同的需要和偏好，他们对企业所采取的市场营销战略，对企业的产品价格、分销渠道、广告宣传等市场营销措施也各有不同的反应。

表3-2　　　　　　　　市场细分中的地理因素分析表

地理因素	细分变数	地理因素	细分变数
国界	国内、国际（具体分不同国家）	农村	近郊、远郊、边远地区
地区	东部、西部、南部、北部等	地形	平原、高原、山地、盆地等
政区	省、市、地、县等所属地区	气候	热带、亚热带、温带、寒带等
城市	大城市、中等城市、小城市		

2. 人口因素细分

人口因素细分（表3-3）是指企业按照"人口变数"（如年龄、性别、家庭人数、家庭生命周期、收入、职业、教育、宗教、种族、国籍等）来细分消费者市场。人口细分很久以来一直是细分消费者市场的重要变数。这是因为消费者的欲望、偏好和使用率往往和人口变数有因果关系，而人口变数比其他变数更容易测得消费者的欲望和需要。

表3-3　　　　　　　　市场细分中的人口因素分析表

人口因素	细分变数	人口因素	细分变数
人口数	一个国家或地区的人口数量	收入	高收入、中收入、低收入
年龄	儿童、青少年、成年、老年	文化教育	小学、中学、大学
性别	男、女	民族	主要民族、少数民族
职业	学生、干部、工人、农民等		

3. 心理因素细分

消费者的欲望、需要和购买行为不仅受人口变数影响，而且受心理变数影响。所谓心理因素细分（表3-4），就是按照消费者的生活方式、个性等心理变数来细分消费者市场。

表3-4　　　　　　　　市场细分中的心理因素分析表

心理因素	细分变数	心理因素	细分变数
购买类型	保守型、自主型、依赖型	生活方式	时尚、艰苦、朴实
购买习惯	经常、偶尔、尝试	利益追求	经济、便利、声望、新颖

4. 行为因素细分

行为因素细分（表3-5）就是企业按照消费者购买或使用某种产品的时机、消费者所追求的利益、使用者情况、消费者对某种产品的使用率、消费者对品牌（或商店）的忠诚程度、消费者待购阶段和消费者对产品的态度等行为变数来细分消费者市场。

表3-5　　　　　　　　市场细分中的行为因素分析表

行为因素	细分变数	行为因素	细分变数
购买动机	治疗、滋补、馈赠	购买状态	大量购买、批量购买、零星购买
购买频率	经常购买、定期购买、偶尔购买	敏感性	不受影响、轻微影响、反应强烈

（三）市场细分的标准和步骤

1. 市场细分的标准

要使市场细分对企业有用，其结果通常需要做四个步骤（MASA）的检验，来判定它们对于企业营销策略的实际意义。

（1）可测量性（measurability）　　指细分市场的规模及其购买力的可衡量程度。

（2）可到达性（accessibility） 指能有效接触到细分市场的程度。
（3）足量性（substantiality） 指细分市场的容量够大或其获利性够高，达到值得公司去开发的程度，所选定的市场规模达到足以使企业有利可图的程度。
（4）可操作性（actionability） 指拟订有效营销方案来吸引和服务细分市场的程度。

总之，细分消费者市场是一个以调查研究为基础的分析过程。

2. 市场细分的步骤

第一步：确定药品市场范围。公司应明确自己在某行业中的产品市场范围，并以此作为制订市场开拓战略的依据。

第二步：药品市场需求调查。企业可以从地理、人口、心理等方面列出影响产品市场需求和顾客购买行为的因素进行市场调研；依据具体的市场状况选择合适的市场细分标准。

第三步：潜在客户需求分析。依据第二步的分析结果，企业对影响客户需求的各项因素进行分析评价，明确客户需求的异同，确定市场细分的标准。

第四步：药品市场细分。企业已知客户的共同需要，选择合适的市场细分方法，进行有效的市场细分。下面介绍几种市场细分的方法。

（1）单一变量细分法 就是根据影响消费者需求的某一个重要因素进行市场细分。如根据年龄这一变量可以将感冒药市场分为成人与儿童两个市场，护彤就是专门针对儿童感冒药市场的。早期的红桃 K 根据地域将补血产品市场分为农村市场和城市市场，并专门针对农村市场。

（2）多个变量综合细分法 就是根据影响消费者需求的两种或两种以上的因素进行市场细分。比如，针对高血压药物市场，可按年龄及病情程度将市场细分为青年患者的轻、中、重度高血压，中年患者的轻、中、重度高血压，老年患者的轻、中、重度高血压 9 个细分市场。

采用多个变量综合细分法，当使用的变量增加时，细分市场的数量会按几何级数增加，这会给细分市场的选择带来困难，同时也不必要，因此很多企业采用了系列变量细分法。

（3）系列变量细分法 就是根据企业经营的特点并按照影响消费者需求的诸因素，由粗到细地进行市场细分。这种方法可使目标市场更加明确而具体，有利于企业更好地制订相应的市场营销策略。我们以某一减肥药的市场细分为例，如图 3-4 所示。

地区	性别	收入	年龄
城市	男	高收入	儿童
郊区	女	中等收入	青年
农村		低收入	中年

图 3-4 系列变量细分法

二、目标市场的确定

（一）目标市场的概念

目标市场选择与市场细分有着密切联系。市场细分是按不同的购买欲望和需求划分消费者群的过程；目标市场选择则是根据自身条件和特点确定某一个或几个细分市场作为营销对象的过程。由此可见，市场细分是目标市场选择的前提和条件；而目标市场选择则是市场细分的基本目的。

药品目标市场是医药企业为满足现实或潜在的消费需求而开拓的特定市场。目标市场是在市场细分和确定企业机会的基础上形成的，企业通过市场细分，可以发现不同需求的消费者群，发现未得到满足的需求市场。这种"未满足的需求"就是市场机会。

（二）评估目标市场的因素

企业在评估各种不同的细分市场时，主要考虑三个因素：细分市场的规模和增长程度、细分市场结构的吸引力、企业的目标和资源。

1. 细分市场的规模和增长程度

首先收集、分析各类细分市场的现行销售量、增长率和预期利润率，而公司要提出的第一个问题是：潜在的细分市场是否具有适度规模和发展特征。"适度规模"是个相对的概念。大公司都重视销售量大的细分市场，往往忽视销售量小的细分市场，或者避免与之联系，认为不值得为之苦心经营；同时，小公司也避免进入大的细分市场，因为细分市场过大则所需投入的资源太多，并且对大公司的吸引力也过于强烈。

并不是对每一个企业来说，最大和增长最快的细分市场便最具吸引力，因为这些市场里竞争太激烈，例如感冒药市场，目前市场上销售的感冒药有50多种，加上同药异名和各种不同的剂型共有100多种，选择意向趋于同化的态势也相当明显，尤其是"快克"、"新康泰克"、"白加黑"这三个产品，选择率近70%，竞争对手会迅速抢占正在发展的细分市场，使本公司利润减少。

2. 细分市场结构的吸引力

细分市场可能具备理想的规模和发展特征，然而从盈利的观点来看，它未必有吸引力。下面5个群体决定着整个市场或其中任何一个细分市场的长期的内在吸引力，可以以之对长期盈利的影响做出评估。这5个群体是：同行业竞争者、潜在的新参加的竞争者、替代产品、购买者和供应商。

（1）细分市场内激烈竞争的威胁　如果某个细分市场已经有了为数众多的、强大的或者竞争意识强烈的竞争者，该细分市场就推动吸引力。如果出现下列情况：该细分市场处于稳定或者萎缩的状态；生产能力不断大幅度扩大；固定成本过高；撤出市场的壁垒过高；竞争者投资很大，那么想要坚守这个细分市场，情况就会很糟。这些情况常常会导致价格战、广告争夺战、不断推出新产品，因此公司要参与竞争就必须付出高昂的代价。

（2）新参加的竞争者的威胁　如果某个细分市场可能吸引新的竞争者，他们会增加新的生产能力和大量资源，并争夺市场占有率，使这个细分市场就没有吸引力了。关键的问题在于新的竞争者能否轻易地进入这个细分市场。如果新的竞争者进入这个细分市场时遇到森严的壁垒，并且遭受到细分市场内原来公司的强烈抵制，他们便很难进入。保护细分市场的壁垒越低，原来占领细分市场的公司的抵制心理越弱，这个细分市场就越缺乏吸引力。

某个细分市场的吸引力的大小因其进退难易的程度不同而有所区别。根据行业利润的观点，最有吸引力的细分市场应该是进入的壁垒高、退出的壁垒低（图3-5）的市场。在这样的细分市场里，新的公司很难打入，但经营不善的公司可以安然撤退。如果细分市场进入和退出较难，则必须坚持到底。如果细分市场进入和退出的壁垒都较低，公司便可以进退自如，然而获得的报酬虽然稳定，但较为低下。最坏的情况是进入细分市场的壁垒较低，而退出的壁垒却很高。于是在经济景气时，大家蜂拥而入，但在经济萧条时，却很难退出。其结果是各公司长期生产能力过剩，收入降低。

退出的壁垒	进入的壁垒	
	高	低
高	报酬高但有风险	报酬低而有风险
低	报酬高而稳定	报酬低但稳定

图3-5　壁垒与利润率

（3）替代产品的威胁　如果某个细分市场现已存在着替代产品或者有潜在的替代产品，该细分市场就失去吸引力。替代产品会限制细分市场内价格和利润的增长。公司应密切注意替代产品的价格趋向。如果在这些替代产品行业中技术有所发展，或者竞争日趋激烈，这个细分市场的价格和利润可能会下降。例如我国对羟柔红霉素（阿霉素）、丝裂霉素、柔红霉素、他莫昔芬以及紫杉醇类制剂的进口额较大。目前我国已有一些企业在生产上述5种药物，且产品在生产工艺和质量上与国外产品相差无几，完全可以替代进口产品，上述5种药品的价格已经下降。

（4）购买者议价能力加强构成的威胁　如果某个细分市场中购买者的议价能力很强或正在加强，该细分市场就没有吸引力。购买者会设法压低价格，对产品质量和服务提出更高的要求，并且使竞争者互相竞争，所有这些都会使销售商的利润受到损失。如果购买者比较集中或者有组织，或者该产品在购买者的成本中占较大比重，或者产品无法实行差别化，或者顾客的转换成本较低，或者由于购买者的利益较低而对价格敏感，或者顾客能够向后实行联合，购买者的议价能力就会加强。销售商为了保护自己的利益,可选择议价能力最弱或者转换销售商能力最弱的购买者。较好的防卫方法是提供顾客无法拒绝的优质产品供应市场。例如,西安杨森连续4年被评为"中国最强合资企业"之一,并两度摘取第一名桂冠。西安杨森生产和销售包括处方药和非处方药在内的30多种产品。其中治疗风湿免疫疾病和克罗恩病的类克、治疗多发性骨髓瘤的万珂、治疗系统性真菌感染的斯皮仁诺、镇痛药多瑞吉、抗精神障碍药物恒德、维思通等,均是世界医药领域具有划时代意义的重大研究成果。

(5) 供应商议价能力加强构成的威胁　如果公司的供应商(原材料和设备供应商、公用事业、银行、工会等)能够提价或者降低产品和服务的质量,或限制供应数量,该公司所在的细分市场就没有吸引力。如果供应商集中或有组织,或者替代产品少,或者供应的产品是重要的投入要素,或转换成本高,或者供应商可以向前实行联合,供应商的议价能力就较强大。最佳防卫方法是与供应商建立良好关系和开拓多种供应渠道。例如,青霉素工业盐作为许多抗生素药的原料药,华药、石药、哈药和鲁抗曾被称为国内青霉素工业盐的"四大巨头"。在华药和鲁抗逐渐淡出之后,青霉素工业盐市场将呈现出石药、联邦、华星和哈药"四大天王"。原料药价格的上涨会直接导致与其相关的药物的价格上涨。

3. 企业的目标和资源

即使某个细分市场具有合适的规模和增长速度,也具备结构性吸引力,企业仍需将本身的目标和资源与其所在的细分市场的情况结合在一起,考虑企业进入的目标市场是否有一定的规模和发展潜力;企业是否具有占领该市场所必需的技能和资源;企业的资源条件是否适合在某一细分市场经营;所必需的力量是否超过竞争者;企业进入某一市场是否有利可图;是否符合企业的长远目标。如果这些细分市场会分散企业的注意力和精力,使企业无法实现主要目标,那么企业不得不放弃。而从环境、政治或社会责任的角度考虑,社会责任营销所要求的市场细分和目标化,不仅要服务于企业的利益,而且要服务于目标市场的利益。

(三) 目标市场的选择模式

公司在对不同细分市场评估后,就必须对进入哪些市场和为多少个细分市场服务做出决策。公司可考虑可能的目标市场模式,一共可以采取五种模式(图3-6)。

1. 密集单一型市场

密集单一型市场是指用单一的产品占领一个细分市场,企业的产品和服务对象都集中于一个细分市场。这种模式可以使企业更了解该细分市场的需要,进行专业化的市场营销,同时竞争者通常较少。但这种模式的风险较大,一旦这一细分市场不景气或有强大的竞争者出现,都会使公司陷入困境。由于这些原因,许多公司宁愿在若干个细分市场分散营销。

2. 产品专门化

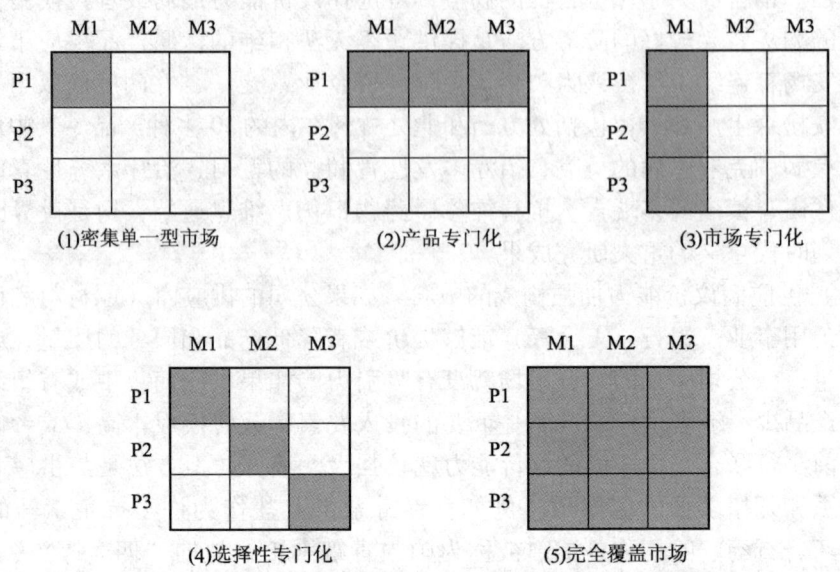

图 3-6 五种目标市场选择模式

产品专门化是指企业集中生产一种产品，并向各类顾客销售这种产品。采用这种模式的企业通常使用相似的产品，不同的品牌。这种模式有利于企业在某类产品方面树立良好的形象。但同样也存在潜在的风险，当同类产品中出现全新的替代产品时，企业会面临巨大的冲击。

3. 市场专门化

企业生产不同的产品满足特定顾客群体的需要，即面对同一市场生产不同的产品。采用这种模式，企业专门为特定的顾客群体服务，可与这一群体建立长期稳定的关系，并树立良好的形象。

4. 选择性专门化

企业在市场细分的基础上，选择进入若干细分市场，针对每个不同的细分市场提供不同的产品与服务。通常企业所选择的这些细分市场之间很少存在联系。用这种模式可以分摊企业的风险，一个细分市场的失败也不会影响企业的整体利益，但要求企业有较强的资源及营销能力。在采用这种模式时应避免贪多的毛病，不是选择目标市场越多越好，因为这样会分散公司的资源。它们的共同特点应是有吸引力并符合公司的要求。

5. 完全覆盖市场

完全覆盖市场是指企业用各种产品满足各种顾客群体的需求，也就是说企业所面对的是一个整体市场。既可以采用差异化营销，也可以采用无差异营销来达到这一目标。只有大公司才能采用这种模式。例如国际商用机器公司（计算机市场）、通用汽车公司（汽车市场）和可口可乐公司（饮料市场）。

（四）目标市场营销策略

企业选择进入目标市场的模式不同，目标市场的确定范围不同，所采用的营销策略也就不同。企业可供选择的目标市场策略有 3 种（图 3-7）：无差异营销策略、差异化营销策略和集中性营销策略。

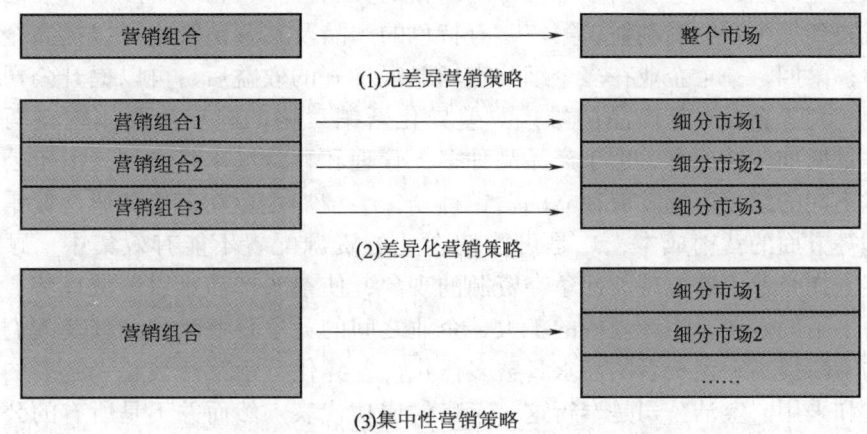

图 3-7　企业进入目标市场的三种策略

1. 无差异营销策略

无差异营销策略是指企业把一个产品的整体市场看作是目标市场，只向市场推出单一产品，采用一种市场营销组合。无差异营销策略的主要优点是其成本的经济性。以单一品种满足整体市场，生产批量较大，可以实现规模生产，降低单位产品的生产成本；单一品种可以减少储存量，节约存货成本；单一的促销方案可以节省促销费用；单一的渠道可以节省渠道成本；不进行市场细分还可以减少市场调研、新产品研制、制订市场营销组合策略的人、财、物等方面的投入。其次，无差异营销策略可以在消费者中建立起超级品牌的印象。无差异营销策略的缺点也很明显。首先，随着经济的发展和消费者收入的提高，消费者需求的差异性日益明显，个性化需求时代已经到来，而无差异营销策略恰恰忽略了这种差异性；其次，如果同一市场中众多的企业采用这一策略，就会加剧整体市场的竞争，造成两败俱伤；再者，采用这一策略的企业反应能力和适应能力较差，当其他企业提供有特色、有针对性的产品时，企业容易在竞争中失利。无差异营销策略主要适用于具有广泛需求和大批量需求，公司也能够大量生产、大量销售的产品。药品中的原料药即具有这样的特点，可以采用这一策略。只有这样，无差异营销策略的优点即成本的经济性才能体现出来。

2. 差异化营销策略

差异化营销策略是指企业在市场细分的基础上，选择若干细分市场作为自己的目标市场，并针对每个细分市场生产不同的产品，采取不同的市场营销策略。

采用这种策略的企业一般都具有多品种、小批量、多规格、多渠道、多种价格和多种广告形式的营销组合等特点，以满足不同细分市场的需求。差异化营销策略的优点表现在以下几个方面。第一，有针对性的产品和市场营销组合可以更好地满足消费者的需求，同时有利于企业扩大销售总量，提高市场占有率；第二，可以降低企业的经营风险。由于细分市场的目的关联性不大，一个产品市场的失败不会威胁到整个企业的利益；第三，有特色的产品及其营销策略可以提高企业的竞争力；第四，一个企业在多个细分市场取得良好的效益后，可以提升公司的知名度，有利于企业对新产品的推广。差异化营销策略的缺点主要体现在两个方面：一是增加营销成本，由于产品品种多，管理和存货成本将增加；由于公司必须针对不同的细分市场发展独立的营销计划，会增加企业在市场调研、促销和渠道管理等方面的营销成本；二是可能使企业的资源配置不能有效集中，顾此失彼，甚至在企业内部出现彼此争夺资源的现象，使拳头产品难以形成优势。随着生产力水平的发展，生产规模的扩大，企业之间的竞争日益激烈，以及人们收入水平的不断提高，消费者的需求日益多样化，差异化营销策略被越来越多的企业所接受和采用。宝洁公司是奉行这一策略的成功代表。然而并不是所有的公司都适宜采用。采用这一策略的企业通常要求有较雄厚的人力、物力、财力资源，有较高的技术水平、设计能力及高水平的经营管理人员。

3. 集中性营销策略

集中性营销策略是指企业选择一个或少数几个细分市场作为目标市场，为该市场提供高度专业化的产品和营销。集中性营销策略与无差异营销策略的不同点在于：无差异营销策略是以整体市场为目标市场，而集中性营销策略不是面对整体市场，也不是把力量分散到广大市场上，而是集中企业的营销优势，把有限的资源集中在一个或少数几个细分市场上，实行专业化的生产和销售，以充分满足这些细分市场的需求。采用集中性营销策略的企业，其目的不是要追求在大市场上小的市场占有率，而是为了在一个小市场上取得较高的，甚至是支配地位的市场占有率。集中性营销策略的优点首先是可以集中企业的优势，充分利用有限的资源，占领那些被其他企业所忽略的市场，以避开激烈的市场竞争；其次，专业化的生产和销售可以使这一特定市场的需求得到最大限度的满足，并在特定的领域建立企业和产品的高知名度；再次，高度专业化满足了特定的需求，使这一市场的客户愿意付出溢价，保证了企业的利润水平。集中性营销策略的缺点体现在两个方面：一是市场区域相对较小，企业发展受到限制；二是潜伏着较大的经营风险，一但目标市场突然发生变化，如消费者趣味发生转移，或强大竞争对手的进入，或新的更有吸引力的替代品的出现，都可能使企业因没有回旋余地而陷入困境。

三、医药产品市场定位

（一）市场定位的概念与方法

1. 市场定位的概念

市场定位是整个市场营销的灵魂。市场定位是在 20 世纪 70 年代由美国营销学家艾·里斯和杰克·特劳特提出的，其含义是指企业根据竞争者现有产品在市场上所处的位置，针对顾客对该类产品某些特征或属性的重视程度，为本企业产品塑造与众不同的、给人印象鲜明的形象，并将这种形象生动地传递给顾客，从而使该产品在市场上确定适当的位置。

市场定位可分为对现有产品的再定位和对潜在产品的预定位。对现有产品的再定位可能导致产品名称、价格和包装的改变，但是这些外表变化的目的是为了保证产品在潜在消费者的心目中留下值得购买的形象。对潜在产品的预定位，要求营销者必须从零开始，使产品特色确实符合所选择的目标市场。公司在进行市场定位时，一方面要了解竞争对手的产品具有何种特色，另一方面要研究消费者对该产品的各种属性的重视程度，然后根据这两方面进行分析，再选定本公司产品的特色和独特形象。

2. 市场定位的方法

（1）使用者定位　通过使用者定位，要使客户群体有这样的印象：这种药品是专门为他们定制的，因而最能满足他们的需求。

（2）利益定位　任何消费者购买产品都不是购买产品本身，而是购买产品能为其带来的利益。购买药品所追求的核心利益是健康，但同时也有附加利益，如服用方便等。市场上的一些儿童降温脐贴采用的就是利益定位，它除了宣传其功能外，突出强调可以不打针，不吃药，方便儿童使用，为患者带来方便的利益。

（3）质量和价格定位　质量和价格一般是消费者最关注的两个因素，因此宣传高质低价是很多企业采用的方式。

（4）药品的类别定位　指根据药品的性能功效划归的类别，以突出自己鲜明的特点。如为突出治疗作用，一些药品突出宣传自己是"药品"，而不是"保健品"。也有某些本身是药品，但是更加侧重日常保健药品定位，如"逍遥丸"在很多女性心目中是必备的身体调理用药，而且具有一定的美容效果。

（5）药品的用途定位　指根据药品的适应证来突出自身的特色。以往我国的许多制药企业在宣传自己的产品时，总是以"包治百病"的面目出现，过度宣传会让患者有"包治百病并不能真正治病"的感觉。"新康泰克"的定位宣传为缓解流泪、流鼻涕、打喷嚏等三大感冒症状。

（6）竞争定位　将药品定位于与竞争者直接有关的属性或利益，暗示自己与竞争者的不同。患者和用药指导者所关注的属性往往不是单一的，因此很多企业将以上的多种因素结合起来，使患者觉得本企业的药品具有多重特性和多种功能。如"新盖中盖"的定位宣传"含钙量高（质量）；一天一片，方便（附加利益）；效果不错（核心利益）；还实惠（价格）。"

（二）市场定位的程序

市场定位的关键是企业要设法在自己的产品上找出比竞争者更具有竞争优势的特性。企业必须通过建立一整套独一无二的竞争优势来使自己不同于其他企业，从而充分吸引细分市场中的消费者。

竞争优势一般有两种基本类型：一是价格竞争优势，就是在同样的条件下比竞争者定出更低的价格，这就要求企业努力降低单位成本；二是偏好竞争优势，即能提供确定的特色来满足顾客的特定偏好，这就要求企业努力在产品特色上下工夫。因此，企业市场定位的全过程可以通过以下四大步骤来完成：

1. 分析目标市场的现状，确认本企业潜在的竞争优势

这一步的中心任务是要回答以下3个问题：一是竞争对手产品定位如何？二是目标市场上顾客欲望满足程度如何以及确实还需要什么？三是针对竞争者的市场定位和潜在顾客真正需要的利益要求企业应该能够做什么？要回答这三个问题，企业市场营销人员必须通过调研，系统地设计、搜索、分析并报告有关上述问题的资料和研究结果。

通过回答上述三个问题，企业就可以从中把握和确定自己的潜在竞争优势在哪里。

2. 准确选择竞争优势，对目标市场初步定位

竞争优势表明企业能够胜过竞争对手的能力。这种能力既可以是现有的，也可以是潜在的。选择竞争优势实际上就是一个企业与竞争者各方面实力相比较的过程。比较的指标应是一个完整的体系，只有这样，才能准确地选择相对竞争优势。通常的方法是分析、比较企业与竞争者在经营管理、技术开发、采购、生产、市场营销、财务和产品7个方面究竟哪些是强项，哪些是弱项，借此选出最适合本企业的优势项目，以初步确定企业在目标市场上所处的位置。

3. 显示独特的竞争优势

这一步的主要任务是企业要通过一系列的宣传促销活动，将其独特的竞争优势准确传达给潜在顾客，并在顾客心目中留下深刻印象。

企业标志是企业或品牌的最直接识别，设计的记号或标识语应能立即被人认出，标志必须通过对企业或品牌的个性做广告才能向外传播。广告可建立起一种故事情节、气氛或性能标准，使企业和品牌显得与众不同。此外，也可以通过活动塑造形象。

为此，企业首先应使目标顾客了解、知道、熟悉、认同、喜欢和偏爱本企业的市场定位，在顾客心目中建立与该定位相一致的形象。企业通过各种努力强化目标顾客形象，保持目标顾客的了解，稳定目标顾客的态度和加深目标顾客的感

情来巩固与市场相一致的形象。

但是并非每种差异都能成为很好的区别因素,因为每一种差异都有可能在给顾客带去利益的同时增加企业的成本和顾客的成本。一个差异是否值得建立应看它是否能够满足以下几条:

(1) 重要性——给顾客带来高价值;
(2) 专有性——竞争者无法提供或至少不能提供得更好;
(3) 优越性——该差异优越于其他可使顾客获得同样利益的办法;
(4) 感知性——该差异实实在在,可为顾客感知;
(5) 先占性——竞争者未考虑到或未开始实施;
(6) 可支付性——顾客有能力支付这一差异;
(7) 可盈利性——企业能从此差异中获利。

4. 传播和送达选定的市场定位

采取切实步骤把理想的市场定位传达给目标消费者,企业所有的营销组合必须支持这一市场定位战略,坚持一贯,不断强化消费者对自己定位的印象。建立或改变市场定位通常需要很长时间,但花费很长时间建立起来的市场地位却会很快丢失。因此,企业必须通过不断地表现和接触小心地保持这种地位。

(三) 市场定位策略

定位除了要树立自己的特色,还要考虑竞争对手的影响,确定自己在竞争中的地位。从这种意义上说,定位策略也是一种竞争策略。市场中的现有产品在顾客心中都有一个位置。竞争者一般采用的策略有以下几种。

1. 避强定位

避开强有力的竞争对手,将自己的产品定位于另一个市场,避开了强大的竞争对手,风险较小。如辉瑞公司的"万艾可(伟哥)"等产品占据了同类产品中主要的位置,其他竞争者很难与其并列竞争,类似产品一般选择不同渠道,或寻找不同的产品卖点。

2. 迎头定位

与市场上最强的竞争对手直面竞争,进入与其相同的市场。如脑白金与黄金搭档的定位。

3. 重新定位

企业调整原有的市场定位,进行二次定位。市场是不断变化的,产品定位的适时调整也是必须的,很多市场主导品牌都是在不断调整中取得市场份额的。

4. 共享定位

共享定位也称"高级俱乐部"战略。企业把自己划分到某"高级俱乐部",其含义是:俱乐部的成员都是最佳的,我也是最佳的。如宣称自己是"三大公司之一"。通常市场中最大的公司或品牌是不会提出这种概念的。

【情境实训】

实训6 定性预测方法——德尔菲法

一、实训目的

通过实训了解定性测试方法——德尔菲法,掌握定性预测方法的优点及其局限性。

二、实训要求

假如您是某地区医药集团总裁,现在就加入WTO对我国中药行业的发展前景做出预测,请采用专家小组调查意见法(德尔菲法),对我国的中药市场发展进行预测。

第一步:拟定意见征询表,拟定需要调查了解的问题。

第二步:选定征询对象。可在本学院张贴广告传单,或在大街上采用拦截法,选取对象;选取行业中有经验的专家;选取医药公司、企业名人、专家。

第三步:反复征询专家意见。

第四步:得出预测结论。

三、实训内容

背景资料:加入WTO,医药行业既面临着发展的机遇,也面临着严峻的挑战。从长远看,加入WTO,有利于我国医药管理体制与国际接轨,有利于医药新产品的研究与开发及知识产权保护,有利于获得我国医药发展所需的国际资源,有利于我国具有比较优势的化学原料药、中药、常规医疗器械产品进一步扩大国际市场份额,也有利于我国医药企业转换经营体制与体制创新,总之,有利于提高医药行业的整体素质和国际竞争力。

四、实训评估标准

总分10分,写出实训报告。在学校内以广告海报或当面征求小组成员,召开小组会议,选取几组中国驰名保健品的标志、产品包装、定价方式同时投影到屏幕上,让小组成员将某种品牌或产品采用联想法讲出他们的联想内容。激起他们的兴趣,讨论名牌效应。具体标准如下:

(1)每个人的发言(3分);

(2)小组成员的选取标准(2分);

(3)获得的信息的可行性(2分);

(4)专家的发言理解(2分);

(5)讨论结果的科学性(1分)。

实训7 医药市场预测的运用

一、实训目的

使学生具有医药商品市场调查、预测、决策及开拓的能力;具有依法营销的能力。

二、实训要求

请学生结合实际需要从实际中根据自己的市场调查与预测的基本理论知识的掌握程度,利用所学到社会上参加一次实践活动。

三、实训内容

背景资料:医药行业是我国国民经济的重要组成部分,是传统产业和现代产业相结合,第一、第二、第三产业为一体的产业。其主要门类包括:化学原料药及制剂、中药材、中药饮片、中成药、抗生素、生物制品、生化药品、放射性药品、医疗器械、卫生材料、制药机械、药用包装材料及医药行业。医药行业对于保护和增进人民健康、提高人民生活质量,为计划生育、救灾防疫、军需战备以及促进经济发展和社会进步均有十分重要的作用。

四、实训评估标准

写出具体实训报告,参加一次实际的市场调查,写出市场调查提纲,调查报告书,市场预测报告。

实训 8　讨论六味地黄丸市场开发的计划及报告

一、实训目的

(1) 调研六味地黄丸的市场分布及市场各品牌占有率。

(2) 制订六味地黄丸市场开发的计划报告。

二、实训要求

(1) 市场调研包括市场需求、市场竞争、企业发展方面、企业利益方面等。

(2) 市场开发计划要有构思来源、构思筛选、设计药品销售步骤及推广方法。

三、实训内容

医药界将中成药分为十大类,补益类为其中一类;而补益类又分为七个亚类(补血、补阳、阴阳双补、补肝肾、补气、补阴、气血双补七类),六味地黄丸为补阴类补益药物。由于中成药物种类繁多,因而统计数据往往难以详尽,流于表面化;所以,大类品种数据的真实性和可参考性则显得更具体、更全面,而从大类品种中撷取的产品品种数据从某种程度上也具有"窥一斑而知全豹"的作用。

六味地黄丸增长"一枝独秀":2006 年,是中国药品市场的"寒冷年",全年销售额增长率约为 19.41%,而六味地黄丸年增长率却高达近 100%,根据行业预测 2007 年六味地黄丸产品增长率依然会高于 50%,2007 年六味地黄丸市场销售额有望达到 35~40 亿元。

OTC 市场仍然是六味地黄丸产品销售的主战场:北京朝阳医院既是一家知名三甲医院,又是一家北京市下属的区级定点医疗服务机构,因此具有一定的代表性，从销售比例来看，六味地黄丸在临床上所占补益类销售额比例远低于OTC市场所占比例，见下图。

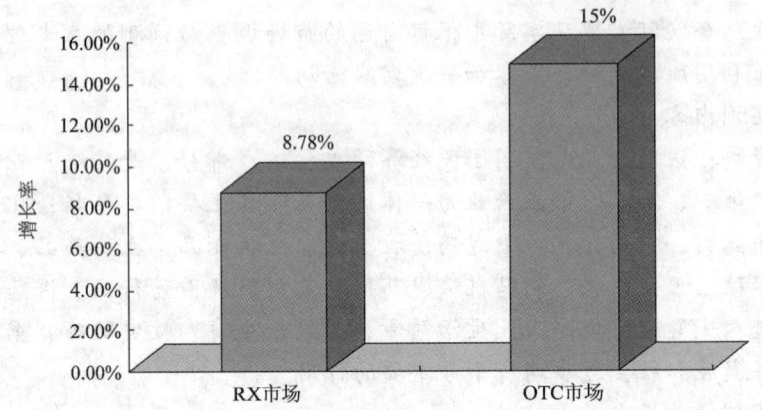

淡季不淡、旺季明显：在传统的保健意识中，有"夏不进补"一说，但随着大家对六味地黄丸产品特性的认识（具有"三补三泻"之功效），即使在二、三季度两个天气较热的季节，六味地黄丸所受的季节性影响并不大，基本上维持在一个平稳的水平线上，受影响较大的反而是一季度，因气候影响，呼吸系统疾病及感冒伤风发病率较高，对六味地黄丸市场份额有一定影响。

四、实训评估标准

制订合理的六味地黄丸市场开发的计划及报告，使之能适应药品市场的需求，能开发市场百分之三十以上。

【情境小结】

SWOT分析法，就是将与研究对象密切相关的竞争优势、竞争劣势、机会和威胁，通过调查罗列出来，并依照一定的次序按矩阵形式进行排列，然后运用系统分析的思想，把各种因素相互匹配起来加以分析，从中得出一系列相应的战略。运用SWOT分析法，需要掌握其基本规则、作用、要点分析、注意事项及运用步骤和方法。医药市场预测是在医药市场调查的基础上，运用科学的方法或技术，对影响医药市场供求变化的诸因素进行分析研究，对其未来一定时期内的发展趋势做出判断和推测，为医药企业的营销决策提供科学的依据。药品消费者市场分析的内容包括购买者与决策者是谁、为何购买、购买什么、何时购买、何处购买、消费者如何购买。消费者购买行为分析包括消费者行为模式特点、医药消费者行为影响因素、购买行为类型、购买决策过程分析。市场预测执行步骤为明确预测目标、收集和整理资料、选择预测方法和模型、预测分析和修正、编写预测报告。市场细分是按不同的购买欲望和需求划分消费者群的过程；目标市场选择则是根据自身条件和特点确定某一个或几个细分市场作为营销对象的过程。市场定位并不是指对一件产品本身做些什么，而是指在潜在消费者的心目中做些什么。

【情境测试】

1. 什么是 SWOT 分析法？
2. 什么是市场细分？
3. 企业为什么要对市场进行细分？
4. 何谓目标市场？目标市场战略有哪些？
5. 选择目标市场战略时要考虑哪些因素？
6. 试运用市场细分的原理和方法，对感冒药市场进行细分，并描述各子市场特点。
7. 如果你是某药品企业医药代表，请为其拟定一份市场定位计划。
8. 试述市场细分、目标市场与市场定位的关系。

情境四
药品市场渠道设计策略

【学习目标】

通过本情境的学习，让学生理解分销渠道的概念；了解分销渠道的基本类型与模式；掌握分销渠道的选择及影响分销渠道选择的因素；掌握分销渠道的基本策略、熟悉分销渠道系统的发展及渠道管理；了解发达国家及我国药品分销模式、特点及发展趋势；了解现代医药物流的特点与走势。

【技能目标】

能正确运用分销渠道模式的分析方法；能正确分析影响分销渠道模式的各种因素，并从中找到主要影响因素；能依据市场环境、企业及产品特点选择分销渠道和制定分销渠道策略。

【案例导入】

19世纪70年代，美国某企业开发出一种具有减肥效果的糖果——碧芝减肥糖，在美国本土畅销多年后，该企业决定将此糖果引入台湾市场。进入台湾后，他们根据美国的经验，将碧芝减肥糖放到商场、超市的食品柜台销售，因为台湾的消费者不理解有糖果味的食品也能减肥且该减肥糖的价格略高于普通糖果，因此销售情况非常不理想。该企业经过广泛的市场研究后，毅然决定将减肥糖放到药店去销售，结果销量开始增长，因为消费者认为药店就是卖药的，在药店销售的减肥糖肯定有明显的减肥效果。碧芝减肥糖通过药店树立了有减肥效果的产品形象之后，再将产品进入商场、超市售卖，结果销量出现大幅度增长，短短两个月时间，就完成了全年的销售任务。事后的调查显示，产品首先通过药店销售，使消费者认可了产品的减肥效果，接着进入超市、商场销售则给消费者物美价廉的感觉。

这个案例告诉我们，营销的成功不仅仅取决于合适的产品与价格，选择一个合适的地点即采用合适的分销渠道也将决定产品的成败。市场营销渠道决策是管理部门所面临的重大决策之一。一个企业的渠道决策直接影响到其他每一个营销决策。企业是否开发或获取某些新产品取决于这些产品和渠道成员能力的适合程度。

【课前思考题】

你了解和掌握关于药品营销的策略有哪些？结合所学简单加以说明。

单元1 ▶ 药品市场渠道设计概述

一、分销渠道概念及职能

（一）分销渠道概念

分销渠道是指产品由生产者向最终消费者或产业用户转移过程中取得产品所有权或帮助转移所有权的组织或个人。分销渠道往往不是单一的渠道，而是由若干相互补充、相互配合的渠道共同构成。其中"商流通道"和"物流通道"是两个最基本的要素。"商流通道"是各销售网点结合而形成的路线；"物流通道"是产品从生产领域进入消费领域所经过的途径和路线。在较为完善的市场条件下，商流和物流往往是分离的，除了最后的零售环节，商品的其他交易可以在物流之前通过合同形式进行，然后再将商品通过运输方式进入市场。我们可以说商流是物流的前提，物流是商流完成的保障。

生产企业是可以直接将产品销售给顾客的，可是为什么还有许多企业把销售工作交给中间商去做呢？事实上，生产者之所以这样做，是因为他们发现利用中间商能够获得更多的利益。中间商经过多年经营，有一套完整的销售网络，生产企业利用中间商的业务关系、销售经验、专业化程度和规模化经营能够很快将产品打入市场，取得大规模配销的经济效益。同时，由于中间商的介入，企业可以减少交易次数，节省销售费用，加速资金周转，从而大大提高了企业的营销效率。

（二）分销渠道的职能

分销渠道的职能在于它是连结生产者和消费者或用户的桥梁和纽带。企业使用分销渠道是因为在市场经济条件下，生产者和消费者或用户之间存在空间分离、时间分离、所有权分离、供需数量差异以及供需品种差异等方面的矛盾。分销渠道的主要职能有：

（1）调研　是指收集制订计划和进行交换所必需的信息。

（2）促销　是指进行关于所供产品的说服性沟通。

（3）接洽　是指寻找潜在购买者并进行有效的沟通。

（4）配合　是指所供产品符合购买者需要，包括制造、分等、装配、包装等活动。

（5）谈判　是指为了转移所供物货的所有权，而就其价格及有关条件达成最后协议。

（6）物流　是指从事产品的运输、储存、配送。

（7）融资　是指为补偿分销成本而取得并支付相关资金。

（8）风险承担　是指承担与渠道工作有关的全部风险。

二、分销渠道的特点

（1）分销渠道反映某一特定商品价值实现的过程和商品实体的转移过程，分销渠道一端连接生产，另一端联系消费者，是从生产领域到消费领域的完整的商品流通过程，在这个过程中，主要包括两种运动：一是商品价值形式的运动（商流）；二是商品实体的运动（物流）。商流是指医药产品从生产领域向消费领域转移过程中的一系列买卖交易活动（图4-1），实现的是产品的所有权由一个成员到另一个成员的转移。物流是指医药产品从生产领域向消费领域转移过程中的一系列产品实体运动（图4-2），它包括产品实体的储存、运输，也包括与之相关的产品包装、装卸、加工等活动。

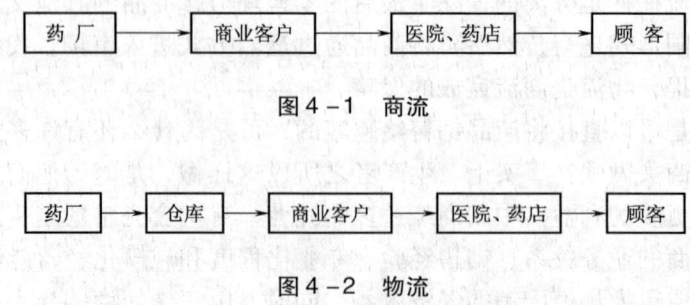

图4-1　商流

图4-2　物流

（2）分销渠道的主体是参与商品流通过程的商人，如中间商和代理中间商。

分销渠道包括调研、促销、接洽、配合、谈判、物流、融资等职能。

（3）商品从生产者流向消费者的过程中，商品所有权至少转移一次，大多数情况下，生产者必须经一系列中介机构转卖或代理转卖产品，转移的次数越多，商品的分销渠道就越长。

（4）在分销渠道中，与商品所有权转移直接或间接相关的。还有一系列流通辅助形式，如货币流等，它们发挥着相当重要的协调和辅助作用。货币流是医药产品从生产领域向消费领域转移的交易活动中所发生的货币活动。信息流是医药产品从生产领域向消费领域转移过程中所发生的一切信息的收集、传递和处理活动。

三、分销渠道类型

分销渠道可以从不同的角度，按不同的标准，划分为不同的类型。

1. 按照企业的分销活动是否有中间商参与，可以将分销渠道分为直接渠道与间接渠道

直接渠道也就是零层渠道，即制造商不通过任何中间商而直接将产品销售给消费者或用户。例如基恩爱公司利用直接渠道获得了巨大成功。自2000年3月以来，仅口碑传播，全国就有多家经销商主动来争取其区域市场经销权，业绩都相当不错。其优点是：生产者和消费者直接接触，能及时了解消费者的需求状况，把握市场变化，有利于生产者及时调整生产经营决策；同时销售环节少，可缩短流通时间。缺点是：生产者需要增加销售机构、设施和人员，从而增加了销售费用。

间接渠道是指一个商品经过一个中间商（也称作经销商、中间搞批发的），再由经销商下发到终端客户。我国以间接分销的商品比重增大。企业在市场中通过中间商销售的方式很多，如厂店挂钩、特约经销、零售商或批发商直接从工厂进货、中间商为工厂举办各种展销会等。这种分销渠道主要用于生活消费品的销售。其优点是：生产者不必花大量的人力、财力、物力去直接和大量的消费者交易，只需要借助中间商的力量来扩大产品的销售，提高市场占有率。缺点是：由于销售中加入了中间商环节，会增加一定的销售费用；对一些技术要求较高的产品，中间商难以很好地提供服务。

2. 按照流通环节或层次的多少，可分为长渠道和短渠道

一般来说，产品从制造商向消费者或用户转移过程中只通过一个中间环节的渠道称为短渠道，而将通过一个以上中间环节的渠道称为长渠道。长渠道的优点是：渠道分布密，能有效地覆盖市场，从而扩大产品销售；缺点是：销售环节多，销售费用增加。短渠道的优点是：节省流通时间，有利于生产者和中间商建立密切的合作关系；缺点是：产品的覆盖面较窄。

3. 按照渠道中每个层次的同类中间商数目的多少，可分为宽渠道和窄渠道

宽渠道是指制造商同时选择两个以上的同类中间商销售产品。窄渠道是指制造商在某一地区或某一产品分类中只选择一个中间商为自己销售产品，实行独家经销。宽渠道的优点是：产品可迅速地进入流通领域，有利于生产者选择效率高的中间商，淘汰效率低的中间商，以提高销售效率；缺点是：中间商数量多，容易引发渠道冲突。窄渠道的优点是：渠道容易控制；缺点是：市场分销面受到限制。一般来说，生产资料和少部分专业性较强或较贵重的消费品适合于窄渠道销售。

4. 按照使用渠道类型的多少分类，可分为单渠道和多渠道

单渠道是指采用同一类型渠道分销企业的产品，渠道比较单一。多渠道是指根据不同层次或地区消费者的情况，选用不同类型的分销渠道。

单元2 ❯ 药品市场渠道方案设计、制定与管理

一、影响药品分销渠道选择的因素

影响分销渠道的因素很多，企业在选择分销渠道之前，有必要对影响分销渠道选择的各种因素进行认真地分析，以便做出正确的选择。

（1）市场因素　包括目标市场范围——市场范围宽广，适用长、宽渠道；反之，适用短、窄渠道。顾客的集中程度——顾客集中，适用短、窄渠道；顾客分散，适用长、宽渠道。顾客的购买量、购买频率——购买量小，购买频率高，适用长、宽渠道；相反，购买量大，购买频率低，适用短、窄渠道。消费的季节性——没有季节性的产品一般都均衡生产，多采用长渠道；反之，多采用短渠道。竞争状况——除非竞争特别激烈，通常，同类产品应与竞争者采取相同或相似的销售渠道。

（2）产品因素　包括物理化学性质——体积大、较重、易腐烂、易损耗的产品适用短渠道或采用直接渠道、专用渠道；反之，适用长、宽渠道。价格——一般地，价格高的工业品、耐用消费品适用短、窄渠道；价格低的日用消费品适用长、宽渠道。时尚性——时尚性程度高的产品适宜短渠道；款式不易变化的产品，适宜长渠道。标准化程度——标准化程度高、通用性强的产品适宜长、宽渠道；非标准化产品适宜短、窄渠道。技术复杂程度——产品技术越复杂，需要的售后服务要求越高，适宜直接渠道或短渠道。

（3）企业自身因素　包括财务能力——财力雄厚的企业有能力选择短渠道；财力薄弱的企业只能依赖中间商。渠道的管理能力——渠道管理能力和经验丰

富，适宜短渠道；管理能力较低的企业适宜长渠道。控制渠道的愿望——愿望强烈，往往选择短而窄的渠道；愿望不强烈，则选择长而宽的渠道。

（4）中间商因素　合作的可能性——如果中间商不愿意合作，只能选择短、窄的渠道。费用——利用中间商分销的费用很高，只能采用短、窄的渠道。服务——中间商提供的服务优质，企业采用长、宽渠道；反之，只有选择短、窄渠道。

（5）环境因素　经济形势——经济萧条、衰退时，企业往往采用短渠道；经济形势好，可以考虑长渠道。有关法规——如专卖制度、进出口规定、反垄断法、税法等。

二、药品市场渠道设计目标

概括地说，设计营销渠道需要达到以下三个方面的目标：市场覆盖率、渠道控制度以及渠道灵活性。

（一）市场覆盖率

市场覆盖率是由市场性质与企业的市场定位所决定的。市场覆盖率按照从低密度的覆盖到高密度的覆盖可以分为独家分销、选择分销和密集分销三种类别。

1. 独家分销

独家分销是指企业在有限的市场范围内选定一家中间商来销售其产品的一种分销方式。当企业采用集中化战略时，一般都采用独家分销的方式，尤其是当企业迫切希望加强产品形象或非常需要中间商支持的时候更是如此。另外，当企业的产品刚刚上市，尚处于导入期的时候，也通常采取独家分销的方式，这样便于企业对渠道的管理和控制，也利于调动渠道的积极性。

2. 选择分销

选择分销是指企业在有限的市场范围内选择少量的渠道中间商进行销售的一种分销方式。这种方式更适合采取差别化战略的企业。事实上，国内外知名企业基本上都采用这种选择分销的模式，以维护自己的品牌形象，同时有针对性地牢牢抓住目标用户。

3. 密集分销

密集分销是指企业在有限的市场范围内尽可能多地采用渠道中间商进行销售的一种分销方式。当企业采用成本领先战略并假设目标细分市场是价格敏感型且注重购买的方便性要求的情况下，密集分销是较适合的方式。日用消费品，比如牙膏、牙刷、洗涤用品等，大多情况均采用这种密集分销方式。

（二）渠道控制度

渠道控制度，就是指企业需要保持对渠道中间商销售行为进行控制的程度高低或大小。为了实现企业的经营目标，生产商需要经常控制中间商以促使其更加努力地销售产品和提高服务。但事实上，中间商则不然，中间商更多地希望控制生产商以保证稳定的供货、产品质量的改善以及供货价格的降低等。生产商与中间商之间为了各自的利润所产生的明争暗斗，促使生产商需要对渠道中间商采取一定的控制措施，以降低或减少企业的经营风险。

作为企业，在大多数情况下，往往同时追求最大的市场覆盖率和最大的渠道控制度。而事实上，市场覆盖率和渠道控制度，在大多数情况下是一种反比关系。因此，作为企业在大多数情况下只能在一定的市场覆盖率下去追求最大的渠道控制度或在一定的渠道控制度下去追求最大的市场覆盖率。独家分销，对于企业来说，是最容易控制渠道销售行为的，但却只能是较小的市场覆盖率；密集分销，对于渠道中间商的控制则存在较大的困难，但却能达到较高的市场覆盖率。由此看来，作为企业，必须在市场覆盖率和渠道控制度上有所取舍，试图二者兼得的想法不是很切合实际的。

（三）渠道灵活性

渠道灵活性，又称为渠道的可伸缩性，是指企业营销渠道结构易于变化的难易程度。渠道灵活性对于新产品的市场尤为重要。在过去的几年时间内，中国IT市场营销渠道结构迅速发展变化的事实很好地说明了这一点。

三、制定渠道选择方案

（一）选择销售渠道策略

企业对分销渠道的选择，不仅要保证产品能够及时到达目标市场，而且还要做到能提供最好的服务质量、最省的流通费用和最大限度的目标市场覆盖面。因此，企业要在考虑其战略目标、营销组合策略以及其他影响分销渠道选择因素的基础上，选择和决定具体的渠道策略。

1. 分销渠道长度的选择

分销渠道的长度，是指产品从制造商到最终用户经过了多少层次。一般来说，分销渠道越短，所经过的渠道层次越少，制造商承担的销售工作就越多，对渠道越容易控制，这有利于及时传递信息，提高营销效率；分销渠道越长，制造商使用中间商的数目就越多，越可以起到优势互补的作用，但企业对渠道的控制就比较弱，会造成信息传递慢，产品流通时间长。因此，制造商在选择分销渠道的长短时，要综合考虑各种因素后再确定。

2. 分销渠道宽度的选择

分销渠道的宽度是指不同渠道层次使用中间商数目的多少。它主要取决于企业希望产品在目标市场上扩散范围的大小。制造商可以根据产品本身的特点、市场需求量的大小和需求面的宽窄做出决策。有三种常用策略可供企业选择：

（1）广泛分销策略　又称密集分销策略，是指制造商选择尽可能多的中间商来销售自己的产品。对符合条件的中间商不加限制，越多越好，以尽量扩大产品销售网络。这种策略的特点是产品能够快速进入目标市场和扩大产品的市场覆盖面，通常用于日用消费品和工业品中标准化、通用化程度较高的产品的分销。因为这类产品的消费者，在购物时考虑的是快速和方便，对品牌、商标不太注重，制造商通过广泛分销，既满足了消费者的需求，又增大了产品的销量。这种策略的缺点是制造商无法控制这类渠道，与中间商的关系也比较分散。

（2）选择性分销策略　指制造商在一定区域内从众多的中间商中选择一些经过审查最符合条件的中间商来销售其产品。这种策略的特点是：制造商与精心选择的中间商之间的配合较为密切。对制造商来说，由于中间商的数量不多，因而便于制造商对渠道的控制，同时也有利于降低营销成本，提高营销效率；对于中间商而言，每个中间商可获得较大的销售量，利润也有一定的保障，在一定程度上可激发中间商的销售热情，提高渠道的运转效率。

（3）独家分销策略　又称集中分销策略，指制造商在一定的市场区域和一定的时间内只选择一家中间商销售其产品，是一种窄渠道分销策略。企业和中间商双方通过协商签订独家销售合同，规定双方的责任和权限，规定中间商不得销售其他企业生产的同类产品。这种策略的优点是：可以较好地提高中间商的销售积极性，使之更好地服务于市场；产销双方在广告宣传、产品促销、货物发送、货款结算等方面能够互相支持与合作；产品的市场价格易于控制。缺点是：在某一市场区域过于依赖该中间商，容易受其支配；如果该中间商的销售力量不足会失去部分潜在顾客。这种策略主要适用于消费品中的特殊品或需要提供售后服务的产品，以及需要进行现场操作表演，并需要介绍使用方法的产品。采取独家分销策略，制造商和中间商之间的相互依赖性增强，往往是一荣俱荣、一损俱损。这既增加了成功的可能性，同时，也增大了经营的风险性。

（二）选择渠道设计方案

1. 确定渠道模式

确定分销渠道的长度和分销商的级次。企业分销渠道设计首先是要决定采取什么类型的分销渠道，是派推销人员上门推销或以其他方式自销，还是通过中间商分销。如果决定中间商分销，还要进一步决定选用什么类型和规模的中间商。如果是长渠道还要确定分几级分销。

2. 确定中间商的数目即决定渠道的宽度

这主要取决于产品本身的特点，市场容量的大小和需求面的宽窄。通常有三种可供选择的形式。

（1）密集性分销　运用尽可能多的中间商分销，使渠道尽可能加宽。消费品中的便利品（卷烟、火柴、肥皂等）和工业用品中的标准件、通用小工具等，适于采取这种分销形式，以提供购买上的最大便利。

（2）独家分销　在一定地区内只选定一家中间商经销或代理，实行独家经营。独家分销是最极端的形式，是最窄的分销渠道，通常只对某些技术性强的耐用消费品或名牌产品适用。独家分销对生产者的好处是，有利于控制中间商，提高他们的经营水平，也有利于加强产品形象，增加利润。但这种形式有一定风险，如果这一家中间商经营不善或发生意外情况，生产者就要蒙受损失。

采用独家分销形式时，通常产销双方议定，销方不得同时经营其他竞争性商品，产方也不得在同一地区另找其他中间商。这种独家经营妨碍竞争，因而在某些国家被法律所禁止。

（3）选择性分销　这是介乎上述两种形式之间的分销形式，即有条件地精选几家中间商进行经营。这种形式对所有各类产品都适用，它比独家分销面宽，有利于扩大销路，开拓市场，展开竞争；比密集性分销又节省费用，较易于控制，不必分散太多的精力。有条件地选择中间商还有助于加强彼此之间的了解和联系，使被选中的中间商愿意努力提高推销水平。因此，这种分销形式效果较好。

（4）复合式分销　生产者通过多条渠道将相同的产品销售给不同的市场。这种分销策略有利于调动各方面的积极性。

3. 规定渠道成员彼此的权利和责任

在确定了渠道的长度和宽度之后，企业还要规定出与中间商彼此之间的权利和责任，如对不同地区、不同类型的中间商和不同的购买量给予不同的价格折扣，提供质量保证和跌价保证，以促使中间商积极进货。还要规定交货和结算条件，以及规定彼此为对方提供哪些服务，如产方提供零配件，代培技术人员，协助促销；销方提供市场信息和各种业务统计资料。在生产者同中间商签约时应包括以上内容。

4. 评估中间商

中间商的选择是否合理，对企业产品进入市场、占领市场、巩固市场和培育市场有着关键性的作用。中间商的选择是否合理又完全依赖于对每一个相关中间商的评估。在评估中间商时应认真分析中间商的服务对象、经营范围、财务状况、地理位置等方面。

四、药品渠道选择方案的评估管理

制药企业在完成分销渠道方案的策略确定后，还应对选择的渠道进行评估，对各种分销渠道进行分析比较，从各种可供选择的方案中挑选出最佳的方案，获得实现企业长远目标的分销渠道。

（一）药品渠道选择方案评估

1. 药品渠道选择方案的评估方法

在选择出一个最为适合的渠道设计方案之前，要对已有的营销渠道设计方案进行评估和比较，应用最为广泛的评估方法是经验法。所谓的经验法就是依照营销实战中积累的管理上的经验来判断并选择营销渠道设计方案的一种方法。又可以细分为以下三种方法：

(1) **直接的定性判断法**　是指依靠熟悉业务知识、具有丰富经验和综合分析能力的人员与专家，根据已掌握的历史资料和直观材料，运用个人的经验和分析判断能力，对事物的未来发展做出性质和程度上的判断，然后，再通过一定形式综合各方面的意见，作为判断的主要依据。在进行营销渠道方案的选择中，这种方法尽管粗糙，但比较常用。

(2) **权重因素记分法**　这种方法是由美国著名营销学家菲利浦·科特勒提出的。权重因素记分法是一种更为精确的选择渠道结构的直接定性判断法。这种方法在选择渠道结构的判断过程中更加结构化和定量化。包括五个基本步骤：①明确地列举渠道选择的决策因素；②以百分比形式标注每个决策因素的权重，以反映它们的相关重要性；③每个渠道选择以每个决策因素按 1~10 的顺序打分；④通过权重（a）与因素分数（b）相乘计算出每个渠道选择的权重因素总分；⑤将备选的渠道结构总分排序，获得最高分的渠道选择方案即为最适合的选择。

(3) **分销成本法**　该方法可以估算不同的营销渠道的成本及收益，并通过这些数字的对比找出成本低、收益大的渠道结构作为最合适的选择。

2. 药品渠道选择方案评估内容

评估主要从经济性、可控性、适应性 3 个方面进行。

(1) **经济性**　企业设计分销渠道的首要目的是追求利润。这就必然要考虑以下两点：在销售成本相同的情况下，选择能使销售量达到最大的分销渠道；在销售量相同的情况下，选择销售成本最低的分销渠道。一般情况下，制造商自行推销的成本比利用中间商推销的成本高，但是当销售量超过一定规模时，利用中间商的成本会越来越高。因此，规模较小的企业或在销售量比较少的市场上销售的大企业，应当利用中间商来销售；当销售量达到一定水平时，企业则应自行设立分销机构。通过以上分析我们发现，企业应随着销售量的变化而不断调整分销渠道的设立方法。

(2) **可控性**　由于中间商一般独立于制造商而存在，它可能同时代理很多相同或相近的产品，为多家制造商服务，不可能一切行动完全听命于某一家制造商，表现出一定程度的不可控制性。为此，制造商必须根据自己营销目标的需要，充分考虑分销渠道的可控性。中间商在理解和执行制造商的促销方案、维系与顾客的关系、了解产品的技术细节等方面可能无法达到自销的标准要求，企业应预计到分销渠道的这种不可控性，采用相关的方法和手段回避、减少其给企业可能带来的风险。企业自销对渠道的控制能力最强，但由于人员推销费用在一定的规模限度内较高，市场覆盖面较窄，不可能完全自销。企业可以通过对中间商的培训、沟通、权利与义务关系、建立特许经销商或特约代理商等手段来加强对分销渠道的控制。

（3）适应性　当一种分销模式或一条分销渠道建立后，就意味着制造商与中间商、中间商与中间商之间存在了一定区域、一定时间上的关系，不能随意调整和更改。而市场是不断变化的，企业在选择分销渠道时，应考虑渠道的适应性。一方面是地区适应性，在某一地区设立分销渠道应综合考察该地区的市场竞争状况、消费水平等；另一方面是时间上的适应性，每一个渠道方案都会随着时间的延长而失去某些功能，某些原有的渠道成员间的承诺无法实现，渠道方案随之失去弹性。所以，在制订渠道方案时应注意签订合同的时间。

（二）药品分销渠道管理

在选定分销渠道方案后，企业还需要完成一系列管理工作，包括对各类中间商的具体选择、激励、评估，以及根据情况变化调整渠道方案和协调渠道成员间的矛盾。

1. 选择渠道成员

为选定的渠道招募合适的中间商，这些中间商就成为企业产品分销渠道的成员。一般来说，那些知名度高、享有盛誉、产品利润大的生产者，可以毫不费力地选择到合适的中间商。而那些知名度较低，或其产品利润不大的生产者，则必须费尽心机，才能找到合适的中间商。不管是容易还是困难，生产者挑选中间商时应注意以下基本条件：

（1）能否接近企业的目标市场。

（2）地理位置是否有利。零售商应位于顾客流量大的地段，批发商应有较好的交通及仓储条件。

（3）市场覆盖有多大。

（4）中间商对产品的销售对象或使用对象是否熟悉。

（5）中间商经营的商品大类中，是否有相互促进的产品或竞争产品。

（6）资金大小，信誉高低，营业历史的长短及经验是否丰富。

（7）拥有的业务设施（如交通运输、仓储条件、样品陈列设备等）情况如何。

（8）从业人员的数量多少，素质的高低。

（9）销售能力和售后服务能力的强弱。

（10）管理能力和信息反馈能力的强弱。

2. 激励渠道成员

各渠道成员的结合，是他们根据各自的利益和条件相互选择，并以合同的形式规定应有权利和义务的结果。一般来说，各渠道成员都会为了各自的利益努力工作。但是由于中间商是独立的经济实体，与生产者所处的地位不同，考虑问题的角度也不同，必然会产生矛盾。生产者要善于从对方的角度考虑问题，要明白中间商不是受雇于己，而是一个独立的经营者，有他自己的目标、利益和策略。中间商首先是顾客的采购代理，其次才是生产者的销售代理，只有顾客愿意购买的产品，中间商才有兴趣经营。中间商一般不会对各品牌分别做销售记录，有些原始资料也不一定注意保存，除非给予特殊的激励。因此，生产者要制订一些考核和奖励办法，对中间商的工作及时监督和激励，必要时也可以给予惩罚。对于经营效果较好的中间商，应争取建立长期产销合作关系，也可派专人驻商店协助推销并收集信息。

激励中间商的基本点是了解中间商的需要，并据此采取有效的激励手段。企业在处理与中间商的关系时，通常可采取三种方法：合作、合伙与经销规划。

（1）合作　大多数生产者为取得与中间商的合作，采用"胡萝卜加大棒"的政策，软硬兼施。一方面使用积极的激励手段，如高利润、特殊优惠待遇、额外奖金、广告津贴等；另一方面，采用制裁措施，对表现不佳或工作消极的中间商则降低利润率、推迟供货或终止合作关系等。这种政策的缺点是没有真正了解中间商的长处和短处，不关心他们的需要和问题，仅仅依据单方面的"刺激－反映"模式将众多的激励因素拼凑在一起，自然难以收到预期的效果。

（2）合伙　生产者着眼于与中间商建立一种长期的合伙关系，达成一种协议。首先生产者要仔细研究并明确自己应该为中间商做些什么，如产品供应、市场开发、技术指导、售后服务、销售折扣等；也让中间商明确他的责任和义务，如他的市场覆盖面、市场潜量以及应提供的咨询服务和市场信息等，然后根据协议执行情况对中间商支付报酬并给予必要的奖励。

（3）经销规划　这是一种最先进的激励方式。主要是建立一个有计划的、实行专门化管理的垂直营销系统，把生产者和中间商的需要结合起来。生产者在其营销部门中设立一个分销关系规划室，专门负责与中间商的关系规划，其任务是了解中间商的需要，制定交易计划，帮助中间商实现最佳经营。具体做法是由该室与中间商共同决定产品销售目标、存货水平、产品陈列计划、销售培训计划、广告促销计划等，引导中间商认识到他们是垂直营销系统的重要组成部分，积极做好相应的工作，以便从中获得更高的利润。

总之，企业对中间商应当贯彻"利益均沾，风险共担"的原则，尽力缓和矛盾，密切协作，共同搞好营销工作。对渠道成员的激励是协调、管理分销渠道，使之有效运作的重要一环。激励方式很多，而且还在不断创新。

3. 评估渠道成员

对中间商的工作绩效要定期评估。评估标准一般包括：销售指标完成情况、平均存货水平、产品送达时间、服务水平、产品市场覆盖程度、对损耗品的处理情况、促销和培训计划的合作情况、货款返回情况、信息的反馈程度等。

一定时期内各中间商实现的销售是一项重要的评估指标。生产者可将同类中间商的销售业绩分别列表排名，目的是促进落后者进步，领先者努力保持绩效。但是，由于中间商面临的环境有很大差异，各自规模、实力、商品经营结构和不同时期的重点不同，有时销售额列表排名评估往往不够客观。正确评估销售业绩，应在做上述横向比较的同时，辅之以另外两种比较：一是将中间商销售业绩与前期比较；二是根据每一中间商所处的市场环境及销售实力，分别定出其可能实现的销售定额，再将其销售实绩与定额进行比较。正确评估渠道成员的目的在于及时了解情况，发现问题，保证营销活动顺利而有效地进行。

4. 调整销售渠道

企业的分销渠道在经过一段时间的运作后，往往需要加以修改和调整。原因主要有消费者购买方式的变化、市场扩大或缩小、新的分销渠道出现、产品生命周期的更替等；另外，现在的渠道结构通常不可能总在既定的成本下带来最高效的产出，随着渠道成本的递增，也需要对渠道结构加以调整。渠道的调整主要有三种方式：

（1）增减渠道成员　即对现有销售渠道里的中间商进行增、减变动。做这种调整，企业要分析增加或减少某个中间商，会对产品分销、企业利润带来什么影响，影响的程度如何。如企业决定在某一目标市场增加一家批发商，不仅要考虑这么做会给企业带来的直接收益（销售量增加），而且还要考虑到对其他中间商的需求、成本和情绪的影响等问题。

（2）增减销售渠道　当在同一渠道增减个别成员不解决问题时，企业可以考虑增减销售渠道。这么做需要对可能带来的直接、间接反应及效益做广泛的分析。有时候，撤消一条原有的效率不高的渠道，比开辟一条新的渠道难度更大。

（3）变动分销系统　这是对企业现有的分销体系、制度做通盘调整，如：变间接销售为直接销售。这类调整难度很大，因为它不是在原有渠道基础上的修补、完善，而是改变企业的整个分销政策。它会带来市场营销组合有关因素的一系列变动。

单元3 ▶ 我国的医药分销模式

一、我国药品分销的主要模式

1. 传统医药站、医药公司的分销模式

传统医药站有较强的医院覆盖能力，而且在本地有终端市场的开发能力，是新药或处方药理想的购销、推广代理；在覆盖医院的同时还有较完善的零售连锁网络，并可控制相当一部分分散的零售药店。但从运行情况来看，传统医药站多数在低毛利、高费用的怪圈中运行，且有"买涨不买落"的现象，临床推广力度也有欠缺。

2. 全国或区域代理制的分销模式

在全国建有市场开发网络，进货成本低，运营成本高，盈利可观，适合有好的新品种但自身没有足够营销实力的中小厂家选为通路。

3. "大卖场式"（药市）的分销模式

具有较强的分销能力，大进大出，低成本运作，薄利多销，逐步总代理少数厂家的品牌普药。"大卖场式"的营销模式多是现款现货，容易上量，适合作普药的通路。

4. 连锁经营的分销模式

大型医药零售连锁店一般均有较高的管理水平，经营品种齐全，并且有分散的零售药店不断加盟，连锁经营在经过大型医药企业大规模的圈地整合之后，目前已经成为药品销售的重要终端，并有可能成为发展潜力最大的终端通路。

二、我国制药企业分销渠道模式的选择

（一）我国医药分销模式的现状及弊端

我国医药批发行业存在着诸多问题：企业数量多、规模小、经营效益低、流通秩序乱、管理手段落后、资金不足、调控不到位等。这些问题的存在，致使目前我国医药分销市场结构呈现出过度的分散竞争状态，对我国医药经济的运行效率带来了诸多不利的影响。分散竞争致使企业数量过多，扭曲了市场机制的调节作用，导致市场无序现象频频发生。目前我国医药批发资格的企业数量虽多，却是鱼龙混杂。医药分销企业信誉不良，企业倾向于追求短期目标，市场资源配置不合理，使市场无序运行；分散竞争致使企业规模小，难以实现规模经济和范围经济，导致整个医药产业规模经济水平的下降，造成整体行业成本和社会成本的整体提高；分散竞争也导致近年来企业恶性价格大战，也是一些不正当竞争行为的重要诱因。在分散竞争的市场结构下，市场进入、退出不对称；分散竞争致使我国医药分销企业技术创新能力不足。在分散竞争条件下，企业规模过小，导致企业从事研究开发的实力不足和规模效益较差。即使规模大的企业在竞争无序的市场环境中，也时常面临着技术创新成果被模仿或剽窃的可能，从而使进行技术创新的收益与成本之比降低，企业从事技术创新的动力不足。

（二）我国医药分销模式的发展方向——专业推广、区域总经销制、买断制的营销模式即寡头垄断

（1）从产业组织理论上看，寡头垄断是市场经济条件下市场结构发展的基本趋势。按照主流产业组织理论的观点，市场结构决定企业行为并进而决定市场运行绩效。在寡占型市场上，少数几个大企业之间易于采取策略性博弈行为，协调各自的行动，从而达到具有相对稳定性的均衡状态。同时，在寡头垄断市场上，较高的规模水平和沉淀成本，使企业退出市场面临巨大的退出成本费用。再者，大企业显著的品牌效应和在广大客户心目中形成较高的信任度和忠诚感，以及广

泛而高效的经销网络和较多的先进技术支配权等优势，都使寡头垄断市场成为一种具有现实性且呈现出稳态性的市场结构形态。寡头垄断市场结构不但具有较强的现实性和稳定性，而且具有较高的经济效率，表现在：资源配置效率较高、规模经济和范围经济效率较高、技术创新效率较高、主导产业发育和产业结构升级效率较高。

（2）从发达国家目前医药分销市场结构现状来看，寡头垄断是市场结构的基本形态。美国的医药分销行业发展得比较成熟，有很多优秀的管理模式和经验值得我们借鉴。美国的医药市场规模是我国的近10倍，他们前5家医药分销企业合计的市场份额高达94%（1999年），几乎完全主导了美国的医药分销市场，具有很高的市场集中度，是典型的寡头垄断的市场格局。通过企业自发竞争促进市场集中，进而形成寡占型市场结构的模式，培育了企业的竞争实力和应对各种市场环境的能力，通过这种方式实现市场结构由分散型向寡占型的转换，从而形成了具有较强竞争实力的一些医药分销企业。

（3）从我国近年医药分销市场结构的发展态势来看，正在向寡头垄断市场结构转变。我国医药业前10名销售合计的市场份额从2000年的21%增长到2003年的接近40%，这说明中国医药分销行业的市场集中度正逐步增加，向寡头垄断的方向演变的趋势正在开始。

（4）从我国面临的国际竞争态势来看，必须加快由分散竞争向寡头垄断的转变。中国在经济全球化进程明显加快的历史条件下，已经加入WTO，中国医药分销企业所面临的竞争形势是相当严峻的。进入20世纪90年代，世界范围的竞争态势呈现出两大特点：一是伴随着经济全球化进程的加快，各国经济之间的竞争日趋激烈；二是寡头垄断由一国范围向全球范围扩张，多个行业全球范围内的寡头垄断格局初步形成。美国一些医药分销企业的并购重组和瑞士裕利医药分销在亚洲的快速发展，充分说明了这一点。我国医药分销市场结构的调整路径必须也只能是加快实现由分散竞争到寡头垄断的转变。

三、我国医药分销渠道模式的发展趋势

（一）渠道扁平化
1. 制药企业与药品零售终端直接合作

中国医药流通渠道的"多环节"事实倍受公众责难，这也是导致药品价格居高不下的重要原因之一，因此，减少中间流通环节成为了一些制药商与终端零售商的共同目的。如老百姓大药房直接向厂家发出"采购订单"，不少制药商通过老百姓大药房即可把药品推向终端，即渠道下沉到了终端。还有，中国医药集团、广东省医药集团、九州通集团、丽珠医药贸易公司等国内58家药品、医疗器械供应商与广州一家民营医院签订了合作协议，终端渠道直接下沉到医院。由此

可以看出，即便是实行代理制的制药商，也不再满足于仅与它的"总代"或"一批"打交道，而是直接与制药企业或药品终端建立较为稳固的渠道关系，以实现药品的低成本、快速销售。

2. 制药企业开发第三终端市场

随着城市药品市场竞争日益加剧，不少制药商开始把目光投向长期被忽视的农村地区、城市诊所、社区医疗点和民营医院等第三终端市场。目前国家加大在社区医院和乡村医院等领域内的投资，第三终端市场规模越来越大，由第一、二端市场向第三终端市场转移已是诸多药企的共识。不少企业目前都看好第三终端市场，并纷纷成立"农村市场部"，包括鲁抗药业、长富洁晶药业、罗欣药业等都有类似部门。事实上，不少企业目前并没有计划立即从第三终端市场盈利，如果目前不做，等到未来市场成熟时再去做，那将需要投入更多的成本。目前进入，虽然可能没有赚得利润，但却可以赢得市场知名度，为将来公司的其他药品进入市场开辟了一条通道。广西梧州制药，采用直接邀请第三终端市场客户召开招商会的形式进行药品销售推广，经过近两年时间的实践，逐步成为了适合于企业发展的渠道模式。

（二）渠道精细化

1. 制药企业提供更多渠道服务

这种趋势表现在药品渠道成员的服务深化及分工细化。通常来说，代理制分销模式中，生产商只负责生产，不涉及药品分销业务，而代理商负责销售及回款。但随着市场竞争的加剧，制药企业更希望市场能够及时反馈信息，以便开发适当的药品，因此更希望参与药品营销各个环节，为代理商提供药品支持及相应培训，指导代理商怎样利用资源和渠道进行推广活动，协助代理商开发市场等，从而形成广义上的渠道联盟。对于药品代理商而言，由于得到上游生产商的服务，市场开拓的难度将有所降低，因此也乐意接受这样的合作形式。

2. 做细药品终端市场

制药企业采取"区域总经销模式"的分销模式，存在一定的弊端，因为采用此种模式，终端维护的任务主要由区域经销商来完成。由于各种原因，在很多情况下，区域经销商无法达到一定的市场覆盖率，而且也不能保证终端促销工作有效进行，销售政策也难以执行，出现产品积压或断货等。因此，制药企业会采取以下几种方式做细药品终端市场："区域总经销＋助销"、"区域代理＋助销"、"区域经销＋办事处"等模式，通常由经销商做物流、资金流，企业做促销和信息流，分工更为明细。

（三）渠道多样化

随着药品分类管理的实施，乙类非处方药将进入药店以外的超市、特大型超市、百货店、食品店等零售渠道。特别是营养补充剂一类的产品，在超市、特大型超市中正日益显示出强劲的销售力。超市由于有着更便利的网点，更优惠的价格，更吸引人的购物环境，对乙类非处方药的零售有着药店无法比拟的优势，乙类非处方药的零售网点的格局在不久的将来会发生较大变化。

（四）渠道规模化

随着药品零售市场的竞争加剧及市场环境的变化，药品零售终端呈现规模化趋势。中国商业协会的数据表明，目前中国的药店数量有32万多家，其中连锁药店企业有1600家，门店已经超过6800家。多数省会城市的连锁率已超过50%，销售排名前100位的连锁药店零售总额近500多亿元。同时，连锁药店市场集中度将加速。2003年年销售额超过10亿元的企业只有1家，2004年年销售额超过10亿元的企业有5家，2005年超过10亿元的企业达到7家，而2006年超过20亿元的有2家，10亿元以上的已经超过15家。药品批发企业的市场集中度也逐步提高。

单元4 ▶ 现代医药物流

一、国际医药物流特点与发展

现代医药物流指的是将信息、运输、仓储、库存、装卸搬运以及包装等物流活动综合起来的一种新型的集成式管理，其任务是尽可能降低物流的总成本，为顾客提供最好的服务。根据国外物流发展情况，将现代医药物流的主要特征归纳为以下几个方面：

1. 物流反应快速化

物流服务提供者对上游、下游的物流、配送需求的反应速度越来越快，前置时间越来越短，配送间隔越来越短，物流配送速度越来越快，商品周转次数越来越多。

2. 物流功能集成化

现代物流着重于将物流与供应链的其他环节进行集成，包括物流渠道与商流渠道的集成、物流渠道之间的集成、物流功能的集成、物流环节与制造环节的集成等。

3. 物流服务系列化

现代物流强调物流服务功能的恰当定位与完善化、系列化。除了传统的储存、运输、包装、流通加工等服务外，现代物流服务在外延上向上扩展至市场调查与预测、采购及订单处理，向下延伸至配送、物流咨询、物流方案的选择与规划、库存控制策略建议、货款回收与结算、教育培训等增值服务；在内涵上则提高了以上服务对决策的支持作用。

4. 物流作业规范化

现代物流强调功能、作业流程、作业、动作的标准化与程式化，使复杂的作业变成简单的易于推广与考核的动作。

5. 物流目标系统化

现代物流从系统的角度统筹规划一个公司整体的各种物流活动，处理好物流活动与商流活动及公司目标之间、物流活动与物流活动之间的关系，不求单个活动的最优化，但求整体活动的最优化。

6. 物流手段现代化

现代物流使用先进的技术、设备与管理为销售提供服务，生产、流通、销售规模越大、范围越广，物流技术、设备及管理越现代化。

7. 物流组织网络化

为了保证对产品促销提供快速、全方位的物流支持，现代物流需要有完善、健全的物流网络体系，网络上点与点之间的物流活动保持系统性、一致性，这样可以保证整个物流网络有最优的库存总水平及库存分布，运输与配送快速、机动，既能铺开又能收拢。分散的物流单体只有形成网络才能满足现代生产与流通的需要。

8. 物流经营市场化

现代物流的具体经营采用市场机制，无论是企业自己组织物流，还是委托社会化物流企业承担物流任务，都以"服务-成本"的最佳配合为总目标，谁能提供最佳的"服务-成本"组合，就找谁服务。

9. 物流信息电子化

由于计算机信息技术的应用，现代物流过程的可见性明显增加，物流过程中库存积压、延期交货、送货不及时、库存与运输不可控等风险大大降低，从而可以加强供应商、物流商、批发商、零售商在组织物流过程中的协调和配合以及对物流过程的控制。

二、我国医药物流的现状及特点

（一）我国医药物流的现状

中国医药工业经过近几十年的发展，发展速度快于全球平均水平，也高于全国工业平均增长速度。医药工业迅速增长使医药物流业也得到了快速发展。在市场需求的引导和国家政策的支持下，一批有实力的国有或民营医药企业大力发展医药物流和电子商务。此外，第三方医药物流在中国的市场渗透处于一个较低水平，但随着大量资金开始活跃在医药物流领域里，提供专业物流服务的第三方物流必然成为一个新的经济增长点。随着中国经济的快速发展，人民生活水平的提高，基本医疗保险制度的实行，以及药品分类管理的推行，人们对医药的需求将不断增加，医药零售业和医药物流业也得到了快速发展。在医改的背景下，自

2009年年底以来，医药物流行业的整合不断提速。国内的医药物流巨头们纷纷在各地新建医药物流中心，或实施大手笔的兼并收购。国内的医药物流行业目前还处于扩大规模的外延式发展阶段，只有尽快进入到以技术和管理为抓手的内涵式发展阶段，医药物流行业才能持续健康发展。中国医药市场前景光明，中国的药价虚高根本原因在于中间环节过多，引入现代物流将会快速、高效、价廉地打造出丰厚的"第三方利润"。因此，中国医药物流市场开发潜力巨大。虽然医药物流在中国的发展前景看好，相关政策也给予了扶持，但企业在进行或投资医药物流建设时，仍需进行深入的调查研究，充分考虑进入时机、市场需求、投资回报等方方面面，防止盲目跟风、一哄而起的冒进行为。

（二）我国医药物流的特点

1. GSP是药品物流的基本操作规范

在药品物流的法规体系中，GSP（药品经营质量管理规范）是药品流通中最基本的、也是难度最大的操作规范。因此，符合GSP认证条件是药品物流的主要特点。GSP对药品流通有着非常严格的质量要求。在硬件设施方面，对营业场所、储存仓库、运输工具、养护及验收设备等都有很高的要求。比如对药品的保管，包括存储环境、色标管理、效期药品、不合格品、退货管理等，都有非常详细的控制标准。在软件设施方面，GSP的要求更为严格，诸如对供货方清单及附件、购进记录、质量验收记录、仓储养护记录、不合格品记录以及进、存、销工作流程指导等都有特别的规定，对药品摆放、人员培训等也有具体要求。2002年底以前，全国大中型药品批发企业、零售连锁企业及大型零售药店必须完成认证；2003年底以前，地市级以上城市的药品批发企业、零售连锁企业和中型零售药店必须完成认证；2004年底以前，全面完成县及县以上的药品经营企业的认证工作。

2. 信息化是药品物流的核心因素

在药品流通中，仓储管理、运输、配送、流通加工等业务组成了药品物流服务。而现代物流强调的是对资源进行重新配置，对系统进行重新规划，对服务层次进行大幅度的提升。现代网络通讯技术的运用能为药品物流水平的本质性提升提供一个新的平台。信息的传递在药品物流流程中起着重要作用，使用条形码（BC）、电子扫描（ES）、电子数据交换（EDI）等技术能使药品信息流动快速准确。药品物流信息网络加强了用户与供货方、供货方与供货方之间的信息联系，它在为制药企业提供产品及客户服务需求信息的同时，也为医药商业企业及时反馈市场动态，以达到改进产品质量、提高服务水平、适应市场需求的目的。

三、我国医药物流的发展

（一）加强现代物流宣传力度，更新观念，全面理解现代物流

现代物流是以现代信息技术为支撑，以整合各种物流资源为手段，以降低物

流总成本为目标，以生产流通和消费为服务对象的组织形式，通过物流管理可以降低总成本，提升企业的盈利能力。提高社会公众对现代物流的认识，这也是发展现代物流的一项基础性工作。

（二）实现医药企业联合重组，优化配置，提高整体竞争力

通过医药物流企业的重组联合，优化内部物流作业过程，提高医药流通企业的物流效率和服务水平，减少医药流通渠道摩擦内耗，提高渠道运作效率，把医药的流通、生产和销售当成一个整体来考虑。

（三）加快医药现代物流的基础建设，推进物流职能的专业化、系统化

现代物流体系建设是当务之急，要转变传统管理方式和经营理念，国家要制定物流建设的统一规范标准，且用政策引导物流企业向农村地区推进。高度重视物流基础设施建设和设备升级，应加大对公路、铁路、航空、海运及信息通讯等基础设施的投入，建立发达的立体交通网，并逐步向智能化方向发展。国家应组织专家制定药品物流行业统一的规范标准，使药品物流发展逐步走上规范化、科学化的轨道。

（四）大力发展现代物流信息技术

现代物流离不开计算机网络和信息技术的支撑，信息化不仅是医药企业能否真正运作现代物流管理的关键，也是能否成功扩张、降低管理成本保持盈利的关键。信息化是医药流通企业能否成功扩张、同时又能降低管理成本的关键因素。作为联系医药产业整个产业链的纽带，医药物流企业通过建立信息化管理，就可以依靠其强大的信息系统与医院、零售网点、供应商建立信息共享，帮助供应商、医院、零售商供/存货，提供服务。物流信息处理已经成为提高竞争力的重要手段。

【情境实训】

实训9　选择分销商的方法和渠道成员效率的评估方法

一、实训目的

掌握具体的选择方法，正确选择分销商，实现企业目标；正确评价成员的成绩，及时发现问题，及时修正或改进，保证渠道畅通和充满活力。

二、实训要求

（1）从理论上掌握选择分销商的方法；

（2）将学生分成若干组，每组4人，1人代表甲药厂，另3人分别代表不同的分销商；

（3）甲药厂的代表向3个分销商介绍本企业情况，3个分销商分别向甲药厂介绍自己的情况；

(4)甲药厂经过综合考虑3个分销商的地理位置、经营规模、顾客流量、在患者中的声望、合作精神、信息沟通及货款结算等,最后选择一家分销商为其销售;

(5)写出完整的有说服力的实训报告。

三、实训内容

甲药厂决定在某市采用精选的一阶营销渠道模式(即药厂直接将药品销售给零售药店,再由零售药店销售给患者)。经考察后,初选出3家比较合适的候选人。甲药厂希望零售药店有理想的地理位置,有一定的经营规模,前来光顾的顾客流量较大,在患者心中有较高的声望,与厂家关系融洽,主动进行信息沟通及货款结算,信誉好。各个候选人在各个方面都有一定优势,但又不十全十美,各有不足。于是,甲药厂采用强制打分法对各个候选人进行评价,结果如下表所示。

评价项目	重要性系数（系数）	候选人1 打分	候选人1 加权分	候选人2 打分	候选人2 加权分	候选人3 打分	候选人3 加权分
地理位置	0.2	80	16	85	17	70	14
经营规模	0.15	85	12.75	70	10.5	80	12
顾客流量	0.15	90	13.5	90	13.5	85	12.75
市场声望	0.1	85	7.5	75	7.5	80	8
合作精神	0.15	75	11.25	80	12	90	13.5
信息沟通	0.05	75	3.75	80	4	60	3
货款结算	0.2	60	12	65	13	75	15
总分	1	550	77.75	545	77.5	540	78.25

根据上表各栏分数,为药厂选择一家经销商。

提示:此法主要在一个较小地区的市场上,为了建立精选的分销通路网络而选择理想的零售药店或者选择独家经销商时使用。

四、实训评估标准

1. 互相介绍情况时,每人满分4分。

(1)仪表端庄,仪态大方(1分)。

(2)介绍时,语言清晰,表达准确,资料全面(3分)。

2. 4人都站在甲药厂的角度选择分销商,符合客观实际选择正确(3分)。

3. 各写出2份实习报告,报告完整,有说服力(4分)(互换角色,代表甲药厂的1份,代表分销商的1份)。

实训 10　讨论药品招标制度的形式及利与弊

一、实训目的
（1）查阅资料讨论什么是药品招标制度。
（2）药品招标制度的目的、作用及存在的问题。

二、实训要求
（1）以药品流通的过程说明招标的形式。
（2）招标过程的优缺点举例说明。

三、实训内容
药品招标采购工作既是一种新事物，又是一项长期的艰巨任务，它的好与坏不仅关系到医疗工作的有效性和安全性，还关系到医院的社会效益和经济效益。招标对加强药品采购管理、规范医药产品的购销行为、降低药品采购成本、减轻患者和社会的医药费用等方面发挥了明显的积极作用。招标为医院提供了质优价廉的药品，为医院面对激烈的市场竞争提供了有利条件，规范了采购行为，遏制了药品购销中的不正之风，降低了药品价格，保证了临床用药质量，切实体现"公开、公平、公正"的原则，提高药品生产经营企业的规模经营水平，互利互惠，供货单位满意。

四、实训评估标准
能够设计招标采购药品的合理工作流程，掌握招标采购过程中能够中标的技巧。

实训 11　羚羊感冒胶囊分销渠道设计

一、实训目的
营销活动的核心是使产品或服务被使用或消费，从而为组织带来经济利益。而营销渠道正是促使产品或服务顺利地被使用或消费的一整套相互依存的组织。因此营销渠道决策是组织面临的最重要的决策，其所选择的渠道将直接影响其他营销决策。一个成功科学的营销渠道，能够更快、更有效地推动商品广泛地进入目标市场，为生产商及中间商带来极大的现实及长远收益。通过实训掌握渠道设计步骤及渠道管理方法。

二、实训要求
（1）了解直接和间接销售渠道的优缺点，为甲药厂的羚羊感冒胶囊分别设计一条直接和间接销售渠道。
（2）进行渠道设计时应考虑：感冒药的产品概念、定价、目标人群、使用方法；现有渠道的特性，如进入成本、发展性、商业信誉、专业性等；考虑销售地区的经济环境，如人均收入、景气指数等，考虑组织的营销规划，如销售预算等。

(3) 写出完整的有说服力的理由，完成渠道设计方案。

(4) 将学生分成若干组，每组8人，分工合作。

三、实训内容

甲药厂是生产羚羊感冒胶囊的企业，羚羊感冒胶囊的规格为 0.1g×12 粒/盒，600 盒/件，服用后无特殊的要求，价格适中，有效期3年，运输中不易损坏、流失或腐烂变质，而且该药品处于成熟期。市场形势比较乐观，整个经济形势景气，目标市场的顾客数量较多但地点分散，且购买批量小，购买频数高。企业资本实力一般，计划提高企业技术开发与生产能力，增强企业核心竞争力，所以较多考虑增强和发展同批发商、零售商的合作关系，而相应减少流通领域的投入。

企业选择哪种销售渠道类型，既有一些来自药品本身、市场和企业的硬性约束因素，也有相当大的灵活选择的余地。请根据所学知识分析甲药厂的状况，分别为其设计一条直接和间接销售渠道，并说明原因。

四、实训评估标准

实训课题从确定实训分工、具体实施设计一条直接和间接销售渠道并说明原因，主要由学生小组自己负责。教师在实训中起到指导作用，课题结束时，进行实训交流，师生共同评价工作成果。

考核内容：是否按时完成实训课题，有无明显缺陷，在设计中有无创新，全组成员参与情况等。

【情境小结】

分销渠道是产品由生产者向最终消费者或产业用户转移过程中所经过的各种环节的组合。分销渠道往往不是单一的渠道，而是由若干个渠道共同构成，其中"商流通道"和"物流通道"是两个最基本的要素；分销渠道本身包含两大基本性能：有偿性和连续性。消费品分销渠道有四种模式：零级渠道、一级渠道、二级渠道和三级渠道；工业品分销渠道有三种模式：零级渠道、一级渠道和二级渠道。影响分销渠道选择的因素主要有产品因素、市场因素、企业因素、环境因素。中间商是指在生产者与消费者之间，专门从事商品流通活动的经济组织和个人。它在产品由生产领域向消费领域的转移过程中起着桥梁和纽带作用。中间商的类型主要有零售商、批发商、经销商和代理商。对于生产企业，有三种分销渠道策略可供选择：广泛分销策略、选择性分销策略和独家分销策略。分销渠道及渠道中各成员的关系不是一成不变的，随着企业外部市场和内部营销策略的变化，分销渠道系统也呈现新的发展趋势，出现了垂直营销系统、水平营销系统和多渠道营销系统等新的渠道营销系统。分销渠道管理主要包括：协调处理渠道成员之间的竞争与合作、激励渠道成员、对渠道成员绩效进行评估。产品实体分销也称为物流，是指渠道内发生的产品实体的转移。它通过有效地安排货物的仓储、管理和运输,以最低的成本使货物在规定的时间到达需要的地点。实体分配策略包括运输决策、仓储决策、存货决策等内容。

【情境测试】

1. 什么是分销渠道?渠道的长短、宽窄的含义是什么?
2. 分销渠道的模式主要有哪些?
3. 影响分销渠道选择的主要因素有哪些?
4. 中间商主要有哪几类?
5. 简述渠道策略的内容。
6. 什么是垂直营销系统,它有哪几种类型?
7. 分销渠道管理的内容有哪些?
8. 分析连锁店及超级市场在我国的发展前景。
9. 一些制造商热衷于选择直接分销渠道,使中间商感到很大的压力,请为中间商想一个好的对策。

情境五
药品市场促销策略

>>>>

📖 【学习目标】

通过本情境的学习，使学生了解医药促销、医药促销组合的基本内涵；掌握药品促销方案设计的基本思路和方法；掌握医药人员推销、医药广告、医药公共关系、医药营业推广等促销手段的组合策略。

📖 【技能目标】

能够应用医药人员推销、医药广告、医药公共关系、医药营业推广等组合促销手段进行产品促销；能够设计医药促销组合并参与决策过程；能够熟悉人员推销的过程及推销技巧；能够进行医药广告的设计。

📖 【案例导入】

广州白云山制药总厂创立于1973年，为全国著名的抗生素专业化生产企业。品牌资产达到近百亿。2003年2月，一场突如其来的"非典"疫情让抗病毒效果相当显著的"白云山"板蓝根成为炙手可热的稀缺资源，面对手拿现钞排队等的长龙，面对提价即可获得高额利润的诱惑，白云山中药厂没有在暴利面前折腰，反而率先向社会公开承诺"白云山板蓝根不提价，质量不打折，亏本也要生产"，树立了企业的美誉形象，与此同时，利用新闻媒体、网络宣传等多种形式，树立企业产品在公众心目中的地位，使企业迅速崛起。

"白云山"的成功告诉我们：现在的市场营销仅局限在好产品、价格低上是不能很快就被大众认可的，要通过以合适的时间、地点、事件把它推给目标顾客，塑造并树立企业在公众中的形象，通过各种沟通措施的实施使消费者对企业及企业的产品产生好感，进而产生购买行为。这一系列变化多端的沟通策略在营销学上被称为促销策略。

【课前思考题】
1. 你认为人员推销和营销有什么区别？
2. 你参加或观看过商品的促销活动吗？都是以什么形式促销的？

单元1 药品促销方案设计

一、药品促销的概述

（一）医药促销的概念、作用

1. 医药促销的概念

医药促销是指医药企业通过人员推销和非人员方式将医药产品或所提供的服务以及医药企业的信息与潜在顾客进行信息沟通，引发并刺激对医药产品或医药企业或所提供的服务产生兴趣、好感与信任，进而做出购买决策的一系列活动的总和。医药促销方式一般来说包括两大类：人员促销和非人员促销。非人员促销具体又包括广告、公共关系和营业推广三个方面。医药促销的实质是要达成企业与消费者买卖双方的信息沟通。医药企业作为商品的供应者或卖方，面对广泛的消费者，需要把有关企业自身及所生产的产品信息传达给消费者，使他们充分了解企业及其产品、特征、价格等，借以进行判断和选择。这种由卖方向买方的信息传递，是买方得以做出购买行为的基本前提。另一方面，作为买方的消费者，也把对企业及产品、需求动向反馈到卖方，促使卖方根据市场需求进行生产。这种由买方向卖方的信息传递，是卖方得以适应市场需求的重要前提。可见，促销的实质是卖方与买方的信息沟通，这种沟通不是单项式沟通，而是一种由卖方到买方和由买方到卖方的不断循环的双向式沟通（图5-1）。医药促销的最终目的是引发和刺激消费者产生购买行为。通过运用各种促销手段，对医药企业产品的有效宣传，刺激消费者的消费欲望，引发消费需求和购买动机，促成消费者的购买行为。

2. 医药促销的作用

医药促销的作用主要体现在以下几个方面：

（1）传递消息　药品进入市场或即将进入市场，生产者通过促销手段及时向

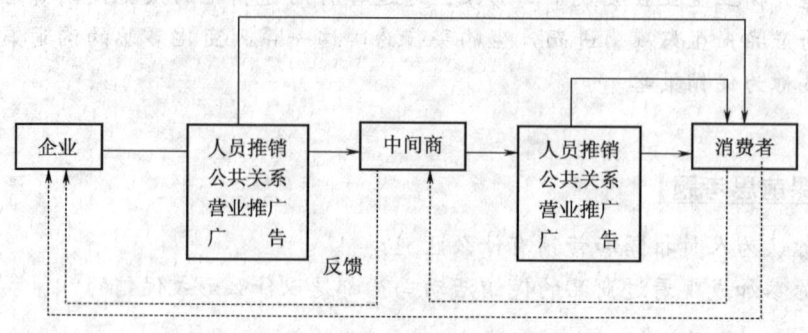

图 5-1 交易双方信息沟通

中间商和消费者提供情报,引起社会公众广泛的注意,吸引他们注意药品存在。通过传递产品信息,把分散、众多的消费者与企业联系起来,便于消费者选择购买,成为现实的买主。

(2) **唤起需求** 在医药促销活动中向消费者介绍产品,不仅可以诱导需求,有时还可以创造需求。医药促销的作用就在于通过介绍产品,展示合乎潮流的消费模式,提供满足消费者生存和发展需要的承诺,从而唤起消费者的购买欲望。

(3) **突出特点** 在同一类药品市场上,一种药品基本上是满足消费者某一方面的需求,药品的基本成分组成是相同的。生产者通过药品促销活动,显示药品的突出性能和特点、药品给顾客带来的满足程度、药品购买给顾客提供的附加价值等,消费者加深了对药品的了解,从而增加购买力。

(4) **稳定销售** 由于药品市场的激烈竞争,企业本身的药品销售可能起伏不定,企业的市场份额呈现不稳定状态,有时甚至可能出现较大幅度的滑坡。通过有效地实施促销活动,企业可以得到反馈的市场信息,及时做出相应的对策,加强药品促销的目的性,使更多的消费者对企业及药品由熟悉到偏爱,从而稳定产品销售,巩固企业的市场地位。

(二) **药品促销组合**

药品促销组合是指企业有计划有目的地把人员推销、广告、公共关系、营业推广等促销形式进行适当配合和综合运用,形成一个完整的药品销售促进系统。药品促销组合是市场营销组合的第二个层次。促销方式分为人员推销、广告、公共关系及营业推广等,四种方式或手段各有优缺点,促销的重点在不同时期、不同商品上也有区别。确定促销组合策略,主要应考虑以下因素:

1. 促销目标

促进销售的总目标,是通过向消费者的报道、诱导和提示,促进消费者产生购买动机,影响消费者的购买行为,实现产品由生产领域向消费领域的转移。但在总目标的前提下,在特定时期对特定产品,企业又有具体的促销目标。例如,针对某些产品,企业的促销目标可以是引起社会的公众注意,报道产品存在的信息；也可以重点突出产品特点、性能，以质量、造型或使用方便吸引顾客；还可以强调售后服务优良等。总之，在进行促销组合时，要根据具体而明确的营销目标对不同的促销方式进行适当选择，组合使用，从而达到促销目标的要求。

2. 产品性质

不同性质的产品，消费者状况以及购买要求不同，因而采取的促销组合策略也不同。一般来说，具有广泛的消费者，价值较小、技术难度也较小的消费品，促销组合中广告的成分要大一些；而有较集中的消费者，价值较大，技术难度也较大的工业品，运用人员推销方式的成分要大一些。公共关系、营业推广两种方式，在促销活动中对不同性质的产品的反应相对较均衡，应根据具体情况而定（图5-2）。

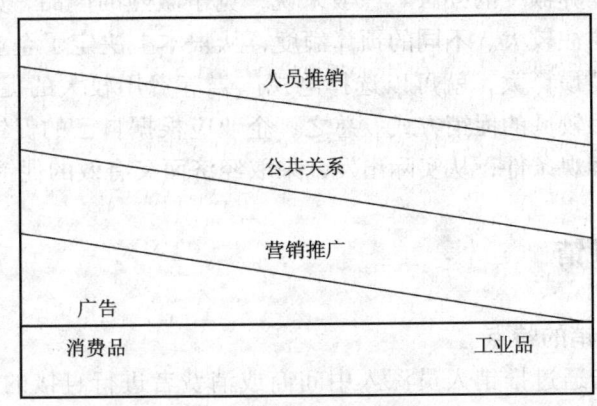

图5-2 不同性质产品的促销方式选择

3. 产品生命周期

产品生命周期的不同阶段，企业促销的重点和目标不同，要相应制订不同的促销组合。介绍期重点是让消费者了解产品，所以主要采取广告方式，同时也可以通过人员推销诱导中间商采购。成长期和成熟期重点是增进消费者的兴趣、偏好，多采取不同形式的广告介绍商品特点、效用。衰退期重点是促成持续的信任和刺激购买，多做广告效果已不大，适宜多采取营业推广的方式增进购买（表5-1）。

表5-1　　　　　　　　不同时期采取不同的促销方式

产品生命周期	促销重点目标	促销主要方式
介绍期	认识了解产品	各种广告
成长期 成熟期	增进兴趣与爱好	改变广告形式
衰退期	促成信任购买	营业推广为主，辅以广告、减价等
市场生命周期各阶段	消除不满意感	改变广告内容，利用公共关系

4. 市场性质

市场地理范围、市场类型和潜在顾客的数量等因素，决定了不同的市场性质；不同的市场性质，又决定了不同的促销组合策略。一般来说，目标市场的空间大，属于消费品市场，潜在顾客数量较多，促销组合中广告的成分要大一些；反之，目标市场空间小，属于工业品市场，潜在顾客的数量有限，促销组合推销的成分则要大一些。

5. 促销预算

究竟以多少费用用于促销活动，不同的竞争格局，不同的企业和产品都有所不同。促销预算一般是采取按营业额确定一个比例的方法，有的也采取针对竞争者的做法来确定预算额度的办法。一般来说，竞争激烈的产品，如化妆品、口服液等，促销预算往往较大。不同的预算额度，从根本上决定了企业可选择的促销方式。例如，促销预算大，就可以选择电视广告等费用较大的促销方式。反之，则只可能选择费用较低的促销方式。总之，企业应根据自己的促销目标和其他因素，全面衡量主客观条件，从实际出发，采取经济而又有效的促销组合。

二、药品人员推销

（一）人员推销的特点

人员推销是指通过推销人员深入中间商或消费者进行直接的宣传介绍活动，使其采取购买行为的促销方式。人员推销是人类最古老的促销手段。远在小商品经济时代，商人的沿街叫卖、上门送货等就属于人员推销的性质。在商品经济高度发展的现代社会，人员推销这种古老的形式更焕发了青春，成为现代社会最重要的一种促销形式。同非人员促销相比，人员推销的最大特点是具有直接性。无论是采取人员推销面对面地与顾客交流的形式，还是采取推销人员通过电话访问顾客的形式，推销人员都在通过自己的声音、形象、动作或拥有的样品、宣传图片等直接向顾客展示、操作、说明，直接发生相互交流。人员推销的这种直接性的特点，决定了实施过程中既具有优于非人员推销的一面，也有劣于非人员推销的一面。

人员推销的优点主要表现在以下方面：

1. 作业弹性大

推销人员与顾客保持直接联系，在促销过程中可以直接展示商品，进行操作表演，帮助安装调试，并且根据顾客反映出来的欲望、需求、动机和行为，灵活地采取必要的协调措施，对顾客表现出来的疑虑和问题，也可以及时进行讨论和解答。此外，推销人员在促销的同时，尚可兼做许多相关性的工作，如服务、调研、情报搜集等。

2. 针对性强

采取广告方式等非人员推销手段，面对的是广泛的社会公众，他们可能是也可能不是该产品的顾客。而人员推销在作业之前往往要事先对顾客进行调查研究，选择潜在顾客，直接针对潜在顾客进行促销活动。针对性强可以减少浪费，促销绩效也比较明显。

3. 及时促成购买

人员推销的直接性，大大缩短了从促销活动到采购购买行为之间的时间间隔。采取广告促销方式，顾客有一个接受、思考、比较、认定以及到店购买的时段，而人员推销活动，则可以使顾客的种种问题迎刃而解，在推销人员面对面的讲解、说服帮助下，可以促进顾客立即采取购买行为。

4. 巩固关系

推销人员在与顾客长期反复的交往过程中，往往培养出亲切友好的关系。一方面，推销人员在帮助顾客选择称心如意的商品，解决产品使用过程中的种种问题，使顾客对销售人员产生亲切感和信任感；另一方面，顾客对推销人员的良好行为予以肯定和信任，也会积极宣传企业的产品，帮助销售人员扩展业务，从而形成长期稳定的关系。

人员推销最主要的缺点：当市场人员广阔而又分散时，推销成本较高；同时，推销人员的管理也比较困难；此外，理想的推销人员也很难得。

（二）药品人员推销的类型

一般来说，人员推销有三种基本形式。

1. 上门推销

上门推销是最常见的人员推销形式。它是由推销人员携带产品样品、说明书和订单等走访顾客，推销产品。这种推销形式可以针对顾客的需要提供有效的服务，方便顾客，故为顾客广泛认可和接受。

2. 柜台推销

柜台推销又称门市，是指企业在适当的地点设置固定门市，由营业员接待进入门市的顾客，推销产品。门市的营业员是广义的推销员。柜台推销与上门推销正好相反，它是等客上门式的推销方式。由于门市里的产品种类齐全，能满足顾客多方面的购买要求，为顾客提供较多的购买方便，并且可以保证产品完好无损，故顾客比较乐于接受这种方式。

3. 会议推销

会议推销是指利用各种会议向与会人员宣传和介绍产品，开始推销活动。譬如，在订货会、交易会、展览会、物资交流会等会议上推销产品。这种推销形式接触面广、推销集中，可以同时向多个推销对象推销产品，成交额较大，推销效果较好。

（三）药品人员推销的过程

人员推销过程概括起来可分为寻找顾客、推销谈判、处理异议和促成交换四个阶段。

1. 寻找顾客

作为推销活动的首要环节，寻找顾客是找到并筛选出那些适合本企业商品的消费群体的过程。其步骤为：①熟悉本企业产品。推销人员必须在了解和熟悉本企业产品的基础上，认识到该产品到底能为顾客带来哪些利益和需求的满足，从而提出适合该产品的顾客的条件；②确定顾客范围。企业的产品应当是以满足顾客需求为中心而生产的，因而需要根据以上提出的适合该产品的顾客的条件找到这个顾客群；③选择适当的寻找方法。条件与范围确定之后，方法就显得十分重要；④筛选最佳顾客。通过各种方法，我们会寻找到大批的顾客群，但要成为我们能集中力量与之接触的推销对象，还需进一步地筛选。筛选的要素是：需要、购买力、决策权。

2. 推销谈判

推销谈判是一个与顾客交流信息、相互沟通的过程，是说服顾客做出购买决策的过程，其最终目的是促成交换。为此，需做好以下几方面的工作：①行前准备。推销人员在谈判前的准备包括心理、仪表和计划三个方面。要有自信，情绪饱满，积极务实；仪表端庄；谈判前的计划要切实可行。②建立协商区。推销人员与顾客之所以能坐在一起谈判，关键因素是双方有一个共同的协商区——价格，所以在谈判的初始要能对自我的承受力有清楚的把握，并让顾客感觉到他是可以在他的承受力范围之内讨价还价的；③寻找利益的平衡点。在互惠互利的基础上，在"双赢"的愿望支配下寻找利益的平衡点。既要顾客满足需求，又要使企业获得利润；④运用谈判的技巧。谈判是对立、分歧、坚持、妥协的过程。

3. 处理异议

顾客的购买，一是为了商品的使用价值的获得，二是力求价廉物美，所以往往在购买的过程中提出各种不同的异议。而对异议的处理，又贯穿于整个谈判过程之中。

4. 促成交换

寻找顾客、推销谈判、处理异议都是促成交换的手段，促成交换才是推销的最终目标。促成交换是将交换的可能性变为现实的过程，是推销人员与推销对象寻找利益共同点而进行实质性交换的过程。

（四）药品人员推销的团队管理

1. 销售人员的激励

为了提高药品销售人员的积极性，如期完成企业的销售任务，必须设计企业销售人员的激励措施，制定合理的报酬。销售人员工作远离企业，在一线工作责任重大，具有挑战性和创造性。同时，在外独立完成销售工作精神压力大，所以，他们的报酬一般高于企业其他人员。销售人员的激励措施可以考虑我国企业目前用得较多的几种形式。

（1）固定工资加奖金　这种报酬形式强调的是固定工资，一般适用于不直接推销的一线、集体协作完成的销售工作及主要从事技术服务的销售人员，不利于调动销售人员的积极性。

（2）提成制工资　提成制是以销售人员完成的销售量为基础，依据货款回笼量按一定比例提成支付报酬。这种方式突出变动报酬，强调业绩与报酬紧密挂钩，方法简单，容易计算，对销售人员的激励作用大，有利于调动销售人员的积极性。但是，销售人员所承担的任务压力大，盈亏自负的风险也大，易造成销售人员急功近利追求销量，而忽视了对市场的培育工作。

（3）固定工资加提成　固定工资加提成是上述固定工资加奖金和提成制两种形式的结合，这种形式较好地综合了固定工资加奖金和提成制的优点，同时也克服了它们的缺陷，实行这种报酬形式，固定工资和提成比例是灵活的，一般根据企业目标市场特点、产品寿命周期状况来自行制定和调整。

2. 销售人员的考核

企业必须加强对销售人员的管理，促进销售任务的完成，提升销售人员的工作业绩。销售人员考核设计的基本内容有：

（1）销售人员的考核途径　对销售人员进行监督管理的四条途径包括：销售人员的记事卡、销售人员销售工作报告、顾客的评价、企业内部员工的评价。

（2）销售人员的考核标准　考核标准的确立要有一致性、客观性，同时，又要根据销售人员的工作环境、区域市场的实际情况和所经营产品寿命周期阶段状况灵活掌握，科学地考评。对销售人员考核的指标通常有：销售计划完成率、销售毛利率、销售费用率、货款回收率、客户访问率、访问成功率、顾客投诉次数、培育新客户数量等。

3. 销售人员的培养

（1）道德品质培养　要求销售人员在执行销售工作过程中，能够正确处理好各方面的关系。

（2）个人修养培养　营销人员的外在形象与个人修养，会对企业形象和产品销售带来直接的影响。营销人员要注意自己仪表端庄、举止文雅等良好的气质和外表风度，给消费者一种亲切、愉快和满意的直观感觉；销售人员还必须以积极主动的态度、饱满的热情投入工作，坦然、成熟地面对和处理成功与失败。

（3）宽领域的知识结构培养　销售人员既是产品的销售员、市场调查员和信息收集员，又是售前、售中、售后服务员，还是消费者的参谋员和新观念的宣传员。因此，为了适应科学技术的迅速发展和商品结构、品种日益复杂的要求，销售人员必须具备与销售工作有关的基础知识、专业知识和关联知识。

（4）全面的销售能力培养　要培养销售人员市场开拓能力、成功谈判能力、吃苦耐劳精神、敏锐的洞察力、业务组织能力、业务控制能力、应变创新能力等。

三、广告

(一) 广告的概念

广告的定义随着时代的发展而变迁。早期人们通常把凡是以说服方式（包括口头方式和文字、图画等）、有助于商品和劳务销售的公开宣传，都称为广告。这是广义的广告。在营销活动中，广告是指由特定的广告主，有偿使用一定的媒体，传播商品和劳务信息给目标顾客的促销行为。这个概念包含了以下含义：

（1）广告应有特定的广告主并由其支付一定的代价。企业为了扩大其知名度，推广其产品，宣传企业，则要向传媒付费。

（2）广告是市场经济活动的一种传播手段。广告本身不是一个独立的实体，广告是市场营销活动的组成部分，它的真正目标是为增加销售做有效传播。

（3）广告以非人员方式有计划地进行促销活动。它是一种系列活动，包括计划、准备和通过大众传播媒体做信息的传递。

（4）商品广告的范围主要包括商品与劳务两大部分。商品与劳务构成市场经济活动的物质基础，广告活动与市场经济紧密结合。

(二) 广告的作用

我国经济改革的市场取向，决定了广告在国民经济中的重要作用。广告是社会生产总过程的润滑剂，它有利于开展竞争，促进生产，指导消费，活跃经济，方便人民生活，加速商品流通，扩大对外交流。在市场营销活动中，广告的功能主要包括以下几个方面：

1. 认识的功能

多种广告媒体传播面广而及时，深入社会各个角落，传递到千家万户。对某些商品购买的决策人，人员推销反而不易接近，唯有广告才能迅速缩短距离，减少隔阂。

2. 心理的功能

广告可使消费者对企业和产品具有良好的印象，诱发消费者的感情，引起购买的欲望，促进消费者采取购买行为。成功的广告活动，可以吸引顾客对企业和产品的偏爱，增加习惯性购买，防止销路萎缩，延长产品生命周期。

3. 美学的功能

广告也是一种艺术，好的广告能给人以美的享受，能使店容店貌更加宜人，能美化市容环境。广告设计能选择令人感兴趣的题材，进行艺术加工，形成形式与内容的统一，引人入胜。

4. 教育的功能

广告题材十分广泛，它不仅来自商品本身，而且可选择与人们身心健康有关的题材，与儿童成长有关的题材，与社交活动有关的题材，有助于人们发奋进取的题材等，从而起到帮助消费者树立新的道德观、人生观和良好的道德风尚的作用。

四、药品促销方案的设计

促销方案设计是企业营销管理的一项重要的技能，无论在企业市场部、销售部，还是广告部工作都需要掌握这一技能。企业营销人员在营销实践中，能够运用促销策略，制定具体的促销计划。在促销活动开展之前，必须开展市场调查，收集有关信息资料，进行资料的整理和分析。依据市场、消费者和竞争者的分析资料，对某项促销活动过程及操作细节进行规划与方案设计。促销方案设计能够使企业强化促销目的，更好地定位于市场，使促销活动更有计划性、系统性、有效性，促进产品销售，并能在一定程度上降低促销费用，节省开支。具体的促销计划详略程度是不同的，但一般的促销计划应包括以下内容。

（一）药品促销目标设计

1. 根据企业布置，确定促销时间

促销时间的安排一般10天为宜，跨2个双休日。从星期五周末开始至下周日为止。如果是大的节庆活动，促销时间可以安排长些，但一般不要超过一个月。

2. 根据企业要求及市场分析资料，确定促销目标

一般来说，针对消费者的促销目标有：①增加销售量，扩大销售；②吸引新客户、巩固老客户；③树立企业形象，提升知名度；④应对竞争，争取客户。促销目标要根据企业要求及市场状况来确定，可以确立单个目标，也可以确立多个目标。促销目标的确定要交待背景，说明原因，即对与此促销目标有关的情况做个描述，如当前市场、消费者和竞争者状况、企业目前情况及本次促销动机等。

（二）药品促销主题设计

1. 促销主题是方案设计的核心

促销主题是方案设计的核心、中心思想，是贯穿整个营销策划的一根红线。任何一项策划总有一个主题。主题明确，方案设计才会有清晰而明确的定位，使组成促销的各种因素能有机地组合在一个完整的计划方案之中。确定一个主题是很重要的。促销主题是通过"主题语"来表现的。

2. 主题确立要求

促销主题确立需要考虑：①主题必须服从和服务于企业的营销目标；②主题必须针对特定的促销及其目标；③主题要迎合消费者心理需求，能引起消费者的强烈共鸣。

3. 主题语表现

促销主题语表现：①明确的利益、情感诉求点；②突出鲜明的个性；③具有生动的活力；④简明易懂。

4. 主题确立要有创意

促销主题确立是一项创意性很强的活动，又是有一定难度的操作，是本课业训练的重点，通过这样的训练来强化学生的创意能力。

（三）**药品促销活动方案设计**

这部分也是方案设计的核心内容。在这里设计者的聪明才智与创新点子要充分地表现出来。促销活动方案设计的要求：

1. 紧扣促销目标，体现促销主题

促销方案的设计要求围绕着促销主题而展开，方案要尽可能具体，要把行动方案按不同的时段进行分解，当然还要突出重点。设计这一部分内容的要点是：以市场分析为依据，充分发挥设计者的创新精神，力争创出与众不同的新方案。

2. 选择促销商品，确定促销范围

作为促销商品还必须具备这些条件：①有一定的品牌知名度；②有明显的价格优势；③消费需求量较大。

3. 选择促销方式，进行合理组合

根据确定的促销商品范围，来设计具体的促销活动方案。在促销中，促销组合的几种方式都要考虑运用，但当前运用较多的、最受消费者欢迎的有"特价促销"、"赠送促销"、"公关促销"、"有奖促销"、"服务促销"等。在方案策划中，可以采用多种形式，但要注意促销方式的"有效性"。

4. 促销活动设计要求"具体"、"可操作"

具体到每一种商品特价的确定，从现有市场价按一定的特价原则来一一制定，具体到每一种特价商品如何陈列。有些方案更强调活动程序的安排。为此，这些操作性较强的具体促销方案都应独立做附件。

5. 促销活动设计追求"创意"

方案设计成功与否主要看有多大"创意"，只有具有新意、具有较强个性、具有生动活力的促销活动，才能引起消费者的强烈共鸣，才是设计的价值所在。当然，这些"创意"要考虑现行的客观性，更要考虑消费者的认可和接受程度，否则再好的"创意"也是束之高阁的东西。

（四）**药品促销费用预算**

药品促销费用预算是促销方案设计必不可少的部分，对方案设计的促销活动必须进行费用预算。

1. 费用预算设计

费用预算应该列在两个地方，一是在药品促销方案中凡涉及费用的都要估算列出，二是以各方案预算为基础再设计独立的"药品促销总费用预算"，这样能使人一目了然。

2. 费用预算内容

药品促销费用预算一般要考虑的费用有："广告费用"、"营业推广费用"、

"公关活动费用"、"人员推销费用"等。

3. 费用预算与促销方案须平衡

促销活动需要费用支持，因此促销费用估算与各促销方案设计是密不可分的，任何促销方案都要考虑到它的费用支出。不顾成本费用，无限制地拔高促销方案或加强方案力度实际上是纸上谈兵，根本无操作性可谈。促销方案和费用预算匹配，费用要能够支持促销活动的开展。促销方案和费用预算的平衡也是衡量方案设计水平的一个标准。

4. 费用预算要求

在方案设计中，费用预算要注意：①了解促销费用；②尽可能细化；③尽可能准确；④求得最优效果。

（五）药品促销实施进度安排

为了保证促销计划得以顺利实施，必须对整个计划实施过程予以控制。在促销方案的最后部分，要求设计促销实施进度安排。

1. 药品促销实施的两个阶段

促销实施是一个过程，一般包括两个阶段，前期促销准备阶段和后期促销进行阶段。整个促销实施过程需要有效控制，从组织上、制度上、人员上和时间上给予充分保障，使促销活动如期有效地开展进行。

2. 促销实施的主要事项

促销准备一般需要两个月左右，准备的事项有：①促销药品的准备；②DM广告的制作和发放；③POP广告的制作和布置；④促销药品陈列和环境布置；⑤药品促销活动准备。促销进行期间也有大量的工作要做，许多活动要组织。

3. 制定"促销实施进度安排表"

在方案设计中必须拟定一张"促销实施进度安排表"，明确安排这些工作、活动何时做，由谁做，有什么要求。这样，使计划方案由单纯的构思创意转为具体的实施计划，它也可作为计划实施活动进行控制的检查标准。可见，促销实施安排表是促销计划得以实施的必要保证。

单元2 ▶ 消费者的营业推广

一、营业推广的概念

营业推广，被誉为现代营销的开路先锋，销售的推进器。现代营销理论认为，营业推广与人员推销、广告、公共关系有异曲同工之妙，是现代促销四大手段之一。营业推广，也称销售促进，它是企业用来刺激早期需求或强烈的市场反映而采取的各种短期性促销方式的总称。营业推广是一种适宜于短期推销的促销方法，是企业为鼓励购买、销售商品和劳务而采取的除广告、公关和人员推销之外的所有企业营销活动的总称。企业的营业推广对象包括消费者、中间商、推销员。

二、药品营业推广的特点

营业推广的方式多种多样，有几个明显特点。

（1）见效迅速　可根据顾客心理和市场营销环境等因素，采用针对性很强的营业推广方法，向消费者提供特殊的购买机会，具有强烈的吸引力和诱惑力，能够唤起顾客的广泛关注，迅速刺激需求和购买，在较大范围内收到立竿见影的功效。

（2）有一定的局限性和副作用　医药营业推广往往是企业为了推销积压产品，或尽快地批量推销产品，获得短期经济效益而采取的措施。有些方式显现出卖者急于出售的意图，容易造成顾客的逆反心理。如果使用太多，或使用不当，顾客会怀疑此产品的品质及产品的品牌，或产品的价格是否合理，给人以"推销的是水货"的错误感觉，从而有损产品或企业的形象。因此，选择医药营业推广形式时应慎重。

（3）直观的表现形式　许多营业推广工作具有吸引注意力的性质，可以打破顾客购买某一特定产品的惰性。它们告诉顾客说这是永不再来的一次机会，这种吸引力，尤其是对于那些精打细算的人是一种很强的吸引力，但这类人对于任何一种品牌的产品都不会永远购买，是品牌转换者，而不是品牌忠实者。

（4）活动和政策的短期性　营业推广活动的开展只是在一特定的时期内进行，活动不可能长期开展，活动期间采取的优惠促销政策，也只能在活动期内有效。活动结束后营销活动就要恢复到正常水平。如果营业推广经常化，长期化，那就失去了销售促进的意义。

（5）目标明确且容易衡量　促销活动的开展都有一个十分明确的营销目标。促销方案是否有效，关键就看活动结束后，促销目标的实现程度。

（6）与沟通群体的互动性　可以形成良好的商业氛围和商业关系。促销往往需要消费者或中间商积极参与，只有把他们的积极性调动起来，刺激其需求，促进其实现消费，才能达到企业的目的。因此，促销方案强调与沟通群体的互动性，形成良好的商业氛围和商业关系。

三、医药企业常用的营业推广方式

经过多年的发展，如今的营业推广已更趋完善，依据其诉求点不同，可分为对消费者的营业推广、对中间商的营业推广、对推销人员的营业推广、对医院的营业推广四类。

（一）对消费者的营业推广方式

可以鼓励老顾客继续使用，同时促进新顾客使用，动员顾客购买新产品或更新设备，引导顾客改变购买习惯，或培养顾客对本企业的偏爱行为等。其方式如下。

1. 免费赠送

免费赠送就是企业将一部分产品免费赠与目标市场的消费者，使其试尝、试用、试穿。可直接赠送，也可在销售其他商品时附送或凭企业广告上的附条领取。这种方式对新产品的介绍和推广是最为有效的。它包括样品赠送、附加赠送、赠券、包装赠送、礼品赠送等多种形式。以赠送为核心的营业推广活动，推广效果好坏的关键在于赠送品的吸引力及赠送时机的把握。

2. 价格推广

价格推广是以商品或服务的价格的变化（通常是价格的降低）作为刺激消费者消费的主要手段。价格的降低可以通过直接的降价或折价形式出现，也可以通过间接的返还来实现。

3. 抽奖促销

顾客购买一定的产品之后可获得抽奖券，凭券进行抽奖获得奖品或奖金。抽奖可以有各种形式。例如，某药店举行促销活动，其中一项是幸运抽大奖，购物满38元可凭购物小票获得一次抽奖机会，多买多抽，中奖率100%，奖品包括液晶电视、电火锅、豆浆机、炒勺等。凡抽奖者不再同时享受购物分级送的活动。

4. 现场演示

企业派人将自己的产品在销售现场当场进行使用示范表演。现场示范一方面可以把一些技术性较强的产品的使用方法介绍给消费者；另一方面也可使消费者直观地看到产品的使用效果，从而能有效地打消顾客的某些疑虑，使他们接受企业的产品。因此，现场示范对于使用技术比较复杂或是效果直观性比较强的产品最为适用，特别适宜于用来推广一些新产品。某中药厂生产的新品××清热颗粒，为了推向市场，在炎热的夏季，在药厂和社区人员的组织下，由专家做了药品相关常识的讲解，工作人员准备了温水，现场冲服、尝试，让人们真正体会到药品的清凉口感和清热作用。

5. 联合推广

联合推广曾被营销人员喻为推广法宝，是通过一些综合性的手段，进行商品促销的方式。它主要包括：示范推介、财务激励、联合促销、连锁促销、会员制促销。如某药厂与某医药公司的联合促销活动，航空业与旅游业的联合促销活动。连锁促销是通过连锁方式进行的促销活动，比之单个企业的促销活动，显然具有整体促销的效益。

6. 参与促销

通过消费者参与各种促销活动，如技能竞赛、知识比赛等活动，获取企业的奖励。某药店在"3·15"消费者权益日开展了"有理更有'礼'"的促销活动。凡在活动期间提出合理化建议的顾客，均可获得礼品一份。"3·15"当日，顾客均可领取一份"服务质量有奖调查活动表"，填好后交回，可获得"好口杯"一个。

7. 会议促销

各类展销会、博览会、业务洽谈会期间的各种现场产品介绍、推广和销售活动。

（二）对中间商的营业推广方式

由于绝大多数商品从生产者手里转移到消费者手里，都要经过或多或少的中间环节，即中间商或零售商，所以企业除了对消费者要以营业推广手段来推动其购买外，还要进行中间商，特别是零售商的推广工作，这对于最终实现商品价值，建立制造商和产品品牌声誉、提高市场占有率具有重要作用。

1. 批发折扣

激励中间商更多订货的最有效方法之一是给予价格折扣。企业在某一时期内给经销本企业产品的批发商或零售商加大折扣比例，折扣的形式可以是折价、数量折扣，也可以是附赠商品。批发折扣可吸引中间商增加对本企业医药产品的进货量，促使他们购进原先不愿经营的新产品。

2. 推广津贴

企业为促使中间商购进企业产品并帮助企业推销产品，可以支付给中间商一定的推广津贴，以鼓励和酬谢中间商在推销本企业产品方面所做的努力。

3. 销售竞赛

销售竞赛是利用人们的竞争心理，通过组织相关的竞赛活动以达成促销目的的促销方式。促销竞赛包括：消费者竞赛、经销商竞赛、销售人员竞赛。消费者竞赛是通过组织消费者参与多种形式的竞赛活动，强化产品的顾客扩展，以达到促销的目的。经销商竞赛一方面可以激发经销商的合作兴趣，加大进货和分销力度，另一方面可以密切制造商与经销商的关系，加强彼此的协作。销售人员的竞赛有利于提高销售人员个人或团队的销售量，同时也有利于销售人员之间的互相学习和共同提高。医药生产企业如果在同一市场上通过多家中间商来销售本企业的产品，就可以发起由这些中间商所参加的销售竞赛活动，根据各个中间商销售本企业产品的成绩，分别给优胜者以不同的奖励，如现金奖、实物奖、免费旅游、度假奖等，以起到激励的作用。

4. 交易会或博览会

同对消费者的营业推广一样，企业也可以通过举办或参加各种商品交易会或博览会的方式来向中间商推销自己的产品。由于这类交易会或博览会能集中大量优质产品，并能形成对促销有利的现场环境效应，对中间商有很大的吸引力，所以也是一种对中间商进行营业推广的好形式。

例如，2011年第19届全国药品保健品（广州）交易会

展会时间：2011年9月21日—2011年9月23日

展会地点：广州锦汉展览中心（广州市流花路119号）

主办单位：中国医药保健国际贸易促进会　广东省保健食品行业协会　广州市艺帆展览服务有限公司

承办单位：广州市艺帆展览服务有限公司

参会单位：步长集团、三普药业、药都集团、康缘药业、康美药业、亚洲制药、恒瑞制药、上海优贝斯、中国医药保健品进出口公司、哈药集团三精制药、辅仁药业、云南白药集团、中新药业集团、九芝堂股份有限公司、广州医药、白云山制药、星群药业、广州康和药业有限公司、联环药业、北京同仁堂股份有限公司等。

（三）对内部员工的营业推广方式

对医药企业内部进行医药营业推广活动，旨在使销售活动顺利进行，明确销售重点所在，策划最佳医药营业推广活动、提高销售人员对产品特性的认识，了解医药营业推广计划，促使其有效开展医药营业推广活动。一般可采用的方法有：销售竞赛、免费提供人员培训、技术指导等形式。医药企业要想保持长期的激励效果，还需要建立良好的激励制度来促使销售人员能努力工作。激励制度一般是由药品销售定额和药品销售佣金两方面的内容组成。

（四）针对医院的营业推广方式

1. 折扣

在药品销售过程中，医药企业根据购药单位销售额，在年终或不定期地返回不同比例的现金或药品的行为。在市场经济条件下，折扣是常见的商业行为。但必须要注意公开折扣，不能暗扣，同时还要遵守相应的道德及法律规范。

2. 为医院、科室和医生个人在科学研究方面提供赞助

在营销上，赞助的方式还称得上是新兴的医药营业推广方式，是指医药企业为了实现自己的目标（获得宣传效果或推销效果）而向某些活动或单位提供资金支持的一种行为。如果运用得当，赞助的方式能为医药企业带来比较大的经济效益。

3. 公司礼品或纪念品

用这种方式能有效地宣传公司形象和产品，更好地发展与医院客户之间的关系。如印有药品公司名称的笔、本、灯、台历等。但需要注意的是，医药企业在针对医院和医生的医药营业推广活动中，应遵守社会公共道德及有关的法律规定，而不能变成变相行贿，那样虽有短期效果，但长期来看却容易给公司带来信任危机，甚至卷入法律纠纷。

总之，医药企业对于各种医药营业推广策略的选择，应当根据其营销目标、

产品特性、目标市场的顾客类型以及当时当地的有利时机灵活加以选用。

四、营业推广的目的

(1) 可以吸引消费者购买　这是营业推广的首要目的,尤其是在推出新产品或吸引新顾客方面,由于营业推广的刺激性比较强,较易吸引顾客的注意力,使顾客在了解产品的基础上采取购买行为,也可能使顾客追求某些方面的优惠而使用产品。

(2) 可以奖励品牌忠实者　因为营业推广的很多手段,譬如销售奖励、赠券等通常都附带价格上的让步,其直接受惠者大多是经常使用本品牌产品的顾客,从而使他们更乐于购买和使用本企业产品,以巩固企业的市场占有率。

(3) 可以实现企业营销目标　这是企业的最终目的。营业推广实际上是企业让利于购买者,它可以使广告宣传的效果得到有力的增强,破坏消费者对其他企业产品的品牌忠实度,从而达到本企业产品销售的目的。

五、编制营业推广方案

医药企业针对消费者的营业推广形式多种多样,各有其适用的范围和条件,企业制定营业推广计划的基本步骤如下:

(一) 明确营业推广的目的

针对消费者的营业推广目的包括鼓励消费者更多地使用商品和促进大批量购买;争取未使用者试用,吸引竞争者品牌的使用者。针对零售商的营业推广目的包括吸引零售商们经营新的商品品目和维持较高水平的存货,鼓励他们购买冷落的商品,储存相关品目,抵消各种竞争性的促销影响,建立零售商的品牌忠诚度和获得进入新的零售网点的机会。针对销售队伍的营业推广目的包括鼓励他们支持一种新产品或新型号,激励他们寻找更多的潜在顾客和刺激他们推销冷落的商品。

(二) 明确营业推广的优惠幅度

营业推广时的优惠幅度是活动成败的关键。幅度并非越大越好;当然如果太小,就引不起消费者注意,达不到预期效果,一般原则是要能引起营业推广对象的注意。要使营业推广活动做得成功,必须要使活动具有刺激力,能刺激目标对象参与,刺激程度越高,促进销售的反应越大。

(三) 确定营业推广的期限

营业推广是一种促销活动,其目的是通过这一活动刺激消费者或用户购买其产品,这就要有一个过程,如果期限太短,许多消费者可能由于恰好在这一期限内由于某种原因没有购买或没有来得及购买,从而影响营业推广的效果;反之,如果奖励的期限太长，又不能促使消费者立即做出购买决策，还可能增加较多的费用。营业推广时间安排必须符合整体策略，选择最佳的市场机会。既要有"欲购从速"的吸引力，又要避免草率行事，确保恰当的推广期限。

（四）确定费用预算

没有利益就没有存在的意义。营业推广的实质就是对消费者、中间商予以优惠和折扣，为推销员的工作创造良好的条件，刺激消费者购买，完成企业的目标。所以企业在制定具体营业推广方案时应首先决定活动的规模。在确定活动规模时，最重要的是进行成本－效益分析。促销费用是影响促销效果的一项重要因素，企业的目标是以最小的成本获取最大的效益，但一些必要的开支要事先预算好。确定营业推广预算的方法有两种：一是先确定营业推广的方式，然后再预计其总费用；二是在一定时期的促销总预算中拨出一定比例用于营业推广。后者较为常用。

（五）编制营业推广方案

有一份有说服力和操作性强的活动方案，才能让公司支持你的方案，也才能确保方案得到完美的执行，使促销活动起到四两拨千斤的效果。企业要根据产品的特点，依据推广的目的、推广的对象、推广的经费与经营效益的比率等，来综合考虑确定企业最佳的营业推广方式，并制定营业推广方案。

以"菊三七金骨贴"为例，营业推广方案格式如下：

例，《菊三七金骨贴活动策划方案》

1. 公关活动目的

（1）使菊三七金骨贴迅速打开市场，坚定信心。

（2）零距离接触消费者，指导消费者正确的使用方法。

（3）提高目标人群认知度和接受度。

（4）结合买赠，增加诱因，提升初次购买率。

（5）打破市场坚冰，配合公司整体大战略。

2. 目标顾客

（1）40岁以上的中老年人。他们当中的大部分人都经历过自然灾害、文化大革命，生活水平及质量较差，身体得不到适当的保养。

（2）由于工作上的压力，更没有时间关注自己的身体，加上现在到了一定的年龄，身体大多出现各种各样的病痛。

（3）现在生活水平与质量大为提高，生活安定。但身体已感觉力不从心，有些症状让他们开始忧心能否健康地去拼搏事业或安度晚年。

3. 活动策略

（1）所有患有跌打损伤、内外出血、骨质增生、关节炎、肩周炎、骨折等病症的中老年人都是菊三七金骨贴试用的对象。

（2）以免费试用加现场义诊的方式接触目标消费群体。

（3）以创造性的媒体组合最有效地将活动告知给消费者，以期增加消费者的广泛参与。

（4）凭宣传单或《××晚报》上的菊三七金骨贴广告可享受买一送一的优惠。

4. 推广主题

（1）效果好，就敢送！——菊三七金骨贴万人免费试贴活动！

（2）真金不怕火炼！——菊三七金骨贴请10000××市民作证！

（3）关爱体"贴" 免费试用——菊三七金骨贴万人免费试贴活动！

5. 活动时间和地点：

（1）时间 11月27、28日。

（2）地点 ××市××大药房门口。

6. 活动前的工作

（1）在报纸、杂志上刊登产品的软性新闻。

（2）深入活动区域内的社区散发宣传海报。

单元3 ▶ 药品营销公共关系

一、公共关系的概述

公共关系是由英文"Public Relations"翻译而来的，中文可译为"公共关系"或"公众关系"，不论是其字面意思还是其实际意思基本上都是一致的，都是指组织机构与公众环境之间的沟通与传播关系。一般指一个社会组织用传播手段使自己与相关公众之间形成双向交流，使双方达到相互了解和相互适应的管理活动。这个定义反映了公共关系是一种传播活动，也是一种管理职能。

（一）公共关系的定义

公共关系就是一个社会组织为了推进相关的内外公众对它的知晓、理解、信任、合作与支持，为了塑造组织形象、创造自身发展的最佳社会环境，利用传播、沟通等手段而努力采取的各种行动，以及由此而形成的各种关系。

它本意是社会组织、集体或个人必须与其周围的各种内部、外部公众建立良好的关系。它是一种状态，任何一个企业或个人都处于某种公共关系状态之中。它又是一种活动，当一个工商企业或个人有意识地、自觉地采取措施去改善和维持自己的公共关系状态时，就是在从事公共关系活动。作为公共关系主体长期发展战略组合的一部分，公共关系的涵义是指以下的管理职能：评估社会公众的态度，确认与公众利益相符合的个人或组织的政策与程序，拟定并执行各种行动方案，提高主体的知名度和美誉度，改善形象，争取相关公众的理解与接受。

（二）公共关系的特征

公共关系是社会关系的一种表现形态，科学形态的公共关系与其他任何关系都不同，有其独特的性质特征。

1. 情感性

公共关系是一种创造美好形象的艺术，它强调的是成功的人和环境、和谐的人事气氛、最佳的社会舆论，以赢得社会各界的了解、信任、好感与合作。

2. 双向性

公共关系是以真实为基础的双向沟通，而不是单向的公众传达或对公众舆论进行调查、监控，它是主体与公众之间的双向信息系统。组织一方面要吸取人情民意以调整决策，改善自身；另一方面又要对外传播，使公众认识和了解自己，达成有效的双向意见沟通。

3. 广泛性

公共关系的广泛性包含两层意思：一层意思是公共关系存在于主体的任何行为和过程中，即公共关系无处不在，无时不在，贯穿于主体的整个生存和发展过程中；另一层意思指的是其公众的广泛性。因为公共关系的对象可以是任何个人、群体和组织，既可以是已经与主体发生关系的任何公众，也可以是将要或有可能发生关系的任何暂时无关的人们。

4. 整体性

公共关系的宗旨是使公众全面地了解自己，从而建立起自己的声誉和知名度。它侧重于一个组织机构或个人在社会中的竞争地位和整体形象，以使人们对自己产生整体性的认识。它并不是要单纯地传递信息，宣传自己的地位和社会威望，而是要使人们对自己各方面都要有所了解。

5. 长期性

公共关系的实践告诉我们，不能把公共关系人员当作"救火队"，而应把他们当作"常备军"。公共关系的管理职能应该是经常性与计划性的，这就是说公共关系不是水龙头，想开就开，想关就关，它是一种长期性的工作。

（三）公共关系的结构

公共关系的结构是由组织、公众、传播三要素构成的。公共关系的主体是社会组织，客体是社会公众，主体与客体的中介环节是信息传播。

1. 公共关系主体——社会组织

公共关系的主体是社会组织，尽管有些个人，如在竞选中的候选人、国家公务员等，为了某种特殊利益也举办公关活动，但他们在从事公共关系活动时，不是以自然人的身份，而是以法人的面目出现的。社会组织的特点有：群体性、导向性、系统性、协作性、变动性、稳定性。

2. 公共关系客体——公众

公共关系也称作公众关系，因为公共关系的工作对象就是公众。要做好公共关系工作，就必须了解和研究公众。在公共关系学里，公众与"大众"、"群众"是有区别的。它不是泛指社会生活中的所有人或大多数人，也不是泛指社会生活中的某一方面、某一领域的部分人，而应具体地称为"组织的公众"。公众与组织之间必须存在着相互影响和相互作用。公众的特点有：群体性、同质性、变化性、相关性。

3. 公共关系中介——传播

当组织明确了公共关系目标，确定了目标公众，并有了公共关系活动的设想之后，便要考虑如何运用媒介把目标和设想变成行动。媒介即传播，是连接社会组织和公众的桥梁，是完成沟通的工程，也是实现公共关系目标的唯一手段。

（四）公共关系的基本职能及实现基本职能的途径

1. 公共关系的基本职能

（1）塑造良好的组织形象是公共关系的基本职能。良好的组织形象，对一个社会组织来说，是一笔无形的财富。塑造组织形象要遵循优质产品和优良服务、有效性和长期性、总体性和统一性、竞争性和新奇性的原则。增强投资者的信心；求得稳定而优惠的经销渠道；增进外部环境对组织的了解和支持。

（2）协调组织内外关系是公共关系的另一个基本职能。现在组织必须开展广泛多样的社会交往活动，处理好内、外各种关系，增进与公众之间的交流与互动，创造宽松、友好的环境，尽量避免与公众发生不必要的矛盾，有效地缓解之间的关系。要遵循利益、及时、平等、公开的协调关系原则。

2. 公共关系实现的基本职能的途径

（1）收集信息

①组织管理及人员状况信息：公众对组织领导机构的评价、公众对管理水平的评价、公众对组织人员素质的评价、公众对组织服务质量的评价等；

②产品形象信息：包括消费公众对产品和服务的价格、性能、质量和用途等主要指标的反映等；

③组织运行状态及其发展趋势信息：组织内部自身运行情况及其与组织预定总目标的要求之间的距离及其他可能发展的规律；组织外部所有对社会组织运行及其发展趋势发生或将要发生影响的情况等。

（2）咨询建议

①组织与公众关系的一般情况：主要提供社会组织与公众关系的状态的说明；

②公众的专门性情况：这类咨询通常是在社会组织围绕实现塑造形象和协调关系的基本职能而意欲举办某一专题活动为背景产生的；

③公众心理变化及其趋势咨询：公关人员将其在长期观察和积累的基础上形

成的对公众心理变化及其发展趋势的分析。

（3）参与决策

①为决策提供信息服务：公共关系部门利用联系的优势，获得广泛的外部信息和及时的内源信息，为组织决策提供可靠的依据；

②帮助组织确定决策目标：公共关系部门应站在公众和社会的立场上，对各职能部门的决策目标进行综合评价，使组织的决策目标既反映组织发展的需要，又反映社会公众的需求和利益；

③协助组织拟定和选择决策方案：公共关系参与决策的作用还表现在运用各种公关手段为决策者拟定、选择和协助实施与公共关系有关的决策方案，特别是关注这些决策方案在经济效益和社会效益方面的统一与协调，促使决策者重视决策行为的社会影响和社会效果。

二、公共关系调查的程序及内容

（一）公共关系调查的内容

公共关系调查的内容非常广泛，具体可分为以下两大方面：

1. 组织形象调查

组织形象是指社会公众心目中对一个组织机构的全部看法和总体评价。良好的社会形象是最重要的无形资产。组织形象的衡量是以组织的知名度和美誉度两项指标为依据的。

（1）组织内部形象调查　主要是采集组织内部各层级员工对组织实际形象评价与期望形象要求的相关信息和数据。其调研对象主要分为：组织领导层、中级干部层与操作员工层三级代表。其调研课题着重包括：经营方针、经营政策、决策能力、计划能力、预算能力、信息通畅度、办公环境、生活环境、生产状况、技术优势、协同能力、财务状况、薪资福利、服务质量、发展前景、员工关系等，并应认真听取、详细记录员工的意见和建议。

（2）组织外部形象调查　主要是采集组织外部各公众对组织实际形象评价与期望形象要求的相关信息数据。其调研对象主要分为：各外部公众一定数量的设定代表。其调研课题着重包括：办公环境、生活环境、技术优势、品牌影响力、产品质量、包装形象、供货速度、服务态度、专业化水平、售后服务、信誉度、价格等，并应认真听取、详细记录外部公众的意见和建议。

2. 组织所处的社会环境调查

社会环境是指与组织有关的各类公众和各种社会条件的总和，它影响着组织的生存和发展。社会环境主要包括组织的政治环境、经济环境、法律环境、人文环境、技术环境、公众环境等。进行社会环境调查的目的是找出影响组织发展的主要因素，预测其变化规律，为组织的发展决策提供依据。

(二) 公共关系调查的程序

为了使整个调查工作有计划、有步骤地进行，保证整个活动的科学性，公共关系调查应包括制定调查方案、搜集调查资料、整理分析资料、撰写调查报告四个步骤。

1. 制定调查方案

（1）确定调查目的　指调查所要解决的问题。明确调查目的是制定调查方案的关键所在。

（2）确定调查对象　根据调查目的、任务，来确定调查范围与调查单位。

（3）确定调查项目和调查表　调查项目是调查的具体内容，确定调查项目就是要明确向被调查者了解些什么问题，如消费调查中消费者的性别、民族、文化程度等。对项目进行科学的分类、排列，构成调查提纲和调查表。

（4）确定调查时间和地点　调查时间的确定应包括两个方面：一是要明确规定调查资料所反映的是调查对象从何时起到何时止的资料；二是规定调查工作的开始和结束时间。调查地点应与调查单位相统一。

（5）确定调查方式和方法　在调查方案中，应明确采用什么组织方式和方法取得调查资料。搜集资料的方式有普查、重点调查、典型调查、抽样调查等多种方式。具体调查方法有访谈法、观察法、问卷法和实验法等。调查采取的方式、方法不是固定和统一的，往往取决于调查对象和调研任务。大中型调研要注意多种方式和方法的结合运用。

（6）确定调查组织计划　调查组织计划是指实施整个调查活动过程的具体工作计划，主要是指调查的组织领导、调查机构设置、人员的选拔和培训、调查工作步骤及其善后处理等。

（7）制定调查预算　在进行调查预算安排时，要将可能需要的费用尽可能全面考虑。

2. 搜集调查资料

调查资料的搜集可以从两方面进行：一方面是搜集未做任何加工整理的原始资料，也称第一手资料或初级资料；另一方面是搜集他人已调查整理过的资料，也称第二手资料或次级资料。初级资料搜集的方法包括访问法、观察法、实验法等。次级资料往往是已经公开出版或发表的资料，对这类资料的搜集采取文案调查法。

3. 整理分析资料

整理分析资料是指运用科学的方法，对调查所得的各种零散的资料进行审查、检验和综合加工，使之系统化和条理化，从而以集中、简明的方式反映调查对象总体情况的工作过程。资料的整理分析，通常包括下列工作：

（1）审查核实　在进行资料汇总前，首先对调查得到的资料进行审核，这是保证调查工作质量的关键。审核的内容主要是对其及时性、完整性和正确性的审核。

（2）分类汇编　资料经过检查核实后，为了便于归档查找和统计方便，还应按照调查的要求进行分类汇编，使之成为能反映调查对象客观情况的系统、完整、集中、简明的材料，为分析工作打下良好的基础。

（3）分析处理　资料的分析包括定性分析和定量分析。前者是以资料或经验为依据，主要运用演绎、归纳、比较、分类和矛盾分析的方法找出事物本质特征或属性的过程。后者是运用概率论和数理统计的测量、计算及分析技术，对社会现象的数量、特征、数学关系和事物发展过程中的数量变化等方面进行的描述。

4. 撰写调查报告

撰写调查报告是公关调查的最后程序。作为调查工作的结束，最终要形成一个调查报告。撰写调查报告的目的是对调查活动过程以及对调查数据分析整理的过程及其工作成果进行总结汇报，为制定科学的公共关系计划方案提供依据，为领导者决策提供参考，寻求领导的支持和帮助。

三、公共关系策划

公共关系调查使组织获得了客观的社会形象地位，而公共关系策划就是指公共关系人员根据组织形象的现状和目标要求，分析现有条件，设计最佳活动方案的过程。公共关系策划的目的在于：通过科学的策划思想和方法，设计和选择出有效的公共关系活动方案，从而增强组织公共关系活动的目的性、计划性、有效性，提高组织开展公共关系活动的成功率，最终在社会公众中不断提高和完善组织的形象地位。

（一）公共关系策划的程序

公共关系策划应包括六个工作步骤：确定公共关系目标、确定公众、设计主题、选择媒介、编制预算、审定方案。

1. 确定公共关系目标

公共关系目标是公共关系行为期望达到的成果。它是公共关系活动的方向，也是公共关系活动成功与否的衡量标准。

（1）公共关系目标的类型　根据公共关系的沟通内容，组织的公共关系目标一般有传播信息、联络感情、改变态度、引起行为四种类型。

（2）确定公共关系目标的要求　确定一个公共关系目标，必须能够起到指导整体工作的作用。

2. 确定公众

公共关系是以不同的方式针对不同的公众展开的，要使活动能有效实施，需要确定组织决定作为自己公共关系活动主要对象的那一部分公众，即目标公众。目标公众的确定，有利于选定具体公共关系方案的实施；有利于确定工作的重点、科学地分配力量；有利于更好地选择传播媒介和传播技巧等。

3. 设计主题

公共关系活动主题是对公共关系活动内容的高度概括，提纲挈领，对整个公共关系活动起着指导作用。主题的表现方式多种多样，它可以是一个口号，也可以是一句陈述或一个表白。主题设计得是否精彩恰当，对公共关系活动的成效影响很大，所以一个好的主题，必须满足四个要求：

（1）公共关系主题必须与公关目标相一致，并能充分表现目标。

（2）公共关系主题要适应公众心理的需要，既要富有激情，又要使人感到亲切。

（3）公共关系主题应独特新颖，富有个性，突出活动的特色，使人留下深刻的长久印象。

（4）公共关系主题的表述应做到简短凝练，易于记忆和传播。

4. 选择媒介

不同的传播媒介都有自身的特性，只有选择合适的媒介，才能取得良好的传播效果。在选择传播媒介时，应注意以下几个方面：

（1）与公共关系目标相结合　选择传播媒介时应首先考虑组织的公共关系目标和要求。

（2）与传播内容相结合　在选择时应将所传播的信息内容的特点和传播媒介的优缺点结合起来综合考虑。

（3）与传播对象相结合　组织应根据目标公众的年龄结构、职业性质、生活方式、教育程度、接受信息的习惯等选择合适的传播方式来传播信息。

（4）与经费预算相结合　由于公共关系活动的经费是有限的，组织应根据自己的具体经济条件选择传播沟通媒介，尽可能用有限的经费和资源创造最大的效益。

5. 编制预算

（1）经费预算　公共关系预算的经费大致可分为基本费用和活动费用。基本费用是指相对稳定的费用，包括人工报酬、办公费用等。活动费用是指随某项公共关系活动的开展而形成的费用，包括专项设施材料费、调查研究费等开支。

（2）人力预算　人力预算是指对实现既定公共关系目标所需的人才进行初步的估算，应落实公共关系计划的实施需要组织投入多少人力，什么样的人才结构，是否需要外借人员等。

（3）时间预算　时间预算是指为公共关系具体目标的实现制定一个时间进程表，规定出各阶段的具体工作内容以及所持续的时间，以便公共关系人员按部就班地进行工作。

6. 审定方案

审定方案是公共关系策划的最后一项工作，审定方案工作可分为两个步骤。

（1）优化方案　就是尽可能地将公共关系方案完善化、合理化，提高方案合理值，强化方案的可行性，降低活动耗费。通常可采用重点法、转变法、反向增益法、优点综合法等方法进行方案优化。

（2）方案论证　一般由有关高层领导、专家和实际工作者对方案提出问题，由策划人员进行答辩论证。论证方案应满足系统性、权变性、效益性和可操作性要求。

（二）公共关系策划的方法

公共关系是一门创造性的学问，这种创造性充分体现在公共关系策划中。公共关系策划的灵魂在于创新，有效的公共关系策划离不开科学的策划思想和巧妙的策划艺术。

1. 常用的创造性思维

所谓创造性思维，即思维主体借助逻辑推理与丰富的想像，对概念、表象等思维元素进行组合加工，从而产生创造性思维成果的过程。其一般具有积极的求异性、敏锐的洞察力、创造性的想像、独特的知识结构、活跃的灵感等特性。常见的创造性思维方法有以下四种。

（1）头脑风暴法　是利用群体共同探讨和研究，通过相互间的某些激励形式，以提供能够相互启发、引起联想的机会和条件，使大脑处于高度兴奋状态，不断地提出新颖、新奇的创意的思维方法。

（2）发散思维法　是从给定的信息中产生出新的信息，其侧重点是从同一来源中产生各种各样的为数众多的信息输出，并可能会发生转换作用。

（3）逆向思维法　公共关系策划中的逆向思维，就是要突破常规，突破习惯，以产生惊人的效果。

（4）联想思维法　联想思维是在原先并不相关的事物之间，搭起一座由此及彼的桥梁，将表面看来互不相关的事物联系起来，从而达到创造性思维的界域。

2. 公共关系策划的原则

（1）创新性原则　指公共关系策划活动应该力求新奇、独特、精致、不落俗套。

（2）时效性原则　指公共关系策划活动应该随着形势的变化，积极、主动、及时进行，方案的实施能够取得良好的效果。

（3）可行性原则　指公共关系策划方案应该切实可行，没有可行性的方案，即使是再漂亮的创意和文字，也不会有丝毫的意义。

（4）整体性原则　指公共关系策划活动应该考虑和顾全与策划项目相关的各个方面。

（5）道德性原则　指公共关系策划活动应该符合社会道德要求，才能得到社会公众的接受和好评。

3. 公共关系策划的技巧

公共关系策划是公共关系原则与创造性思维的碰撞结合，这种碰撞结合形成了一些相对稳定的思路和轨迹。公共关系策划的技巧很多，这里简要介绍几种方法，以给公共关系策划者们若干启发。

（1）制造新闻　所谓"制造新闻"，也称"策划新闻"，是指社会组织或个人在尊重事实、不损害公众利益的前提下，有目的地策划、组织、举办具有新闻价值的事件，制造新闻热点，争取报道机会，通过新闻媒介向社会传播，以达到吸引公众注意、扩大组织知名度和影响力的目的。它具有新、奇、特的特点，并必须符合新闻规律，要真实可靠，不允许编造事实、欺骗舆论。这是公共关系利用舆论的主要手段，也是与广告在传播上最大的不同。

（2）借冕增誉　借冕增誉是指社会组织在策划公共关系活动时，将组织及其产品与声望高、权威性强的名人、知名组织、有影响的事物事件联系起来，借助他们的名望、声望及权威来扩大组织的影响及知名度，从而达到事半功倍的效果。

（3）小题大做　小题大做是指在与公众交往中，社会组织要注重小节，在小事上发掘大道理，在小事上展示自己的大观念，从而有效地强化自己的形象。

（4）以攻为守　以攻为守是指当组织与社会环境发生矛盾，环境对组织的生存发展构成严重威胁时，社会组织不应消极观望等待，而应主动出击，对环境积极施加影响，从而变被动为主动，化不利为有利。

（5）以诚换诚　以诚换诚是指当公众对社会或个人产生不满、误解、抱怨时，社会组织或个人要首先摸清情况，对社会、公众做出善意的解释，提出相应的措施，以实际行动换取公众的谅解。

（6）宁为鸡头　宁为鸡头是社会组织在进行形象定位和产品定位时所运用的一种策略，即在实施名牌战略时，企业要想方设法使自己的产品成为世界一流的产品。

（三）公共关系策划书的制作

公共关系活动方案经过论证后，必须形成书面报告——公共关系策划书。公共关系策划书是公关策划工作的表现总结，又是公共关系活动的实施指导、依据和规范。它为公共关系工作的开展提供一个蓝本和标准。制定公共关系策划书的目的是方便计划制定者随时查看项目进展，管理层能够有效地对公共关系结果进行评估，以便获得更好的公共关系传播效果。

公共关系策划书可以分为长期战略规划、年度工作计划和专题活动计划，它们的基本结构和写作方法大致相同，但也有一些区别。一份标准的公共关系策划书通常包括以下五个部分。

1. 封面

封面是策划书的"脸面"，是对策划书的"第一印象"，因此，封面不能太随意，格式要规范；要大方、典雅；要求设计独到、紧扣主题，可以图文并茂，也可以用不同颜色、不同规格、不同字体的文字来设计。封面要注明：

（1）标题　标题应有制定计划的组织的名称、活动的内容、活动方式及文种。如，美的 MPV 产品全国巡展策划书。

（2）密级　可以分为秘密、机密、绝密；或密级：A、AA、AAA。

（3）落款　落款中应注明制作策划书的单位名称及日期，并加盖公章。

2. 序文

序文是指把策划书内容概要加以整理，简明扼要，让人一目了然。序文一般不超过 400 字，视情况可加些说明，不过也不要超过 500 字。

3. 目录

目录务求使人读后能了解策划的全貌，它具有与序文相同的作用，十分重要。

4. 正文

这是策划书中最重要的部分。正文的内容因策划种类的不同而有所不同，但必须以让读者能一目了然为原则，切忌过分纷杂。正文的写作方式以文字为主，也可以配以表格或图示。内容层次一定要清楚、具体。

（1）背景分析　这部分主要目的在于就公共关系传播中存在的问题进行陈述与分析，并阐明公共关系计划的首要目标。

（2）本次活动的主题词　用一句简练新颖、独特、有感染力的语言概括本次活动的宗旨、目的、意义，使活动主题更加突出。

（3）本次活动的主办单位、协办单位、赞助单位及承办单位　主办单位、协办单位、赞助单位及承办单位，必须一一"对号入座"，切不可混淆不清而影响责、权、利的划分。

（4）本次活动的时间、地点、参加者及邀请者　应写明活动的时间、地点和参加者的来源、人数、具体落实的情况。

（5）本次活动的实施方案　这是策划书的核心和"重头戏"，也是本次公共关系专题活动的创意体现和水平检验。每项具体活动项目应包括：活动名称；活动目的及在整个活动中的地位、作用；活动主要内容、方式和基本要求；项目负责人、参与者及分工；项目完成时间及进度表；经费、设备总量和分配；所需的传播媒介及场地等。

（6）本次活动的成效检测标准及方法　应写出负责检测的主持者与参与者，检测的各项具体标准以及检测的多种方法，检测的程序。

5. 附件

附件主要是指策划的相关资料。这部分内容可附也可不附，只是给策划参与者提供参考。资料不能太多，择其要点而附之。

四、公共关系实施

正确地制定具有创意的公共关系计划方案固然重要，但更重要的是将公共关系计划付诸实施，才可能真正产生效用。公共关系实施是在公共关系计划方案确定后，将方案所确定的内容变为现实的过程，它是整个公共关系工作的中心环节。要使公共关系实施真正达到预期效果，在实施过程中应达到以下几点要求：

1. 有效地排除实施中的障碍

虽然公共关系计划经过认真论证，但在实施过程中也难免遇到这样那样的障碍，这些障碍有内部的也有外部的，有主观造成的也有客观造成的。正视种种障碍并采取有效的措施予以排除，才能保证计划的有效实施。影响公共关系实施的障碍主要有以下几方面：

（1）主体障碍　这类障碍主要产生于实施主体自身，包括组织的人员素质、管理水平、计划与论证存在的问题与失误等，从而造成公共关系目标障碍、公共关系创意障碍、公共关系预算障碍等。这些障碍将会直接影响到实施的效果和目标的实现。

（2）沟通障碍　公共关系方案的实施目的在于实现组织和公众之间的双向沟通。但在沟通过程中有不少障碍因素，比如，语言障碍、习俗障碍、观念障碍、心理障碍、组织障碍等。这些障碍都会影响信息传播的真实性，使组织无法顺利实现与对象公众的沟通。

（3）环境障碍　公共关系实施环境障碍是来自于实施环境的各种制约因素、对抗因素、干扰因素。这些因素会从正面（促进）和反面（制约）影响着实施工作的开展。

2. 及时妥善处理实施过程中的突发事件

对公共关系方案的实施干扰最大的莫过于重大的突发事件。如果组织不能及时妥善地处理，不但使整个方案无法实施，甚至会给组织带来巨大的危机。产生突发事件的原因有多种，但不论何种原因导致的突发事件，最关键的做法是保持头脑冷静，防止感情用事，认真剖析原因，正确选择对策，以使对组织形象的损失降到最低。

3. 正确选择方案实施时机

正确选择方案实施时机是提高公共关系方案成功率的必要条件。如果在方案实施过程中，对于时机进行精心选择与安排，整个公共关系方案将会借助于恰当的时机而收到良好的效果。一般来讲，在实施公共关系方案时，正确选择方案实施时机应注意把握以下几点。

（1）要避开或者利用重大节日　凡是同重大节日没有任何联系的活动都应避开节日，以免被节日活动冲淡。凡是同重大节日有直接或者间接联系的公共关系活动方案则可考虑利用节日烘托气氛，扩大公共关系活动影响。

（2）要注意避开或者利用国内外重大事件　凡是需要广为宣传的公共关系活动都应避开国内外重大事件，以免被重大事件所冲淡。凡是需要为大众所知，又希望减小震动的活动则可选择重大事件发生之时。

（3）避免同一天或同一时段里同时开展两项重大公共关系活动，以免其活动效果相互抵消。

五、公共关系评估

公共关系的评估是对公共关系计划实施工作的总结和最终效果的评价。它是公共关系活动的最后一个程序，也是下一轮策划的开始。通过公共关系评估，可以总结成功的经验，分析失败的教训，进一步提高公共关系活动质量与水平；同时可以发现公共关系活动的缺陷与不足之处，为组织今后公共关系具体目标政策和行为调整提供依据。因此，公共关系评估有其重要的作用。

（一）公共关系评估的标准

公共关系评估应从公共关系工作开展的准备过程、实施过程和实施效果三方面进行。因此，评估标准应包括这三个方面的标准。

1. 公共关系工作准备过程的评估标准

（1）背景材料是否充分　主要检验前几个程序中是否充分利用资料和分析判断的准确性。重点是及时发现在环境分析中被遗漏的、对项目有影响的因素。

（2）信息内容是否正确充实　主要检验所准备的信息资料是否符合问题本身、目标及媒介的要求。检验时强调的是信息内容的真实性与合理性。

（3）信息的表现形式是否恰当　检验有关传递的信息资料及宣传品设计在文字语言的运用、图表的设计、图片及展示方式的选择方面是否合理、新颖，是否能达到引人注目、给人以深刻印象的要求。

2. 公共关系工作实施过程的评估标准

（1）发送信息的数量　评估在实施过程中在电视广播讲话的次数、发布信件及其他宣传材料以及新闻发布的数量，宣传性工作如展览等进行与否及其努力程度。

（2）信息被传播媒介所采用的数量　报刊索引和广播记录一直被用来作为查对传播媒介采用信息资料数量的依据。其他宣传活动如展览、公开讲话的次数，也反映了组织为有效地利用各种可能渠道将信息传递给目标公众的努力程度。

（3）接收到信息的目标公众数量　将收到信息的各类公众进行分类统计，从中找出目标公众的数量及其结构。可以借助于报纸杂志的发行量、会议及展览的出席人数等作为评估的参考数据。

（4）注意到该信息的公众数量　了解传播信息的实际效果。

3. 公共关系工作实施效果的评估标准
（1）了解信息内容的公众数量。
（2）改变观点、态度的公众数量。
（3）发生期望行为和重复期望行为的公众数量。
（4）达到的目标和解决的问题。
（5）对社会和文化的发展产生影响。这种影响同其他各种因素共同起作用，并在较长的时间里以复杂、综合的形式表现出来。

（二）公共关系评估的程序
一般地讲，评估工作可分为以下四个阶段。
1. 评估准备阶段
在评估准备阶段中，应确定评估的目标和标准；安排评估的人员和时间进度。
2. 全面评估阶段
全面评估阶段就是运用各种评估的具体方法，全面搜集各种所需的评估资料和信息。
3. 整理分析阶段
在整理分析阶段，应参考评估标准对所搜集的各种资料或信息进行分析比较、统计对照，检查既定公共关系目标是否达到，检查预算执行情况与效果。并在评估分析的基础上，提出计划实施中尚存在的没有解决或新发现的问题，并进一步分析产生这些问题的原因。
4. 撰写报告阶段
在全面检查、评估分析、提出问题的基础上，公共关系人员应根据情况和需要调整工作计划和目标，并向决策部门报告分析结果，以便领导者统筹考虑组织的目标和任务。同时，还要针对新问题并根据组织的总目标、总任务，设定公共关系下一个阶段目标。

（三）公共关系评估的内容
公共关系评估是公共关系活动全方位的检测，组织希望得到的不仅是总体的印象评估，而且是非常具体的和准确的评估结果。一般而言，专项公共关系活动的全面评估内容主要包括以下几方面。
1. 公共关系目标检验
评估总体目标是否正确？围绕这个目标的各种实施目标是否具体？检验目标是否能成为现实，或者在多大程度上能成为现实？组织内部成员对活动的目的是否透彻了解？组织内部各部门对活动是否积极合作和大力支持？
2. 公共关系计划检验
分析公共关系计划的可行性和计划的实现情况等，公共关系计划制定得是否正确合理、是否周密？计划实现的程度、范围、效果怎样？计划实施方法、程序是否需要调整或修正？主题是否明确且富有号召力？计划预算是否适当？

3. 公共关系经济效益检验

通过评价公共关系活动，检验组织的产品销售量是否有所增长？增长多少？

4. 公共关系社会效益检验

通过评估公共关系活动，检验组织的知名度和美誉度是否有所提高？提高了多少？

（四）公共关系评估的方法

公共关系评估的方法主要有以下五种。

1. 观察反馈法

观察反馈法是由评估人员直接参与实施过程，进行实地考察，记录各个环节实施的状况和顺序以及进展情况。

2. 目标管理法

目标管理法是以预先设定的目标作为评估分析的主要依据，根据实施效果和目标对照考核，进行衡量。

3. 舆论和态度调查法

舆论和态度调查法是在公共关系活动的前后分别进行一次舆论调查，检查公共关系活动对公众的态度、动机、心理、舆论等方面的影响。通过舆论与态度调查，借助"组织形象地位图"，检查组织知名度和美誉度的改善情况；运用"组织形象要素调查表"，检查组织形象要素的具体构成有了哪些进步；通过"形象要素差距图"，检查组织实际形象与期望形象之间的形象差距有多少改善。

4. 内部及外部评估法

内部及外部评估法是根据组织内部各职能部门的资料和组织外部广大公众的信息反馈来评估。可以通过从不同渠道汇报上来的各种资料，如数据、图表、报告，作为评估的重要依据。

5. 新闻报道分析法

新闻报道分析法是指根据组织在新闻媒体的见报情况来评估公共关系效果的方法。新闻舆论的敏感度很高，是反映组织形象的一面镜子。根据新闻传播的数量、传播的质量、传播的时间、传播媒介的影响力、新闻资料的使用等方法来进行评估，可获知本组织形象的状态。

（五）公共关系评估报告的撰写

公共关系评估报告是评估工作的最终成果，它主要说明的是"我们做得怎么样？为什么会这样？"评估工作实质上也是一种调查工作，是对整个公共关系活动的调查。因此，评估报告的格式与调查报告的格式相似，只是内容和针对性有所区别。一般包括以下内容。

（1）描述整个公共关系活动过程。

（2）简洁地概括活动所取得的主要结果及其存在的不足。

(3) 科学地预测尚未解决的一些问题在今后的发展趋势。
(4) 提出相应的解决办法，为决策者提供充分的信息根据。

📖 【情境实训】

实训12　促成交易的技巧

一、实训目的

在做出了完善的销售陈述和销售演示后，推销员接着处理了顾客的异议，这时候就需要推销员进一步促使顾客达成交易，因为在推销中客户主动做出购买决定的情况是很少的。这个实训能够帮助同学们深入掌握促成交易的技巧。

二、实训要求

首先对客户的购买信号进行识别，然后进行促成交易技巧的练习。最后，进行角色扮演练习，并灵活运用促成交易的技巧。

三、实训内容

1. 结合所学内容识别下列哪些情况属于说明顾客有了订购的意图。
(1) 客户再次审视药品的说明书、包装、药品广告等。
(2) 客户表情放松，更加和善友好。
(3) 客户问还有没有别的产品。
(4) 客户出现了好几次看时间的情况。
(5) 客户和其他在场的客户交换赞同的目光。
(6) 客户的话题逐渐深入到所推销药品的多个方面。
(7) 客户直接说出"这种药挺好的"。
(8) 客户询问交货期、付款方式方面的情况。

2. 两人一组就某一种药品进行促成交易技巧方面的练习。

一个人说："请用××技巧促成交易"。另一个人则针对这种药品按照××技巧促成交易。例如针对客户对白加黑感冒片的订购意图，用综述利益法促成交易，推销员说："你看，刚才咱们都认为：白加黑既可治疗感冒引起的鼻塞、咽喉痛、发热等，而且还具有对流行性感冒的预防作用；其定位独特，具有鲜明的特点，市场潜力巨大；而且为药店留有相对丰厚的利润空间。如果您决定订购，肯定能够为贵药店争取更高的销售额的。"

四、实训评估标准

(1) 说出5种顾客的表现，其中有的表明顾客有购买意图，有的表明顾客没有购买意图，看学生能识别多少。（2分）
(2) 选择出10种促成交易的方法，要求学生运用，看能正确应用多少种方法。（6分）

(3) 实训报告的格式正确，内容全面。(2分)

实训13　药品批发和零售企业的销售

一、实训目的

(1) 建立依法经营的药品营销职业意识及熟悉药品批发企业的主要销售规范；

(2) 树立以顾客为中心的销售理念；

(3) 以正确的程序和一定的技巧进行销售。

二、实训要求

(1) 在教师指导下，学生自由组合成4~6人的项目小组，分组进行实训。每组学生中选出一名小组长，组织本组成员共同完成实训项目，形成小组的实训报告。小组成绩将作为每位组员的实训作业成绩。

(2) 按照药品批发及零售企业的销售规范，回答相关问题并进行具体操作。

(3) 如何选择销售对象？销售记录的主要内容及保存规定有哪些？可简要叙述，但必须说明理由。药袋填写以及药品拆零销售登记应规范、清晰。

(4) 在接待顾客的过程中，体现必要的礼仪规范和适当的销售技巧。

(5) 每一小组均在规定的时间内完成实训项目，写出实训报告，教师统一点评。

三、实训内容

(一) 华健药业有限公司是一家经营上百种药品的批发企业，每天接受不同层次的客户订货、购货。假设你是该公司的一名营销员，负责订货和销售业务。现有客户甲、乙分别前来订货、购货（具体事项可自拟）。请你首先回答问题，然后进行订货、售货的过程模拟。

(1) 在订货时应该怎样选择销售对象？设置一份客户资质审核表，对客户甲进行客户资质审核。

(2) 药品销售必须设置销售票据和销售记录，销售记录的主要内容有哪些？销售票据和销售记录应怎样保存？设置一份简单的药品销售记录表，对客户乙的购货开具销售票据并做销售记录。

(二) 舒康大药房是一家兼营西药、中成药、中药材及保健品的大型零售企业，其中有非处方药柜组，也有处方药柜组。假设你是该药房的一名销售主管人员，主要负责感冒药品和抗生素类药品柜组的药品销售工作（感冒药品为非处方药，抗生素类药品为处方药）。

(1) 顾客郭某要购买一部分感冒胶囊，请模拟销售过程。

(2) 顾客苏某要购买一部分阿莫西林胶囊，请模拟销售过程。

(3) 若将药品拆零销售，请填写药袋，并作药品拆零销售登记。

四、实训评估标准

(1) 准确说出选择销售对象的规定。(1分)
(2) 能按要求内容设置客户资质审核表，并对客户进行资质审核。(3分)
(3) 能说出药品销售票据和销售记录应怎样保存。(1分)
(4) 能设置较为规范的药品销售记录表，并能正确填写销售记录表。(2分)
(5) 熟练进行处方药及非处方药的销售。(1分)
(6) 实训报告规范，有新意。(2分)

实训14　营销公共关系策划

一、实训目的

公共关系是促进企业产品销售和增强企业竞争能力的一种强有力的手段，而公共关系策划不仅处于公共关系工作程序的核心地位，而且是企业整个公共关系工作成败优劣的关键。通过实训，使学生充分认识公共关系策划对企业的重要作用，掌握公共关系策划的主要内容和方法，具有公共关系策划的基本能力。

二、实训要求

(1) 学生4~6人一组，进行分组讨论，在讨论的基础上进行群体策划和设计。

(2) 策划时，应首先确定公共关系目标、公共关系对象、活动主题、活动时机、活动项目、传播策略等。

(3) 设计的方案应内容完整，逻辑合理，要新颖，有创意，语言通顺，叙述有条理。

(4) 每个小组选一名代表向全班同学展示本组的策划方案。

(5) 教师对实训结果进行点评。

(6) 写出实训报告。

(7) 模拟举办新闻发布会的前一周或两周，应确定每个学生的角色，确定主持人、发言人、记者等，准备会议材料，并在新闻发布会举行前，布置新闻发布会的会场。

三、实训内容

1. 某公司系一家主要生产高血压类药物的制药公司。长期以来，该公司由于在广告方面投资不多，导致公司的知名度不高，产品销售一直不好。该公司决定改用公共关系手段达到促进产品销售的目的，请你为该公司选用恰当的公共关系手段，并写出具体方案。

2. 某市新成立一家医药超市，定于某年某月某日开业，在开业这一天，你认为开展什么公共关系活动可以扩大该医药超市的知名度和影响力？请拟定出你的活动方案。

3. 某药业有限公司新开发研制出一种有效治疗糖尿病的中成药，为使公众在很短的时间内知晓、了解并接受该药物，该公司经理委派你开展一次大型的公共关系活动。这次活动的费用为 60 万元人民币,活动范围是陕西省榆树地区,你将开展什么公共关系活动?请拟定出你的活动方案。

4. 某药业有限公司拟通过慈善活动来提升公司形象,活动有关要求如下:

(1) 目标　提升该公司社会形象的知名度和美誉度;

(2) 经费　拟投入费用 100 万元人民币;

(3) 活动范围:某中心城市。

请按上述条件写一篇简略的公共关系活动策划方案。

5. 某医药企业将隆重推出新研制的一批药品,为此,要召开一次新闻发布会。请问:

(1) 召开新闻发布会应做哪些准备工作?

(2) 模拟举办此次新闻发布会。

四、实训评估标准

(1) 小组同学积极讨论,踊跃发言。(1 分)

(2) 方案的内容完整,逻辑合理。(4 分)

(3) 方案设计新颖,有创意。(2 分)

(4) 语言通顺,叙述条理。(1 分)

(5) 实训报告的格式正确,内容翔实,语言流畅。(2 分)

【情境小结】

市场营销组合中最直接、最有成效、最富有变化、最显活力的促销策略是人员推销、广告、营业推广和公共关系。人员推销是以推销人员、推销对象为主体,以推销商品为客体,由推销人员与推销对象面对面地直接洽谈。它的特点是具有针对性、双向性、灵活性和广泛性。广告的作用是告知、说服、提醒;广告能影响消费者的需求;广告分为社会广告和经济广告。广告决策主要包括确定目标、确定预算、确定内容、确定媒体和确定效果。营业推广又称销售促进,是企业在一定时期一定范围内促进顾客购买的刺激手段,包括对消费者、中间商和推销人员。它的特点是适用性与全面性、超前性与主动性、刺激性与冲击性、针对性与竞争性、时效性与长期性、形象性与整体性、多样性和局限性,作用是沟通、刺激、协调和竞争。公共关系是指企业为搞好与公众的关系而采用的策略和技术。公共关系就是"内求团结,外树形象",为企业营销活动构建良好的内外部环境。它由主体、客体、传播、目标四要素组成。

【情境测试】

1. 什么是促销?其特点与作用有哪些?

2. 人员推销有何特点?

3. 试比较"推式策略"与"拉式策略"有什么不同?
4. 广告有哪些种类?选择广告媒体应该考虑哪些因素?
5. 营业推广的步骤与策略有哪些?
6. 怎样理解公共关系的策略和效应?

参 考 文 献

1. 严振．药品市场营销技术．北京：化学工业出版社．2009．
2. 朱志强．网络营销．大连：东北财经大学出版社．2008．
3. 张亚静．市场营销学．北京：中国商务出版社．2009．
4. 车慈慧．市场营销．北京：高等教育出版社．2007．
5. 车慈慧．市场营销（第二版）．北京：高等教育出版社．2011．
6. 乔德阳．实用医药市场营销技术．北京：化学工业出版社．2009．
7. 王成业，邹旭芳．药品营销．北京：化学工业出版社．2008．
8. 金湖根．市场营销学．杭州：浙江大学出版社．2004．
9. 王天春．市场营销案例评析．大连：东北财经大学出版社．2009．
10. 徐沛林．市场营销新潮流．北京：中国经济出版社，2000．
11. 田志龙．市场研究——基本方法、应用与案例．北京：华中理工大学出版社．2005．
12. （美）菲斯克．互动服务营销．北京：机械工业出版社．2006．
13. 胡朝阳．广告学．上海：上海人民美术出版社．2008．
14. 张兵武．坏营销，好营销：营销效应最大化的实战兵法．北京：北京大学出版社．2008．
15. 王勇．市场营销学．合肥：合肥工业大学出版社．2006．
16. 吴健安．市场营销学．合肥：安徽人民出版社．2001．
17. 章蓉．药品营销原理与实务．北京：中国轻工业出版社．2011．
18. 周晓明，邱秀荣．药品营销综合实训教程．北京：化学工业出版社．2005．
19. 马清学．医药营销实训．北京：中国劳动社会保障出版社．2006．